21世纪职业院校人文素质与职业素养系列教材

SHUXIE WO RENSHENG
YINGYONGWEN XIEZUO

书写我人生：
应用文写作

主　编／王　鹏
副主编／徐　霞　李　洁
参　编／纪　华　王　珂　吴　伟　朱晓凤

中国人民大学出版社
· 北京 ·

图书在版编目（CIP）数据

书写我人生：应用文写作/王鹏主编．—北京：中国人民大学出版社，2018.1
21 世纪职业院校人文素质与职业素养系列教材
ISBN 978-7-300-25212-4

Ⅰ．①书… Ⅱ．①王… Ⅲ．①汉语-应用文-写作-高等职业教育-教材 Ⅳ．①H152.3

中国版本图书馆 CIP 数据核字（2017）第 300692 号

21 世纪职业院校人文素质与职业素养系列教材
书写我人生：应用文写作
主　编　王鹏
副主编　徐霞　李洁
参　编　纪华　王珂　吴伟　朱晓凤
Shuxie Wo Rensheng：Yingyongwen Xiezuo

出版发行	中国人民大学出版社		
社　　址	北京中关村大街 31 号	**邮政编码**	100080
电　　话	010—62511242（总编室）		010—62511770（质管部）
	010—82501766（邮购部）		010—62514148（门市部）
	010—62515195（发行公司）		010—62515275（盗版举报）
网　　址	http：//www.crup.com.cn		
	http：//www.ttrnet.com（人大教研网）		
经　　销	新华书店		
印　　刷	山东百润本色印刷有限公司		
规　　格	185 mm×260 mm　16 开本	**版　　次**	2018 年 1 月第 1 版
印　　张	17.25　插页 1	**印　　次**	2023 年 2 月第 3 次印刷
字　　数	368 000	**定　　价**	34.80 元

前　言

随着我国职业教育的蓬勃发展，“工匠精神”逐渐被烙上了高技能人才培养品质的时代烙印。就职业院校的教学现状而言，如果说林林总总的专业课教学是对“工于形”的外在解读的话，那么基础课教学则是对“匠于心”的内在诠释。作为基础课中不可缺少的一部分，应用文教学是每所职业院校必须开展的教学活动之一，应用文写作也是每名职业院校学生必须具备的基本技能之一。《书写我人生：应用文写作》一书力求突破应用文教学传统路数，还原应用文知识学习本真，以兼顾知识共性又彰显活动特色的教学环节为载体，践行工匠精神，书写辉煌人生。

本书以“小花”为主人公贯穿应用文教学始终，从一名职业院校学生求学到入职的成长视角出发，将应用文知识深入浅出地融入“求学阶段”和“入职阶段”，再结合各阶段的学习和应用特点，将使用频率较高的 30 种常用文种按一定的逻辑顺序统筹在“基础技能”“实践活动”“个人提升”“行政事务”“办文办会”“社交礼仪”6 章中，外化于形、内化于心，着力提升职业院校学生的应用文写作水平。

本书既注重应用文知识的教学共性，又突出应用文教材建设的编写个性，每篇应用文将知识学习的“听、说、读、写、议、联”等逻辑过程别出心裁地融入“情境导入”“自主探究”“材料示评”“知识聚焦”“知识延伸”“实战演练”“展示评价”“活动拓展”等版块中，虚实结合、讲练相长，以求提高学生的日常应用文写作能力及相应的素质修养。“情境导入”以聆听小花的学习或工作故事为切入点，每一个故事背后都包含应用文的学习任务，再以任务为导向，让学生掌握应用文学习和写作的现实意义；“自主探究”依据特定情境提出问题，通过语言组织及表达能力的训练，使学生对应用文从感性认识到理性认识、从浅层次到深层次引发思考；“材料示评”通过正面材料示范或正反材料对比，进一步提高学生的阅读能力和对比分析能力，从而达到知识点拨的目的；“知识聚焦”是对所讲应用文种的系统学习，既是对前期教学版块的正本清源，又是对后期教学活动的提纲挈领；“知识延伸”介绍与本节相关的知识或对已有知识进行拓展；“实战演练”是应用文教学的中心环节，将应用文种的理论教学具化为典型工作任务，让学生在团队合作的基础上学以致用，从而达到写作应用的教学目的；“展示评价”注重学生语言表达及分析归纳能力的培养，以前一版块的活动成果为基础，充分发挥考核评价的杠杆作用，考核内容从学生中来、考核成果又回到学生中去；“活动拓展”是本书的又一亮点，针对不同应用文种设置相关的活动或案例，以二维码形式让学生互动学习、自主学习，既联系学习实际，又拓展了学习宽度、延伸了知识广度。

与同类教材相比，本书在编排上以时间发展为横轴，以应用文写作能力为纵轴，构建起职业院校应用文知识的学习坐标，更加清晰地帮助学生预先感知个人的求学历程和职业生涯，对应用文的学习与应用有很强的指导意义。希望本书的问世，能给职业院校的应用文教学工作提供一个新的思路，为职业院校公共基础课的“一体化教学改革”贡献绵薄之力。

本书由河南医药技师学院王鹏、纪华分别编写“基础技能”和“社交礼仪”两章；由贵州省福泉中学徐霞和河南化工技师学院王珂、吴伟共同编写“实践活动”和“办文办会”两章；由开封技师学院李洁、朱晓凤分别编写“个人提升”和“行政事务”两章。本书的编写与出版得到了河南医药技师学院、河南化工技师学院、开封技师学院、贵州省福泉中学领导及老师的精心指导和中国人民大学出版社的大力支持，在此一并表示诚挚的感谢！

囿于编者水平，内容有不当之处，敬请斧正！

编者

2017 年 7 月

中国・开封

目　录

求学阶段

第一章　基础技能

第一节　书　信

情境导入

小花是今年刚刚进入职业院校的一名新生。当初定下接受职业教育、立志成为高技能人才的目标，小花不是一时兴起，而是经过了漫长的思想斗争。毕竟有太多人认为只有上了本科、读研读博才会光耀门楣，但小花坚信路是人走出来的，那么多的大国工匠，不也是很多人梦寐以求的理想吗？从接到录取通知书的那一刻起，小花和父母就共同经历了院校咨询、专业选择、学前准备等各个环节，直到拎着大包小包到校报到，挥汗如雨地穿行在新同学、新老师、新校园中间的时候，小花怦怦跳动的心仍难以平静——这就是我梦想起飞的地方。然而，当忍泪送走不舍的父母、接受了炼狱般军训的洗礼、聆听过耳目一新的开学第一课后，每当夜深人静的时候，小花越发想家、想念操劳的父母，想要把自己进入新学校后的所见、所闻、所感都告诉父母，告诉他们自己经历的军训趣事、告诉他们自己喜欢的新课程、告诉他们自己认识的新朋友，更重要的是要告诉他们，自己已经长大，可以学习技能报答父母、贡献社会了。小花把自己的想法告诉室友，室友们一致认为可以通过打电话、发短信、聊微信等方式来实现。但小花总觉得这些先进的科技手段承载不了自己思念家人的拳拳之心，最终决定写一封书信寄给父母。每当鼓起勇气静下心来准备提笔的时候，好长时间没有写过书信的小花却无从下笔。

书信要从哪里起笔？小花的这封书信到底应该怎样来写呢？

自主探究

1. 你第一封正式寄出的书信是寄给谁的？
2. 你最近一封书信是在什么时间完成的？
3. 有人说现在科技这么发达，邮寄书信已没有存在的必要了，你是怎么认为的？
4. 你认为小花的这封信应该从哪几方面写？

5. 如果你是一位收信人，什么样的书信能让你赏心悦目？

材料示评

例一：一封家书

亲爱的爸爸、妈妈：

中秋节到了，我很想家，想念家里的一切。

和以往不同，今年中秋，我不能陪在你们的身边，不能再吃到妈妈亲手烧的饭菜，不能再吃到爸爸亲手为我切的月饼，一家人不能再像从前一样，看着中秋晚会、吃着香甜月饼，谈天说地。也许这就是每个人成长过程中都应该经历的吧！因为我始终相信，现在的短暂分离是为了将来更长久的相聚。

今年中秋，是我成为一名职业院校学生度过的第一个传统节日，看着课本上写着“月是故乡明”“天涯共此时”等，我心中也泛起了莫名的惆怅。从开学到现在，我已经渐渐适应了这里的生活，在这不到一个月的时间里，我见识了很多新鲜的事物，也学会了很多做人的道理。

还记得你们送我来报到那天，办完了所有的手续，你们陪我在学校吃了临行前的一顿饭。餐桌上，爸爸一直抽烟不说话，妈妈不停地给我夹菜，嘱咐这儿嘱咐那儿，我听得耳朵都要起茧子了，索性不再回答，妈妈却一遍又一遍地重复着。或许在你们眼里，现在的我仍需要无微不至的关心和照料。其实你们不用担心，我在学校一日三餐都吃得很好，最近学校二楼的餐厅新增了小火锅，这个中秋，我和同学就打算去品尝品尝，下次有机会你们到学校来，我带你们去尝尝学校最美味的特色小吃哈！

在正式上课前，我和全校新生一起接受了为期两天的新生入学教育，在这期间，我结交了很多的新朋友，大家来自五湖四海，在教室里一口标准的普通话，一回到寝室都讲着各地方言，有趣极了！有缘分到同一间宿舍，大家相互关心、相互进步，这种其乐融融的氛围，让我感到心里很温暖。虽然没有你们陪在我身边，但是每天能和这些小伙伴们在一起，我也不会感到寂寞。

最近，我们系举办了中秋猜灯谜活动，我很荣幸表演此次活动的开场舞。在接到这个任务时，我心里既紧张又激动，这是我入校后第一次参与开场舞表演，我想把最完美的一面展现在大家面前。每天晚自习后，我就在形体室练习舞蹈，一遍遍重复着，认真地打磨着每一个动作，虽然有时觉得很累，但是想到在全校师生面前翩翩起舞的自己，心中就是快乐的。

就在昨天，学校举行了开学典礼和中秋晚会，我们在文体活动中心观看了整场演出，心里满满都是激动。舞台与灯光的酷炫结合，简直就是一场视听盛宴，我用手机拍了很多的图片，保存下来准备和你们一起分享。

作为一名新生，我脸上的稚嫩掩盖不了我那颗渴望求知的心。开学快一个月了，学校生活并不像我之前想的那样轻松散漫，每天除了上课之外，我还要参加各种活动。虽然繁忙，但是我心里很快乐，我学习到了很多东西。虽然在你们面前，我永远是一个长不大的孩子，但是不可否认，我也通过学习和实践，正在一点点进步、一点点长大。

爸爸、妈妈，今年中秋我不能陪在你们身边，你们要注意身体，不要担心我，我在学校有一群小伙伴的陪伴，还有那么多关心我的老师和辅导员，我不会觉得孤独无依。月饼节快乐哟！

永远爱你们的小花

××年××月××日

例二：一封家书

亲爱的爸妈：

不知不觉自己都已经是一名职业院校学生了，而且在学校的日子慢慢地也开始用“月”来计算了，时间真的过得很快，想想好像昨天还躺在家里睡懒觉，而现在却在宿舍里写这封信。这封信里我也不知道该说些什么。我本来就是个不爱说话不爱表达的小孩，但是这并不说明我没有感情。从小到大我总是喜欢一个人呆着，虽然你们没有指出来，但是我懂你们其实很担心我太内向。但是我心里很清楚我是爱你们的。这一点在我入校之后我认识得更加深刻。也许唯一能和你们接触的机会就只有差不多每周才一次的电话。虽然电话里我的话语不多，但是我仍然很开心。离家这么远了才知道家是多么的温暖，多么贴心。现在在学校里，我突然有了种前所未有的动力。我不知道这种动力从何而来，但是这是件好事。我要在学校里树立我的梦想，努力为此拼搏。中学时期已经过去了，接下来的时间就是为自己的梦想拼搏的时候了。说到中学时代又让我回想起那段时期的状态。我敢说我在备考的时候是认真的、努力的。我从来没有这么努力过，为的就是不让相信我的人失望。但是世事无常，变数太大。果真如此，我失败了，虽然不是三振出局，但是这样的打击还是让我有点无法接受。那是的我不知道曾经的努力为了是什么，开始怀疑自己。暑假里同学们都在高兴的玩耍着，而我却在考虑着我以后的路是什么样子的。这样无端的猜想也让我的性格有点转变。我变得有点易怒，烦躁。对你们的脾气也不是很好，希望你们能理解我。当我来到这所职业院校，学校的新鲜事物真的改变了我，让我清楚的认识到读书上学的意义所在。我承认我以前的观念的有点现实，我不否认是现在这样一个物质的社会改变了我，但是来到了这里，我渐渐觉得物质的生活是多么的空虚。这点应该是我目前为至最大的收获吧。我要做个有思想的人，而不是一个赚钱的机器。首先我得有一个自己的目标（梦想这个词有点过头了）至少学习方面不能落下，另外还要培养自己的其他几个方面的能力。另外我不会去谈恋爱，这个问题有点敏感，但可能是父母们最好奇的事情，也是最担心的事情了。在我看来谈恋爱不能说是件好事吧。我有时真的搞不懂为什么那么多的人成天想着怎么去找男女朋友，我就不会，因为我还不懂的如何真真正正的去爱一个人。我们还不够成熟，还不能承担这样的责任。就像一位学长说的一样：要是到大一就耐不住寂寞的女生也不是什么好女生。这句话说得挺有道理的。不知不觉我都写了快 1000 字了，本来是想应付一下老师的作业，但还是自己写了。虽然好像什么都还没有写到，但这些的确都是我的心里话，希望你们能懂。最后希望在我不在家的日子里你们能身体健康，开心快乐。

互动点评

学生对比两则材料，采用团队合作的形式讨论并形成总的意见、推选代表作答。教师及时点评，并提供参考答案。参考（例二的问题）：

1. 称呼要顶格写。
2. 整篇书信内容一段到底，应根据具体内容合理划分段落、层次分明。
3. 错别字在文中时有出现，书信完成后应及时检阅。
4. 标点符号使用不规范，个别语气词后应用感叹号。
5. 书信体结构缺失，无落款。

知识聚焦

一、概念

书信，是按照习惯格式把要说的话写下来，邮寄或发送给指定对象阅读的一种应用文，是人际交往中使用频率很高的一种书面交流工具。它把友情、亲情、爱情连在了一起，把家事、国家、天下事连在了一起，具有传递信息和交流情感的作用。

在手机、电话、电脑这些简单快捷的交流工具遍布全球的今天，仍有一部分人情愿使用书信来互通信息。只是由于信息时代的来临，书信的格式变得多种多样，不再拘泥于原有经典格式，有些甚至没有具体对象，即没有受体的说教议论性书信。但是万变不离其宗，书信所能承载的意义未曾改变。

二、种类

按照用途和写法，书信主要分为家书类书信、问候类书信、请托类书信、规劝类书信、邀约类书信、情书类书信、吊慰类书信、借贷类书信、庆贺类书信、致谢致歉类书信等。

三、特点

书信在书写上主要有三大特点：

（一）以真情实感为核心

书信写作往往有感而发或就事论事，为了突出写作书信的意义，行文讲求语言真实、感情真挚，只有这样才能更好地进行沟通交流。

（二）以剖析心愿为内容

在写作书信时必须言之有物、言之由衷，新型书信可借助图、文、声、像等媒介，达到书信写作的真实目的。

（三）以抒情和议论为表现形式

不同种类的书信，表现形式往往不同，有时可综合运用多种表现形式。情感类的书信往往以抒情为主要表现形式，事务类的书信则以记叙或议论为主。

四、结构

一般书信由信封和信文两部分构成。

（一）信封

现在的标准信封印有填写邮政编码的 6 个红色方格。邮政编码由 6 个阿拉伯数字组成，前两位表示省（直辖市、自治区），第三位代表邮区，第四位代表县（市），最后两位代表是从这个城市哪个投递区投递的，即投递区的位置。信封左上角的方格填写收信人的邮政编码，右下角的方格填写发信人的邮政编码。横式信封的行序是由上向下，上边写收信人的地址，位置偏左；中间写收信人姓名，字要写得稍大一些；下边写发信人的地址，位置偏右，地址要写详细。

具体如图所示：

（二）信文

信文主要包括称呼、正文、祝颂语、署名和日期。

1. 称呼

称呼也称“起首语”。称呼要在信纸第一行顶格写起，后加冒号，冒号后不再写字。称呼和署名要对应，明确自己和收信人的关系。

称呼可用姓名、称谓，还可加修饰语或直接用修饰语作称呼。这里简要说明几条细则：

（1）给亲戚的信。就写关系的称谓，如“姨妈”“姑妈”等。对非近亲的长辈，可在称谓前加名或姓，如“赵阿姨”“黄叔叔”等。

（2）给平辈的信。夫妻或恋爱关系，可直接用对方名字、爱称加修饰语或直接用修饰语，如“丽”“敏华”“亲爱的”等；同学、同乡、同事、朋友的信，可直接用名字、昵称或加上“同学”“同志”，如“瑞生”“老纪”“小邹”“三毛”等。

（3）给晚辈的信。一般直接写名字，如“乐毅”“君平”“阿明”等；也可在名字后加上辈分称谓，如“李花侄女”；亦可直接用称谓作称呼，如“孙女”“儿子”等。

（4）给师长的信。通常只写其姓或其名，再加“老师”二字，如“段老师”“周师傅”“宏海老师”等。对于十分熟悉的师长，也可单称“老师”“师傅”。假如连名带姓，在信首直称“孙松平老师”“王达夫师傅”，就显得不太自然且欠恭敬。对于学有专长、德高望重的师长，往往在姓后加一“老”字以示尊重，如“戴老”“周老”，亦可在姓名后加“先生”二字。郑重起见，也有以职务相称的，如“董教授”“陈大夫”“佟工程师”等。

（5）给一个单位或几个人的信，又不指定姓名的，可写“同志们”“诸位先生”“××等同志”等。给机关团体的信，可直接写机关团体名称，如“××委员会”“××公司”。致机关团体领导人的信，可直接用姓名，加上“同志”“先生”或职务作称呼，亦可直接在机关团体称呼之后加上“领导同志”“负责同志”“总经理”“厂长”等。如果信是同时写给两个人的，两个称呼应上下并排在一起，也可一前一后，尊长者在前。

上述五种场合，有时还可按特殊对象，视情况加上“尊敬的”“敬爱的”“亲爱的”等形容词，以表示敬重或亲密之情。当然，形容词要用得适宜，如对好友称“尊敬的”，反而显得见外，对无特殊关系的年轻女性贸然称呼“亲爱的”，那就有失检点了。

2. 正文

正文通常以问候语开头。问候是一种文明礼貌行为，也是对收信人的一种礼节，体现写信人对收信人的关心。问候语最常见的是“您好!”“近好!”。依时令节气不同，也常有所变化，如“新年好!”“春节愉快!”。问候语写在称呼下一行，前面空两格，常自成一段。

问候语之后，常有几句起首语，如“久未见面，别来无恙。”“近来一切可好?”“久未通信，甚念!”之类。起首语要注意简洁、得体。

接下来便是正文的主要部分——主体文，即写信人要说的话。它可以是禀启、复答、劝谕、抒怀、辞谢、致贺、请托、慰唁，也可以是叙情说理、辩驳论证等。这一部分，动笔之前就应该成竹在胸，明白写信的主旨，做到有条有理、层次分明。若是信中同时要谈几件事，更要注意主次分明、有头有尾、详略得当，最好是一件事一个段落，不要混为一谈。

3. 祝颂语

正文写完后，都要写上表示敬意、祝愿或勉励的话，作为书信的结尾。习惯上，它被称作祝颂语或致敬语，这是对收信人的一种礼貌。祝愿的话可因人、因具体情况选用适当的词，不要乱用。

结尾的常见写法有三种：

（1）在正文之下另起一行空两格写“此致”，“敬礼”写在“此致”的下一行，顶格书写。要注意的是，“此致”后边不加任何标点，因为这句话未完。“敬礼”后加感叹号，以表示祝颂的诚意和强度。

（2）正文后紧接着写“此致”（其后不加标点），另起行顶格写“敬礼!”“敬礼”后面必须加感叹号，不能加其他的符号，也不能不写符号。

（3）不写“此致”，只是另起一行空两格写“敬礼”“安好”“健康”“平安”等词，一定要另起一行空两格，不得尾缀在正文之后。也可以在正文结尾下另起一行写“祝你”“敬祝”，再空两格写上“安好”“健康”等。

4. 署名和日期

在书信最后一行，署上写信人的姓名。署名应写在正文结尾后的右方空半行的地方。如果是写给亲属、朋友的信，可加上自己的称呼，如儿、弟、兄、侄等，后边写名字，不必写姓。如果是写给组织的信，一定要把姓与名全部写上。而在署名之后，有时还视情况加上“恭呈”“谨上”等，以示尊敬。上述自称，都要和信首的称谓相呼应。

日期一项，用以注明写完信的时间，写在署名之后或下边。有时写信人还加上自己所在的地点，尤其是在旅途中写的信，更应如此。

五、注意事项

（一）讲究格式

书信的格式是特定的，要严格地依据格式去写，而不可随意改变格式，否则会给人不够庄重和礼貌之感。信文要按照书信的格式写，信封写作更要规范，避免投递困难。字迹要清楚，不能潦草，以免造成误会和麻烦。

（二）叙述清楚

书信是交际工具，最终目的是让收信人知会写信人的写作意图，书信内容自然要写得清楚明白，以免造成对方的误会或疑问，耽误事情。不同种类的书信用语往往有所不同，一般都要求得体、贴切、叙述清楚。

（三）语言得体

书信中的称呼和措辞要倍加注意，太过疏远显得关系过于僵硬，太过亲昵又显得不够庄重。因此，书信的称呼和措辞等要根据双方的亲疏程度，由写信人来定，力求恰如其分、不失礼貌，以免引起收信人的不悦，影响彼此的关系。

（四）书写正确

信件不能用铅笔书写，以防模糊不清，也不要用红笔书写，这会被认为是绝交信。一般用毛笔、蓝色水笔或圆珠笔书写。信纸一般用专用信纸或稿纸，切不可随便捡一张纸就写信。信件书写务求字迹工整，一般也不要出现错字、别字，写过信后通常应检查一遍，看看所写内容是否全部写出，同时检查语句是否存在不通的现象或有错别字出现。信件一定要保持清晰整洁，不可涂抹太多。

知识延伸

书信的别名

书信在我国已有几千年的历史，简称书信为“信”，是近代才有的事。在漫长的历史进程中，由于书写材料演变等原因，书信又有许多别名、美称，下面略举数端。

尺牍——古时书函长约一尺，故名尺牍，亦称“尺素”“尺翰”“尺简”“尺纸”“尺书”。

雁足、雁帛、鸿雁、雁书、鸾笺——《汉书》记载苏武故事，言苏武被拘匈奴，牧羊于北海，后来汉朝要求匈奴放归苏武，匈奴谎称武已死。汉使则谓单于，汉皇在上林苑中，得北宋雁，雁足上系着帛书，说苏武等在某泽中，单于只得放苏武归汉。于是，书信又有了雁足、雁帛、雁书等代名词。再如，宋时蜀地善制十色彩笺，笺上隐然有花木麟鸾图案，这样，书信又多了一个别称：鸾笺。

八行书——旧时竖式信笺，多用红线划分八行，书信也得别称八行书。

简——在没有发明造纸术之前，我国曾用削成狭长的竹片作为书写材料，人们把这种竹片称为简，用于写信的竹片便称为竹简。

牍——古代书写用的薄而小的木片称为牍，汉代将简和牍串起来写字时，诏书律令宽不超过三尺，一般书信宽不过一尺，所以将书信称为尺牍。

柬——在古代，柬与简通用，是信件、名片、帖子之类的统称，如请柬、贺柬、书柬等。

素——古代称白绢为素。用白绢（或绸）写成的书信称为尺素，后来“素”成为书信的代称。“欲寄彩笺兼尺素，山长水阔知何处。”（《蝶恋花·槛菊愁烟兰泣露》宋·晏殊）

笺——原是精美的小竹片，供人们题诗或作画用。一般信纸也叫笺，后引申为书信的代称。

函——函原指信的封套。古代寄信用木匣子邮递，这种匣子叫函。后来就称信件为函，如函件、来函、公函等。

札——札在古代指书信，公私文书。札原意为古代书写用的小木简，现仍通用“信札”一词。

鲤鱼——这个典故出自汉乐府诗《饮马长城窟行》："客从远方来，遗我双鲤鱼，呼儿烹鲤鱼，中有尺素书。"以鲤鱼代称书信有几种说法，有"双鱼""双鲤""鱼书"等，而且古代人还常常把书信结成鲤鱼形状。

书简——书简原指盛书信的邮筒，古代书信写好后常找一个竹筒或木筒装好再捎寄。后来书简也成了书信的代称。

信封写作

现代社会通信十分发达，微信、微博、QQ等即时聊天软件更是当今学生的最爱。互联网时代，人们已经习惯了碎片化的信息联络方式，相比而言——写信，在手机、电脑风靡的当下，似乎越来越像尘封的往事，正与我们渐行渐远。"家书抵万金"的时代似乎早已风光不再，但家书的意义是不可磨灭的。某学校曾组织2907名新生分别给自己的父母写一封家书，本来是一件值得称赞的事情，没想到发生了一个不怎么愉快的小插曲：有些同学把自己军训的大量照片洗出来一起邮寄，有的同学直接在明信片上写信，还有同学在信封中附上小礼物……五花八门的新做法让人啼笑皆非。家书寄出去不到一个星期，学校里陆续收到不少退信，"家庭地址信息不详细、（收）寄件人没有写姓名、收寄件人位置写反了"等各种奇葩的原因层出不穷，寄出去2000多封信，50多封又辗转被退回了学校。那么，用来承载书信的信封，到底应该怎样来写呢？

（1）在信封的第一行写收信人的地址。地名顺序为省、市、县、街、门牌号码。如果是给农村写信，还要写上乡名和村名。信封的左上角画着六个方格，应在里面填上收信人的邮政编码。

（2）在信封的第二行中间写收信人的姓名。可以根据收信人的身份，在名字后面写"同志收"或"先生（女士）收"等。因为信封内容是给邮递工作人员看的，所以称谓避免用"爷爷""妈妈"之语。

（3）在信封的第三行写上寄信人的地址和姓名。应在信封的右下角填上寄信人的邮政编码，信件万一出现投递困难的情况，邮局可以凭借这些信息，把信退还给寄信人。

（4）书写位置有严格要求。信封正面距右边55毫米至160毫米、距底边20毫米以下的区域是条码打印区，不要在这个区域里写字或署名，以免影响投递。

实战演练

请根据有关材料，帮小花写一封书信。

展示评价

1. 每个小组评选出写得最好的作品，作为本组的学习成果展示。

2. 每个小组推选一名同学上台进行"小组学习成果展示"，其他小组成员作为评委进行评议打分；教师对每个小组的成果进行点评。

工作任务	根据小花的实际情况拟写一封家书				
团队名称		成员		指导教师	
项　　目	考核要求	分值	自我评价（20%）	小组评价（30%）	教师评价（50%）
准备阶段	团队合作、积极参与、认真查找资料	20			
实施阶段	提纲合理、要素完备、分工明确	20			
检验阶段	格式规范、叙述清楚、语言得体、书写正确	30			
展示阶段	礼仪到位、普通话标准、表述清晰、效果良好	30			
合　　计	综合评定	100			
开始时间		结束时间		总成绩	

活动拓展

1. 麦家《致信儿子》　　2. 一封家书

第二节　便　条

情境导入

转眼间“十一”黄金周快到了，按照规定，学校将放假7天。为了庆祝这样一个“喜大普奔”的节日，小花寝室全体成员决定举办一系列“说走就走”的集体活动：自助小火锅、嗨爆KTV、徒步商业街、逛遍小吃城……一圈下来，好友小明身体吃不消了，感冒发烧还咳嗽。医院大夫开完药后交代小明不能再吹凉风且一定要卧床休息一段时间，浑身无力的小明只好央求小花以小明的名义写一张请假条交给辅导员。可是小花返校后路过辅导员办公室，发现其他老师都在批改作业，唯独看不到辅导员，打听后得知辅导员外出开会，明天才能回来。眼看离晚自习上课只剩半个小时，小花忽然想起来还得让老乡小文预订明天放假回家的火车票，于是匆忙跑到小文寝室，不巧的是小文外出修理自己坏掉的手机还没回来。焦头烂额的小花要在上课前先为小明草拟一份请假条，待小明亲自誊写后，再向辅导员交一份转送小明请假条的留言条，最后给老乡小文的寝室送一张托其预订明天回家火车票的托事条。

学习和生活中，难免会遇到小花这样“事儿赶事儿”的窘境。突如其来的状况我们无法预知，但是对于怀揣技能梦想的职业院校的学生而言，提高自身能力、修炼生活基本功，就能做到忙而不乱、游刃有余，最终成就技能梦想。

自主探究

1. 什么是便条？
2. 便条对我们日常生活有什么作用？
3. 假如你遇到小花这种状况，你会如何处理？
4. 一部功能完备的手机，能让便条退出历史舞台吗？
5. 常见的便条在写作时有哪些共性？

材料示评

例一：请假条

请假条

尊敬的李老师：

我发烧39度，到医院检查系重感冒，医生建议我卧床休息，故向您请假三天（××年××月××日至××年××月××日），敬请批准。

此致

敬礼！

附：医生证明

学生：×××

××年××月××日

例二：留言条

小彩同学：

今天下午我和曹英来你寝室，准备同你商量明日团支部组织参观“唱响价值观 共创文明城图片展览”一事，恰巧你外出未归。今晚八点我们再来找你，望你在寝室等候。

同学：×××

××年××月××日

例三：托事条

小潘：

因临时有事，请代我订一张本周六回家的火车票，发车时间最好在上午7点到9点之间。我明天自己去取票，拜托了！

老乡：×××

××年××月××日

例四：请假条

请　假

张老师：

我生病了，不能到校上课，向您请假两天。

望批准。

学生：×××

××年××月××日

例五：留言条

小文：

今天下午我来找你商量明日聚餐一事，恰好你不在。我还会再来找你的，回见！

××年××月××日

例六：托事条

请代我订一张外出的火车票，我明天自己去取票，拜托了！

互动点评

学生对比这几则材料，采用团队合作的形式讨论并形成总的意见、推选代表作答。教师及时点评，并提供参考答案。参考：

1. 例一、例二、例三是便条写作正确范例，例四、例五、例六分别存在结构不完整、表达不明确等错误。

2. 例四存在标题不完整、请假原因不充分、请假时间不明确等错误。

3. 例五存在留言人不明确、留言内容不完整等错误。

4. 例六存在托事对象不明、托事信息不全、落款缺失等错误。

知识聚焦

一、概念

便条是指日常生活中，如果我们有什么事情要告诉另一方，或委托他人办什么事，在不面谈的情况下书写的一种条据。便条是一种简单的书信，内容简单，大多是临时性的询问、留言、通知、要求、请示等，往往只有一两句话。便条都不邮寄，一般不用信封，多系托人转交或临时放置在特定的位置，有时甚至写在公共场所的留言板或留言簿上。

二、种类

常见的便条种类有请假条、留言条、意见条、托事条、应邀便条、辞别便条等。

用便条告知别人事情，一般有两种情况：一是亲自留给告知对象，二是托人送交告知对象。如果是托人送交告知对象，则要说明或写明受条人的地址、姓名，以便带信人准确传递。

三、特点

（1）语言通俗平实，套话空话较少。便条具有一定的简便性和通俗性，日常生活中应用广泛，行文时务必去掉陈言赘语，写起来通俗平实，读起来清晰明了。

（2）内容简明扼要，篇幅比较简短。便条一般篇幅较为短小，力求用最精练的文字，表达最清楚的写作意图，使对方一看便知。

（3）不用信封，不需邮寄。便条只要用间接的言语将所说的事写清楚即可，只需准确送达指定的人或发布在指定地点，一般不需要信封，也无需邮寄。

（4）有较强的时效性。便条的送达或者发布一定要及时、高效，以免贻误工作。

四、结构

便条一般由标题、称谓、正文、落款组成。

（1）标题：留言条、托事条等一般不需要写标题。请假条需要写标题，标题写在称谓上方中间的位置。

（2）称谓：称谓是对便条接收对象的称呼，如“××老师”。称谓应顶格写，后接冒号。

（3）正文：正文开头要空两格，用简单几句话说明便条事项即可，如因何事请多久假，或托人办什么事等。

（4）落款：在正文右下方署名，在署名下方写明日期。

五、写法

（一）请假条

请假条是因事或因病不能出勤，要向单位、组织或领导请求给予假期的便条。一个请假条，通常由标题、称呼、正文、署名和日期五部分组成。其中标题用“请假条”即可；称呼写时要顶格；正文直接写请假的原因、起止时间，如有别的什么事要交代，可另起一段；署名写在正文右下方；最后是日期，另起一行写在署名的下面。请假条用语要有礼貌，宜用“请批准”等字样。需要注意的是，请假理由必须充分，要符合有关规章制度，有些请假条还须经过有关负责人的批准才能生效。

（二）留言条

留言条是在不能面谈的情况下，把要说明的内容写下来给对方看的一种便条。留言条的格式分五部分：标题、称呼、正文、署名和日期。在第一行的正中间写上“留言条”三个字（也可以省略不写）。称呼要顶格写，留言给谁就称呼谁。在称呼下一行空两格写正文，简单明了地把要给对方说明的事情写清楚。在正文下面写清楚谁留的条子，并在右下角写清年、月、日。

（三）托事条

托事条，即委托他人帮忙办理某事时写的条据。由于托事条的目的往往是有求于人，因此在撰写时务必使用委婉用语、礼貌用语。托事条虽无需标题，但仍应翔实说明所托之人、所托之事、具体要求及本人身份等。托事条往往由他人代为转交。写作构成包括委托谁（顶格写）、办何事（有数字要大写）、敬语、署名、日期。

六、注意事项

（1）言简意赅。便条要用最简洁的言语将所要表达的内容写清楚，使对方一看便知，切忌长篇大论。留言条和托事条在必要时还可写上联系方式。

（2）文明用语。有些便条的祝颂语可视具体情况写上“谢谢”“敬礼”“特此拜托”等礼貌性话语，也可不写。

（3）服务生活。在日常生活中，有些事要向对方介绍说明或请对方办理，有时无法当面讲但又必须告知的，或者是出于手续上的需要，要留做依据的，就要用到便条这种形式。

知识延伸

请假条趣例

■ **最牛请假条**

2014 年 11 月 13 日，一张被称为“史上最高大上”的请假条在球迷网友中间流传着，因为请假条上的理由写的是：“自己入股了一支西班牙甲级联赛球队的股份，本月 23 日球队主场和皇家马德里进行比赛，应球队主席明克斯邀请，前往观赛，并参与部分股东大会。”

2014 年 3 月 28 日，一名西班牙足球专家在 ESPN 上发表了一篇专栏文章介绍埃瓦尔。后来在虎扑上，有球迷把这篇文章翻译成了中文。通过这篇文章，中国球迷了解到这支有望冲击西甲的小球队的情况和遇到的困境。

由于经济危机，在大部分西班牙球队处于破产托管状态时，坚持投入青训的埃瓦尔不仅能财政自给，甚至还培养出了像大卫·席尔瓦、哈维·阿隆索这样的世界级球星。

然而，西班牙职业足球联盟规定，球队要想参加西甲，预算必须达到联赛平均开支水平的 1/4。埃瓦尔发现，他们必须在不到 5 个月的时间内募集到相当于俱乐部年度预算总额 4 倍以上的资金（170 万欧元），只有这样才能保住职业联赛资格。俱乐部最终选择“众筹”的方式，即通过面向社会发行股份并限制认购额度的形式，来筹集资金。

2014 年 5 月中旬，埃瓦尔俱乐部建立了他们的筹款网站，中国球迷也组织起来成立 QQ 群，认捐每股 50 欧元的球队股份，成为埃瓦尔的小股东，这其中就有宁波球迷吴彬。吴彬说：“当时我还在读大学呢，看到这个消息，觉得球队其实运营情况很好，不像之前有西甲球队是因为破产才招募资金，所以不能参加西甲就太可惜了，每股钱也不多，所以我也认捐了一股。”其实参与此次众筹的球迷基本都是像吴彬这样的学生党或者是职场新人，都只认捐了几股而已，没有多少出手阔绰的土豪出现。

最终，在全世界球迷的帮助之下，埃瓦尔成功渡过了难关，在 7 月底募集到了 198 万欧元，他们也以西乙冠军的身份升入西甲。总共有来自 48 个国家的将近 8000 人购买了埃瓦尔队的股份，其中西班牙本土球迷最多，其次是美国人，大约 400 人，再之后就是中国球迷，有 380 多人。

因此，在本赛季西甲首轮，埃瓦尔主场对皇家社会的比赛中，球队还特地通过场边广告牌用中文向中国球迷表示感谢，广告牌上写着：“感谢所有中国股东对埃瓦尔的支持。”

看到下面这张请假条，是不是觉得写条子的肯定是一位高富帅？那你就想错了，其实在这个请假条的帖子下面，楼主自己都承认就是“草根”一棵。但就是这些“草根”球迷的及时出手，不仅仅拯救了一支西甲球队，还造就了这张“最牛请假条”。

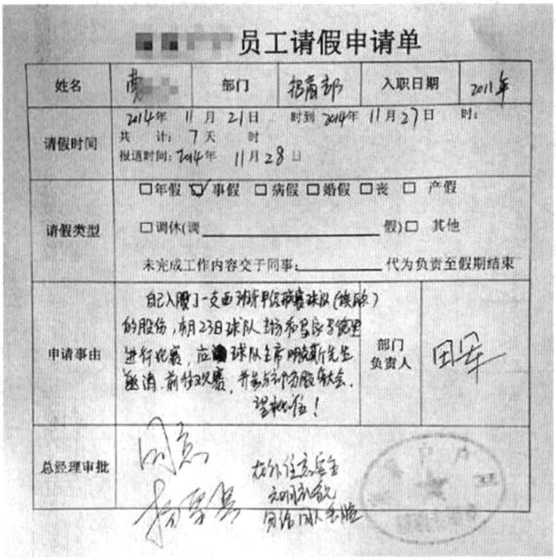
[redacted]员工请假申请单

姓名	黄[redacted]	部门	招商部	入职日期	2011年
请假时间	2014年 11 月 21日 时到 2014年 11月27日 时： 共 计：7天 时 报道时间：2014年 11月28日				
请假类型	□年假 ☑事假 □病假 □婚假 □丧 □ 产假 □调休(调＿＿＿＿假)□ 其他 未完成工作内容交于同事：＿＿＿代为负责至假期结束				
申请事由	[illegible] 望批准！		部门负责人	同意	
总经理审批	同意 [illegible]				

■ 让美女同事哭笑不得的父母请假条

静静：

你给快递来的大手机收到了，在你表妹的指导下，我们也学会用上微信了。

现在我和你妈凑在咱家书桌前，商量着，在微信里打字给你说话，就像你上大学的时候，还往家里写过几封信，那些信我们都存着，没事就拿出来反复看，现在变成电子信，更方便啦！

这几天，我们偷看了你发的 109 条朋友圈，给每一条都点了赞，你都收到了吧？你妈看着你的朋友圈（不知道我们算不算你的朋友），把你的每张照片都存到手机里了，一会儿哭一会儿笑的，静啊，我们是你的亲爹亲娘，但上了微信才知道，我们对你的了解还没有“朋友圈”多。这几年，你在北京闯荡，工作辛苦，男朋友也没正经谈上，我们老嫌你不给家里来电话，不知道多回来看看，过年回家不积极，直到现在才知道，我们的宝贝闺女，太辛苦了！爸妈真的是老了，脱离社会了，不知道现在的白领，12 点以后吃加班饭，那是正常事儿。也不知道娱乐圈有啥事儿发生了，比如那个大明星结婚，还把你们忙得团团转通宵干。

你在朋友圈发表的内容，我和你妈认真学习了 5 遍，超过 150 条是半夜 12 点以后发的，你睡得太晚爹妈心疼；有 30 条是你工作单位的信息，我们看得半懂不懂；50 条是跟同事聚餐或者周末去忙活公事；还有 20 条，是表达你的心情，但没有一条看出你有谈恋爱的迹象。看到你把去郊区爬个山也叫“一场说走就走的旅行”，我和你妈又笑又想哭，爬山遛弯，这不正是我和你妈天天干的事儿？闺女，我们错了，我们天天在家闲着，还要求大忙人你惦记我们，给我们打电话，要求你去相对象、赶紧结婚让我们抱孙子，爸爸妈妈做得不对！我们现在什么都不要求了，只要你好好儿的，身体健康，别睡太晚，工作别累着自己！

说到这，我们要告诉你一个重大决定，今年过年，我们要请假——我和你妈不跟你过年了！以前是你跟我们请假不回家，这一次，我们老两口也来造回反，春节不回家了。

你也许不知道，爱读书、爱幻想，喜欢旅游，这些你的特点，完全就是你妈的翻版啊！你看到的老妈，一辈子都是柴米油盐，可是当年我俩谈恋爱时，你妈可是厂子里最会写文章的文艺标兵，包包里总放着一本三毛的游记，还在上面勾勾画画的。我俩结婚时，你妈很早就计划来个时髦的旅行结婚，去大上海玩一趟。但是那年头家里底子薄，爷爷生病，你妈主动放弃了。那本她最喜欢的《老上海风情之旅》，一直压在她的枕边翻了很多很多遍。后来，你出生了，咱们这个小家就开始围着你转，忙忙碌碌的一眨眼几十年过去了。你在朋友圈里发的各种旅游内容，你妈妈都如数家珍，有时忍不住还会和我描述。老爸听着心里很不是个滋味啊，我欠她的太多。今年春节啊，我们老头老太也来一场你们年轻人流行的“说走就走的旅行”。

静静，不知不觉又啰唆了这么多，不知道这么多字微信能装下发出去不，最后老爸再说一句：爸妈以后不催你找对象的事儿了。你也别因为这再不接爸妈的电话。你妈说你在过去半年的朋友圈里提到西藏不下 20 次，还在朋友圈约好了过完年一起去。到时候，说不定咱们可以在布达拉宫相遇，但是你放心，我们俩不去打扰你，不拖你的后腿。往后这几十年，爸爸保证，我和你妈一定互相照应着多去走走看看。你妈妈的旅行梦，我来实现。

爱你的老爸老妈，静静永远的粉丝

实战演练

1. 请根据有关材料，帮小明写一份请假条。
2. 请根据有关材料，帮小花写一份留言条。
3. 请根据有关材料，帮小花写一份托事条。

展示评价

1. 每个小组评选出写得最好的作品，作为本组的学习成果展示。

2. 每个小组推选一名同学上台进行“小组学习成果展示”，其他小组成员作为评委进行评议打分；教师对每个小组的成果进行综合点评。

工作任务 1	帮小明写一份请假条				
团队名称		成员		指导教师	
项　目	考核要求	分值	自我评价（20%）	小组评价（30%）	教师评价（50%）
准备阶段	团队合作、积极参与、认真查找资料	20			
实施阶段	提纲合理、要素完备、分工明确	20			
检验阶段	格式规范、叙述清楚、语言得体、书写正确	30			
展示阶段	礼仪到位、普通话标准、表述清晰、效果良好	30			
合　计	综合评定	100			
开始时间		结束时间		总成绩	

工作任务 2	帮小花写一份留言条				
团队名称		成员		指导教师	
项　　目	考核要求	分值	自我评价（20%）	小组评价（30%）	教师评价（50%）
准备阶段	团队合作、积极参与、认真查找资料	20			
实施阶段	提纲合理、要素完备、分工明确	20			
检验阶段	格式规范、叙述清楚、语言得体、书写正确	30			
展示阶段	礼仪到位、普通话标准、表述清晰、效果良好	30			
合　　计	综合评定	100			
开始时间		结束时间		总成绩	

工作任务 3	帮小花写一份托事条				
团队名称		成员		指导教师	
项　　目	考核要求	分值	自我评价（20%）	小组评价（30%）	教师评价（50%）
准备阶段	团队合作、积极参与、认真查找资料	20			
实施阶段	提纲合理、要素完备、分工明确	20			
检验阶段	格式规范、叙述清楚、语言得体、书写正确	30			
展示阶段	礼仪到位、普通话标准、表述清晰、效果良好	30			
合　　计	综合评定	100			
开始时间		结束时间		总成绩	

活动拓展

1. 便条学习练习

2. 最牛请假条

第三节　读书笔记

情境导入

“十一”国庆节期间，小花一边沉醉在欢度国庆的火热氛围中，一边醉心于路遥的史诗级大作《平凡的世界》，细细品味在面对现实压力和人生抉择时，孙少安和孙少平兄弟俩依旧坚守最初的梦想和对爱情执着追求的故事。“黄金周”过后，恰好整个学校掀起了“书香校园”的读书热潮，小花所在的系部更是开展了“书香校园”读书心得征文比赛、“书香校园”读书心得演讲比赛、“书香校园”诵读比赛系列活动。这让原本就喜爱读书的小花兴奋不已，每项活动都积极准备报名参加，力求取长补短、提升自我。可是，小花觉得参加这样的读书活动不能只凭自己的一时兴起，而是要通过科学合理的阅读规划、采取行之有效的阅读手段、践行知行合一的读书感悟，才能最大限度地发掘隐藏在书本背后的精神源泉。值得阅读的书籍林林总总，只有记录点滴的读书心得，由点到面、由浅入深，才能编织起书籍阅读的精神大网。明白了这些，小花合上了刚刚看完的《平凡的世界》，决定先从读书笔记做起，将“书香校园”的读书活动进行到底。

然而，小花只是上课时记过课堂笔记，那时有老师在讲；现在基本上是利用业余时间自己阅读，没有老师的系统指导，读书笔记到底应该怎样来做呢？

自主探究

1. 你有记课堂笔记的习惯吗？
2. 据统计，2015 年我国人均纸质图书年阅读量为 4.58 本，你的年阅读量是多少？
3. 纸质图书、报纸和期刊、电子书这三种阅读媒介，你最倾向于哪一种？
4. 课堂笔记和读书笔记有哪些异同？
5. 你习惯做读书笔记吗？为什么？

材料示评

例一：

余华经典著作《活着》读书笔记

《活着》主要讲述了中国旧社会一个地主少爷福贵悲惨的人生遭遇。福贵嗜赌如命，最终赌光了家业，一贫如洗，他的父亲被他活活气死，母亲则在穷困中患了重病。福贵前去求药，却在途中被国民党抓去当壮丁，经过几番波折回到了家，却发现母亲早已去世，妻子家珍含辛茹苦地养大两个儿女。此后，更加悲惨的命运一次又一次降临到福贵身上，他的妻子、儿女和孙子相继死去，最后只剩福贵和一头老牛相依为命，孤独地活在这个世界上。

初闻此书，原以为《活着》应该是卷帙浩繁的篇幅，纵跨历史的画面。当我把它捧在手中的时候，才知道它不过是一本不足 200 页、32 开、12 多万字的小册子。同是描述一个悲惨的故事，较之《冷山》《牛虻》，《活着》带给读者的是一种身临其境的感受。放下书，很长时间过去了，那些淡淡的文字仍旧牵引着我的思想，有一种冲动和力量，不断地在心灵深处，敦促我去真实地了解自己，了解现实，了解世界，了解美好和丑陋，了解苦难与幸福。

《活着》以平淡、从容的语气叙述了一段感情丰盈的故事。

初读此书，我仅看了开头的几页，便被主人公坎坷的人生劫难吸引，只顾落泪，在无尽的感动与感受中无暇去品评些什么，我想这就是余华所津津乐道的为内心而写作的功效所在吧！看似平淡无奇的话语，却字字句句都能穿透读者的心灵。

《活着》以尽显中国封建文化精髓的农村为背景，以有着封建社会公子哥一切劣迹的青年——福贵为主人公，从旧社会开始，历经抗日战争、解放战争、“大跃进”、“文化大革命”到改革开放之初，使主人公的一生成为一部浓缩的中国现代史。主人公福贵一生历经了八个劫难：

第一劫：抗日战争时期，福贵游手好闲，败坏所有祖上留下的家当，气死父亲，病死母亲，阔少生涯结束。

第二劫：解放战争时期，彻底悔悟的福贵，在一点渺茫的希望之中刚要开始新生活的时候，又被抓去当了壮丁。当他从战场上九死一生，终于回到家乡与家人团聚的时候，女儿凤霞却因病成为聋哑人。

第三劫：“大跃进”，浮躁的年代，人民公社，人有多大胆，地有多大产。全民大炼钢，超英赶美。三年自然、人为的灾害，险些饿死，妻子家珍落下病根，儿子有庆输血过量人为夭折。

第四劫：“文化大革命”，摧残人性的年代，变态的社会，扭曲的灵魂。昔日同生死的伙伴、县长春生被迫轻生。

第五劫：历尽苦难的凤霞本已踏上幸福之路，却产后大出血不治身亡。

第六劫：一生相伴的好女人、有着中国传统美德的妻子家珍病逝。

第七劫：女婿意外死亡，全家只剩福贵和外孙苦根两人，一老一少孤单的背影。

第八劫：外孙苦根早夭，只剩下福贵一个人。

福贵在经历了人生如此众多的苦难之后，和一头同样年迈的老牛相互体贴、相互疼爱，其乐融融地生活在一起。世事变化无常，生命赋予我们责任，现实带给我们幸福和灾难、无聊和平庸。在所有这些降临眼前的时候，我们只能抛弃惊喜或以相依为命作为文章的结束，并以一种乐观豁达的形式叙述自己一生的动荡和苦难，也同时影射出自己一生的快乐与平静。人的一生可以窄如手掌，也可以宽若大地，如何去面对和选择要靠我们自己。

人活着到底是为什么？

在别人眼里，福贵活着是苦熬的一生，而来自内心深处的一些感受却告诉我，福贵一生之中除了苦难还有幸福。比如他那位善良贤德、坚强隐忍并且任劳任怨的好妻子，在贫穷艰难中的相濡以沫所带给他的坚定与从容，一对勤劳、聪明的好儿女所给予他的希望、孝顺和欢乐。

《活着》的作者余华讲述了人应该为了活着本身而活着，而不是为了活着本身以外的任何事物而活着，活着就不要让绝望存在。

例二：

读书笔记摘抄

1.《人生三态》——《意林》

【摘录】教授说：水有三种状态，人生也有三种状态。水的状态是由温度决定的，人生的状态是由自己心灵的温度决定的。假若一个人对生活和人生的温度是0摄氏度以下，那么这个人的生活状态就会是冰，他的整个人生也只有他双脚站的地方那么大；假若一个人对生活和人生抱平常心态，那么他就是一汪常态下的水，他能奔流大河、大海，但他永远离不开大地；假若一个人对生活和人生是100摄氏度的热，那么他就会成为水蒸气、成为云朵，他将飞起来，他的世界和宇宙一样大。

【评论】正如教授所说，人有无限可能。也许我们还在挣扎，也许我们踌躇满志，也许我们未来渺茫无望，但只要坚持，只要愿意发光发热，我们都会发掘出自己的天地。

2.《橘子的心》——《意林》

【摘录】一个孩子手拿一个橘子，问："妈妈，为什么橘子不能拿来就吃，而要剥皮呢?""那是橘子在告诉你，你想得到的东西，不是伸手就能得到，而是要付出相应的劳动。""为什么橘子里的果肉是分成一小瓣一小瓣的，而不是一个完整的呢?""那是橘子在告诉你，生活的甘甜和幸福，是用来慢慢享用的，是一小瓣一小瓣慢慢品味的，而不是用来挥霍的，更不是用来浪费的。这也就是在告诉你，要懂得珍惜生活的甘甜和幸福。"母亲接着说："孩子，橘子的果肉长成一小瓣一小瓣的，还有另一层用意呢，你知道吗?""不知道。"孩子回答。"还告诉你，你手中的东西，不能独自占有，不能独自享用，而要懂得与人分享。"

【评论】从生活细处发现真理、体味哲学，这是生活的大智慧，也是从妈妈那里得到的最直白、浅显的道理。也许有时我们会困惑，但生活总给我们以启示，让我们继续有勇气生活。

3.《地震废墟下的深情绝唱》——《读者》

【摘录】她睁开眼，发现四周一片黑暗，同时感觉浑身疼痛。珊德拉意识到自己被埋在了房屋的废墟中，到处都是钢筋、木梁、泥土和石块。她很害怕，大声地叫着雷米的名字，但很久都没有听到他的回应。恍恍惚惚中，她听到有人在大声地叫着自己的名字："珊德拉！珊德拉!"她幽幽地醒转过来，又仔细地听了听，是的，是雷米在叫她的名字！他没有死！她努力地张开干裂的嘴唇，大声地答应着雷米："我在这儿，快救我!"

珊德拉边说着边试图移动了一下身体，腰部却传来一阵剧痛，手也好像断了，根本抬不起来。死亡的恐惧使她大哭起来。这时，从附近传来了雷米的声音："亲爱的，别害怕，我在这儿呢!"因为书房和卧室之间的墙壁已经倒塌，雷米离妻子卧倒的地方非常近，如果两人都不说话，他们甚至能听见彼此的呼吸声。

【评论】有些爱可以超越一切，比如爱情，比如因爱情两人长久相处后所收获的亲情，这种情感无关自私的收获，只是心与心的信任，心与心的托付。因为爱，所以相信，因为爱，所以可以打败一切。

4.《写给自己的忠告》——《读者》

【摘录】无法入睡的夜晚，想写点东西给自己，回想走过的路，总觉得有些忠告要讲给自己听……

A. 压力是不可避免的，失眠是无可奈何的，所以不要着急，不要烦躁，心平气和地接受。躲不开就接着，晚上睡不着那就白天睡。

B. 每个人都有自己独立的空间，再好的朋友也是应该亲密有间的，别总把自己不当外人。

C. 身体是自己的，健康是自己的，难受也是自己的，所以不要想吃什么就吃什么。

D. 伤害是别人带来的，开心是自己寻找的，想哭就哭，哭完了接着笑，没有人能把谁的幸福没收。

E. 责任是从现在开始就要承担的，父母不再年轻，能回报的时候及时回报，不要总觉得时间还很多，岁月不等人。

F. 亲人是父母给你找的朋友，朋友是你给自己找的亲人，所以同等重要，孰轻孰重没那么多分别。

G. 跟正常人讲道理，不正常的人不需要道理。该和善的时候一定要和善，该骂的时候千万别忍让，时时处处的彬彬有礼那是烂好人。

H. 努力去做自己该做的，但不要期待回报，不是付出了就会有回报的，做了就不要后悔，不做才后悔。

I. 帮别人的事做完就忘记，别人为自己做的事时时记着，哪怕这个人只有那么一次好，他也是曾经帮助过你的人。

【评论】夜深人静最引人遐思，也最让自己反省。我们可以在白日里胆大妄为、狂妄肆意，却怎么也抵不过黑夜里一地明辉，忍不住扪心叩问，又遵守第二天的准则。人总是有一定的约束，最有效的，则是源于自身的标准。

5.《人有远虑，必有近忧》——《格言》

【摘录】滥思甚者疾病多，积虑深者生机浅。日思夜想，都是烦，你哪能身宽体胖？林妹妹思虑过多，多美的青春却是一个病怏怏的身子；坐想行思，都是愁，你哪能笑逐颜开？诸葛亮谋算太多，出师未捷常使英雄泪满襟。

当春的花朵，在春天灿烂开放，花朵不去想秋天的凋零，她在春天只管把花开好，到了凋零的秋天之际，却是她结出硕果之时；如果在春天里只想秋的萧瑟、冬的肃杀，那么，一念至此，则百无聊赖，万念俱灰。心若成灰，身体即多疾；心若成灰，事业即多败。无好身体，无好事业，无好心情，那么幸福、欢乐、成功，又从何谈起？

【评论】花开堪折直须折，莫待无花空折枝。少年是快乐的，该烂漫且烂漫；青春是美丽的，该绽放且绽放。芳香的热茶趁热喝，不要等到变冷；醇厚的美酒乘兴饮，不要等到变馊。少年老成不是太好的事，少年将老年的日子过了，有什么好呢？少年可老年，老年难少年。

互动点评

常见的读书笔记分多种类型，不论采用哪一种类型，目的都是为学习、工作、科学研究和写作服务。开始可采用摘要式读书笔记，以后读书多了，有了比较，产生了看法，就可以写译注式读书笔记，至于心得式读书笔记则更进一步了，它属于科学研究的范畴。

知识聚焦

一、概念

读书笔记又称随笔、札记，是人们在阅读的过程中，或是对书中的名言警语、新颖材料进行摘录抄写，或是对书的内容要点进行归纳，或是随后记下自己的心得体会的一种文体。

从古至今的笔记作品中，读书笔记的题材是很广泛的，涉及政治、历史、经济、文化、自然科学、社会生活等多种领域，也有专门记叙、论述某一方面问题的。读书笔记这种体裁在我国产生较早，但正式以“笔记”做笔录、为书名，开始于北宋的宋祁，有随笔、笔谈、笔录、札记、杂记等别名。

二、种类

读书笔记的种类很多，有繁有简、有难有易。一般来说，可以分为摘要式读书笔记、评注式读书笔记和心得式读书笔记三大类。

三、作用

（一）加强记忆

做读书笔记，一方面可以弥补一段时间后忘掉所记忆内容的许多细节的缺陷；另一方面，可以把所读的零散、片断的内容系统化、条理化，编成知识网，使我们更容易记忆。

（二）加深对内容的理解

在对读物内容深刻理解的过程中，我们所做的读书笔记，不是要字字都记、事事都记，而是把那些最好的、最精彩的、对自己最有用的部分记下来。做读书笔记的过程，就是理解、消化你所学到的知识的过程。

（三）阅读注意力的集中

写读书笔记的过程，是眼、脑、手并用的过程，但有时候我们眼睛虽然在“看”书，可是大脑却在想着别的事，即“开小差”。长时间地看书容易发生这种情况，写读书笔记则有助于集中阅读的注意力，提高阅读效率。

（四）激发创造性阅读

写读书笔记时，由于边读边想、边想边记，就会加强思维的逻辑性和条理性，提高分析问题、解决问题的能力，使思维更加活跃。由于在阅读时各种信息的相互撞击，会产生一些新的见解、新的构思、新的发明，就会加强联想、激发创造性思维，把学习过程引向创造过程。

（五）有助于积累资料

积累资料的方法很多，最简便易行的方法就是写读书笔记，一边读书、一边记笔记，书读完了，宝贵的资料也就留下来了。

四、结构

（一）摘要式读书笔记

摘要式读书笔记，是在读书时把与自己学习、工作、研究的问题有关的语句、段落等按原文准确无误地抄录下来。摘录原文后要注明出处，包括题目、作者、出版单位、出版日期、页码等，便于引用和核实。

1. 索引读书笔记

索引读书笔记是只记录文章的题目、出处的笔记。如书刊篇目名、编著者、出版日期、藏书处。如果是书，要记册、章、节；如果是期刊，要记期号；如果是报纸，要记年、月、日和版面：以备日后查找方便。

2. 抄录原文读书笔记

抄录原文读书笔记就是照抄书刊文献中与自己学习、研究有关的精彩语句、段落等作为日后应用的原始材料。摘抄原文要写上分类题目，在引文后面注明出处。

（二）评注式读书笔记

评注式读书笔记不单是摘录，而且要把自己对读物内容的主要观点、材料的看法写出来，其中自然也包括表达出笔记作者的感情。评注式笔记有时对摘录的要点作概括说明。

1. 批注

批注是一种最简易的读书笔记做法，就是在读书的时候，把书中重要的地方和自己体会最深的地方，用笔在字句旁边的空白处画上符号，或者在空白处加批注，或者是折页、夹纸条作记号等。这种笔记方法不但对书中的内容可以加深理解，也为日后查找提供了方便。

2. 提纲

提纲是用纲要的形式把一本书或一篇文章的论点、论据提纲挈领地叙述出来。提纲可按原文的章节、段落层次，把主要的内容简明扼要地写出来。提纲读书笔记可以采用原文的语句和自己的语言相结合的方式来写。

3. 提要

提要和提纲不同，提纲是逐段写出要点，提要是综合全文写出要点。提要可以完全用自己的语言简明扼要地写出读物的内容，提要除客观叙述读物内容外，还带有一些评述的性质。另一种提要，是对一篇文章或一本书的内容梗概作简要的说明。

4. 评注读书笔记

评注读书笔记，是读完读物后对它的得失加以评论，或对疑难之点加以注释。

5. 补充原文读书笔记

补充原文读书笔记，是在读完原书或文章之后，对感到有不满足的地方进行补充。需要注意的是，补充原文不是随意地加以补充，而是要围绕其中心思想加以引申或发挥。

（三）心得式读书笔记

心得式读书笔记，是在读书之后写出自己的认识、感想、体会和得到的启发与收获的一种笔记。它有如下几种：

1. 札记

札记，是读书时把摘记的要点和心得结合起来写成的，这种札记的形式是灵活多样的，可长可短。

2. 心得

心得笔记也叫读后感，即读书后把自己的体会、感想、收获写出来。这种读书笔记，可以写读书时的心得体会，也可以写对原文的某些论点的阐述或提出批评性、商榷性的意见。写这种笔记，一般是以自己的语言为主，也可适当地引用原文。

写读后感有两种方法。先叙后议：书名—内容—主旨—感受—启发和教益。夹叙夹议：围绕主旨抓住文章的两三点内容，联系实际，紧扣原文进行议论，或者抓住文章的中心句展开议论。

读后感始终要受“读”的约束，开头要“引读”，中间还要不时地回应“读”的内容，结尾也要恰当回应“读”的内容。

3. 综合读书笔记

综合读书笔记是读了几本或几篇论述同一问题的书文后，抓住中心评论它们的观点、见解，提出自己看法的笔记。

五、注意事项

（一）抓住重点

读书笔记要基于读懂原文的内容，因此，读的过程至关重要。只有通过细细品读，抓住原文的中心思想和重要内容，才能写出优秀的读书笔记。

（二）忠于原文

读书笔记应该最大限度地忠于原文，明确交代写作背景或者写作目的，交代清楚文章所遵循的理论线索。好的读书笔记可以让读者几乎不用阅读原文就可以掌握大致内容。

（三）标明出处

做读书笔记时，原文摘录要注明出处，包括题目、作者、出版单位、出版日期、页码等，便于引用和核实；也可以列出与主题有关的主要参考文献，以便今后自己查询，也方便别人按图索骥。

（四）持之以恒

坚持做读书笔记，不仅可以加深对书本内容的了解，还可以帮助人们提高写作能力。但是，写读书笔记绝不是简单地抄抄写写，而是对学到的知识进行加工制作的持续过程，这本身就是一种写作锻炼。

知识延伸

名人的读书笔记

■ 革命前辈徐特立同志少年时期只上过 6 年私塾，后来在长沙仅仅读了 4 个月的师范学校。他渊博的知识完全是靠刻苦自学得来的。他从 19 岁到 43 岁的漫长岁月中，每天晚上必定要读 3 个小时书，结果成了博学的教育家。徐老有一个重要的学习经验：不动笔墨不读书。他告诫学生：读书不要贪多图快，要仔细研读。他还说：买书不如借书，借书不如抄书，全抄不如摘抄。

■ 马克思为写《资本论》，曾认真钻研过 1500 种以上的书籍，而且每本书都写了提要，每本书都有笔记可查。1843 年到 1847 年间，仅经济学的笔记就记了 24 大本，体量相当于《资本论》第一卷的两倍；1850 年到 1851 年仅一年时间，他又记了 18 本；

1861年到1863年记了23本。这些笔记再加上他的其他笔记，其总字数至今未有人能精确地统计出来。

■ 汉代路温舒幼时家贫无钱读书。一次，在野外放牧时，他发现宽宽的蒲草可用来记字造句，于是便将蒲草采回家，边读书、边在蒲草上做笔记。读了一本，又抄一本，终于谙熟《春秋》经义，成为有名的法学家。

■ 南北朝时的任末，外出求学时无钱住客栈，便在树林里搭个小茅棚住，然后削荆条为笔，以树汁为墨水，读书做学问。因买不起纸张，便把书中的优美词句写在树干上，等有钱买到纸后再抄录下来，后人将此树林称为“经苑”。

■ 宋代诗人梅尧臣，外出时总少不了带上一个小布袋，每当读到佳句妙语时，就把它们写在纸片上，然后投入小布袋中。做学问时，便从小布袋中取出所记的纸条，或予以引用，或启发思维，终成一位出色的诗人。

■ 元末著名学者陶宗仪，避乱江华亭时，躬耕于田野，累了便坐在树下歇息、读书。每有所感，就取出随身带来的笔砚，在树叶上记下来，并将树叶笔记放入准备好的陶罐中，埋入树下。经过10余年的积累，竟有树叶笔记数陶罐。后经加工整理，终成颇有学术价值的《南树辍耕录》。

实战演练

请根据有关材料，以小花刚刚读完的《平凡的世界》为例，帮小花设计一篇读书笔记提纲。

展示评价

1. 每个小组评选出写得最好的作品，作为本组的学习成果展示。

2. 每个小组推选一名同学上台进行“小组学习成果展示”，其他小组成员作为评委进行评议打分；教师对每个小组的成果进行点评。

工作任务	**帮小花设计一篇读书笔记提纲**				
团队名称		成员		指导教师	
项　　目	考核要求	分值	自我评价（20%）	小组评价（30%）	教师评价（50%）
准备阶段	团队合作、积极参与、认真查找资料	20			
实施阶段	提纲合理、要素完备、分工明确	20			
检验阶段	格式规范、叙述清楚、语言得体、书写正确	30			
展示阶段	礼仪到位、普通话标准、表述清晰、效果良好	30			
合　　计	综合评定	100			
开始时间		结束时间		总成绩	

活动拓展

脂砚斋全评石头记

第四节　求职信

情境导入

即将毕业的小花最近心事重重，因为她尚未准备好迎接曾经觉得遥不可及的毕业时刻定格在自己身上的那一天，尽管这一天已经不远了。她还没有准备好从母校毕业，还没有想好要找什么样的工作，甚至还没有写好一篇像模像样的求职信，此时此刻的小花怅然若失，郁郁寡欢。就在小花胡乱翻看网页打发时光的时候，一篇关于求职的报道映入眼帘：2007 年 6 月 26 日《南方都市报》A55 版头条以《一纸文言信敲开求职门》刊载了某人用文言文找到工作的事情。随后，该新闻报道相继被新浪、搜狐、网易、腾讯、TOM 等各大门户网站转载，《辽沈晚报》《现代快报》《青年报》等报纸也予以转发。6 月 29 日，该新闻在中央电视台经济频道《第一时间・马斌读报》播出，一时间引起舆论一片哗然。著名时评人胡镇途先生发表评论文章《文言文求职的启示》："其实，用自己的语言，用自己的思想写出独具特色的'求职简历'，早而有之。随举一例，李白名文《与韩荆州书》，便是一封实实在在的求职信。总之，写一份只属于自己的简历，让别人一看就能从中看到一个活生生的人，感受到其独特的风采和思想，从而留下深刻印象，求职希望岂不是大大增加了？"

看完这些文字，小花更加迷茫了：作为理想工作敲门砖的求职信，到底应该怎样来写？是中规中矩，还是标新立异？

自主探究

1. 在求职过程中，你认为求职信有什么作用？
2. 你见过哪些印象深刻的求职信？
3. 如果让你帮小花写求职信，你觉得应该从哪几方面写？
4. 你觉得求职信应该中规中矩还是别具风格？请说明理由。
5. 如果你是招聘单位的人力资源部门负责人，你最中意什么类型的求职信？

材料示评

例一：

求职信

尊敬的××铁路局领导：

您好！非常感谢您利用宝贵时间关注我的求职材料！

今天，我从学校就业指导中心看到贵局的招聘启事，怀着对贵局的热爱和仰慕前来求职，希望能给我一个为贵局的发展作贡献的机会！

我叫李江，今年20岁，是××职业技术学院2017届毕业生。在校期间，我系统地学习了铁道交通运营管理专业的相关知识；经过在××客运段3个月的顶岗实习，我对列车员的工作有了更深的认识。经过不断地学习和实践，我具备了列车员必备的知识和技能，我相信自己能成为贵局动车组一名优秀的列车员。

第一，我有扎实的专业知识。在校期间，我主修了旅客运输组织、铁路行车组织、铁路客运英语、客运服务礼仪等课程，取得了优异成绩，曾两次获得学院一等奖学金。此外，我还自学了医药卫生常识、心理学等相关课程，为做一名合格的列车员打下了坚实的基础。

第二，我有担任列车员的实践经验。今年暑假，我在××客运段顶岗实习，担任长沙至北京西的T2次列车员。经过3个月的实习，我对列车员的工作内容、性质有了全面的了解，也深刻体会到了列车员肩负的职责。我学会了主动、热情地为每一个旅客服务，并曾多次妥善处理突发事件，得到了旅客、列车长、指导老师和客运段领导的高度赞扬，并获得了"优秀实习生"称号。

第三，我有良好的沟通和协调能力。在校期间我担任班长，协助班主任处理班级的各种事务，学会了协调学院各部门与班级同学之间的关系。我还组织了各种类型的活动，并多次担任学院大型活动的主持人。在各种活动中，我的沟通和协调能力得到了锻炼与提高。

第四，我有良好的身体和心理素质。我从小生活在农村，艰苦的生活环境练就了我强健的体魄和吃苦耐劳的品质；长期担任班干部的经历又锻炼了我面对压力、误解甚至愤怒时也能保持微笑的心理品质。

这些都为我真正从事列车员工作打下了基础，也符合贵局对拟聘人才的要求。如蒙录用，本人将竭尽全力，为贵局的发展作出我最大的贡献！恭候佳音。

此致

敬礼！

附：本人简历、学校推荐表、成绩单及各种证书复印件

李江敬上

××年6月26日

<table>
<tr><td>姓　　名</td><td>李江</td><td>性别</td><td>男</td><td>出生年月</td><td>1997 年 5 月</td><td rowspan="3">一寸照片</td></tr>
<tr><td>籍　　贯</td><td>××</td><td>民族</td><td>汉</td><td>身体状况</td><td>健康</td></tr>
<tr><td>政治面貌</td><td>共青团员</td><td>身高</td><td>175cm</td><td>特　　长</td><td>主持、演讲</td></tr>
<tr><td>毕业院校</td><td>××职业技术学院</td><td>学历</td><td>大专</td><td>求职意向</td><td colspan="2">动车组列车员</td></tr>
<tr><td>所学专业</td><td colspan="2">铁道交通运营管理</td><td colspan="2">E-mail</td><td colspan="2">Lijiang2017 @163. com</td></tr>
<tr><td>毕业时间</td><td colspan="2">2017 年 7 月</td><td colspan="2">联系电话</td><td colspan="2">131234×××××</td></tr>
<tr><td>教育背景</td><td colspan="6">2014 年 9 月—2017 年 6 月　××职业技术学院　学生
2011 年 9 月—2014 年 7 月　××一中　学生</td></tr>
<tr><td>个人简历</td><td colspan="6">2016 年 7 月至 9 月　××客运段 T2 次列车　列车员
2016 年 5 月　学院大型文艺节目　主持人
2015 年 12 月　学院新年文艺晚会　主持人
2015 年 10 月　××超市　营业员
2015 年 5 月　在校内组织为我班××同学捐款活动　发起人</td></tr>
<tr><td>资格证书</td><td colspan="6">车站值班员资格证书（中级）
调车区长资格证书（中级）
办公软件应用操作员资格证书（中级）
大学英语四级证书
普通话二级甲等证书</td></tr>
<tr><td>荣誉证书</td><td colspan="6">2015 年 8 月获学院“一等奖学金”
2015 年 12 月获学院“优秀学生干部”称号
2015 年 12 月获学院“学生活动积极分子”称号
2016 年 8 月获学院“一等奖学金”
2017 年 6 月获学院“优秀实习生”称号</td></tr>
<tr><td>个人特长和能力</td><td colspan="6">专业基础扎实，拥有列车员实际工作经验。工作踏实、热情、主动，责任心强，沟通协调能力好，吃苦耐劳，具有良好的心理素质。</td></tr>
<tr><td colspan="7">相信您的信任与我的实力将为我们带来共同的成功！希望我能为贵公司贡献自己的力量！</td></tr>
</table>

例二：

求职信

尊敬的公司领导：

您好！

首先感谢您能抽出宝贵的时间来看我的自荐信。我叫姜玉树，现年 20 岁，身高 170cm，来自四川峨嵋，是××学院精品班——城市轨道专业××届毕业生。今天我怀着快乐而又激动的心情呈上这份求职信。之所以激动，是我决定到贵公司，实现共同的辉煌。

三年的大专生活中，我勤奋刻苦、力求向上，努力学习基础与专业知识。三年来，各学科没有补考的记录，专业学科成绩优良，在校期间曾被评为优秀团员和优秀学生干部。普通话达到国家标准水平，计算机已拿到国家四级等级考试证书，同时英语也达到了国家四级水平。

三年的学习生活，铸就了我勤奋诚实、积极热情的性格，培养了我拼搏向上的精神，提高了自我判断、策划、协调等多方面能力，为自己注入了全新的营养，为今后的工作打下了良好的基础。地铁站务员的工作内容是在地铁站几十米的站厅来回走动，巡视周围，为需要的乘客提供帮助，确保他们有秩序地安全上车。作为交通枢纽，地铁站几乎每时每刻都人流滚滚，站务员要眼观六路、耳听八方——看到老人行动不方便要扶一把，有人问路要耐心解答，遇上外宾最好能用英语和他们交流。上下班高峰时段，除了要确保他们安全上下车，人太多上不去的时候，还要在后面帮着推他们一把。由以上情况本人适合担任地铁站务员工作，能与外国人交流，为他们指引方向。随叫随到，哪里需要就往哪里跑，有一分热，发一分光。让乘客井然有序上下车，老幼病残有专人护理，到地铁站就像到自己家一样幸福温馨！

实践是检验真理的唯一标准。所以每年我利用放假时间参加了春运、暑运！了解到怎样工作才能让乘客满意、旅客放心。并且参观了地铁设施，查阅大量的资料，对地铁方面的规章制度、管理要求都比较清楚！我想一个人只有把聪明才智应用到实际工作中去，服务于社会，有利于社会，让效益来证明自己，才能真正体现自己的自身价值！虽然现在应聘的只是一名普通的站务员，但我坚信，不久后的将来我一定会有惊人的进步和提升，担任更高一级的职务。路是一步一步走出来的。只有脚踏实地、努力工作，才能做出更出色的成绩！

通过我的这封求职信，能使您对我有一个更全面深入的了解，我愿意以极大的热情与责任心投入到贵公司的发展建设中去。您的选择是我的期望。给我一次机会，还您一份巨大的惊喜。

此致

敬礼！

求职者：姜玉树

××年6月2日

互动点评

学生对比两则材料，采用团队合作的形式讨论并形成总的意见、推选代表作答。教师及时点评，并提供参考答案。参考（例二的问题）：

1. 开头应写明求职信息的由来与要申请的职位。

2. 简单介绍本人基本情况。主要介绍自己的姓名、年龄、就读学校、所学专业及专业课成绩（可以附上大学期间成绩表），介绍自己与求职岗位相关的社会实践以及获得的与求职岗位相关的各种荣誉证书等。

3. 应说明能胜任申请职位的各种能力，要明确表明自己具有的专业知识和社会实践经验，以及与工作要求相关的特长、兴趣、性格和能力。例二作者的介绍不具有说服力。“地铁站务员的工作内容是在地铁站几十米的站厅来回走动，巡视周围，为需要的乘客提供帮助，确保他们有秩序地安全上车。作为交通枢纽，地铁站几乎每时每刻都人流滚滚，站务员要眼观六路、耳听八方——看到老人行动不方便要扶一把，有人问路要耐心解答，遇上外宾最好能用英语和他们交流。上下班高峰时段，除了要确保他们安全上下车，人太多上不去的时候，还要在后面帮着推他们一把”（要有良好的与人沟通、交流的能力；要有较高的英语听、说能力；要热情、有耐心）。此外，地铁站的人形形色色，站务员应该具备良好的处理突发事件的能力。在发生暴力、火灾等事件时，能及时、有序地组织乘客离开事发地点，确保他们的人身安全。

4. 标点符号的使用及书写问题。如这段话：“实践是检验真理的唯一标准。所以每年我利用放假时间参加了春运、暑运！了解到怎样工作才能让乘客满意、旅客放心。并且参观了地铁设施，查阅大量的资料，对地铁方面的规章制度、管理要求都比较清楚！”就存在几个问题。

5. 不要说太多废话。如：“首先感谢您能抽出宝贵的时间来看我的自荐信”“通过我的这封求职信，能使您对我有一个更全面深入的了解”等。

知识聚焦

一、概念

求职信是求职者写给用人单位的信，目的是让对方了解自己、相信自己、录用自己，它是一种私人对公并有求于公的信函。求职信的格式有一定的要求，内容要求简练、明确，切忌模糊、笼统、面面俱到。

求职信是求职人向用人单位介绍自己情况以求录用的专用性文书。作为新的日常应用类文体，求职信使用频率极高，其重要作用愈加明显。

二、种类

求职信可分为自荐书和应聘书两种。

自荐书，即求职者以书信的方式自我举荐、表达求职愿望、陈述求职理由、提出求职要求的一种信函。求职者可以向用人单位展示自己的工作能力、知识水平和人格魅力，从而建立起与用人单位之间的联系，为成功择业打下良好的基础。

应聘书，是求职者在已经获知某单位用人的前提条件下写的具有高度针对性的求职信。其称呼一般是针对特定单位的人，内容主要是针对用人单位提出的条件，表述自己的才智特长，具有较强的目的性。

三、特点

（一）针对性强

求职信要针对求职目标，针对用人单位的性质、特点和需求，突出自己某方面的特点和潜力，不说与求职无关的话。

（二）态度谦和

求职信要充分展示自己的才智，但不能给人高傲自大的印象，同时要避免过分谦恭谨慎，给人信心不足的印象，要不卑不亢，大方得体。

（三）突出个性

求职信要力求具有个性特征。在能力方面，要突出特长，展示自己与众不同之处；在语言表达和构思上，要匠心独运，展示文采和个人魅力。

四、结构

求职信一般包括以下内容：

（一）标题

求职信的标题要注明“求职信”字样。

（二）称谓

收信人称谓要因对象而异，如“尊敬的×总”“尊敬的×经理”等。

（三）正文

正文是求职信的主要内容所在，为了使受信者舒心而有序地阅读，写作者应分层阐述有关内容。主要包括以下几个方面：

1. 写求职信的原因及目的

这一层应写清求职者获得求职信息的来源以及本人对有关求职信息的反应。

2. 求职者基本情况及求职的原因

求职者应在这一层中简要介绍自己的姓名、性别、年龄、最高学历及政治面貌等，紧接着阐述自己求职的基本原因。

3. 求职者专业底蕴及主要成绩

在这一层中，求职者应着重介绍自己的专业特长，实事求是地讲明自己对有关专业知识掌握的程度及相应的技能技巧水平。凡是通过了国家统一级别考试的，要具体如实地报出级别。针对用人岗位简要介绍自己的辅修课程及收获，并列入附件。

4. 主要社会实践经历（或工作经验）及工作态度

一般说来，用人单位是非常注重求职者的实际工作能力和工作态度的，因此，求职者在求职信中应用具体事实说明自己曾从事过的工作及主要业绩，对自己的工作能力作出客观的评价，并表明自己的工作态度。

5. 个人兴趣、爱好、业余特长及所获奖励与荣誉

现在的用人单位选拔人才，比较注重一个人的综合素质，需要的是一专多能的复合型人才，因此求职者特殊的、突出的业余爱好及特长也是展示个人才干的重要组成部分。

6. 对用人单位或主管领导的用人胆识、工作作风和创业精神等作出简明评议

一般是赞美性话语。不过，这一层内容不宜多写，点到为止。

7. 提出要求和希望

在这一层，求职者可明确提出其他可供职的工作范围和期盼面试的希望，以使用人单位明了求职者的基本要求，便于在尊重求职者个人意愿的基础上，根据实际需要安排面试及分配合适的工作岗位。

8. 祝颂语

求职信属于书信，因此在正文结束后，宜写上表示礼貌谦恭的祝颂语。祝颂语要契合对方身份，既可用一般的“此致敬礼”之类的祝颂语，也可选用其他类型的祝颂语。

（四）落款

在求职信的右下方署上求职者姓名和日期，日期要写清年、月、日。

（五）联系方式

详细通信地址、电话、邮箱等。

（六）附件

为了保证求职信正文的简洁明了，有些内容宜用附件形式予以补充体现。附件主要包括个人简历、成绩单、考试等级证书、毕业证、学位证、荣誉证书等证件的复印件，若有专家推荐，还应附上推荐信复印件。附件可随求职信一并附上，也可在面试时带去。

五、注意事项

（一）知己知彼，有的放矢

写求职信之前，应尽可能做到对用人单位及其用人要求有较多的了解，以便对照自己的情况，有针对性地陈述自己的求职意向和求职优势。行文中应突出自己对用人单位的正面印象，但不要过多渲染，否则会冲淡求职的主题，而且还有阿谀奉承之嫌。

（二）充满自信，态度诚恳

写求职信时，既要表现出足够的自信，但又不能自我欣赏、自吹自擂；既要表现出恳切的心态，又要表现出应有的持重和自尊。用语要谦敬得体，措辞要讲究分寸。

（三）言简意赅，引人入胜

求职信最直接的功用，是为自己争取一个参加面试的机会。在竞争日趋激烈的今天，每个岗位都会吸引不少的求职者，招聘人员阅读求职信的工作量很大，求职信过长会使其效率降低。因此求职信的篇幅要短，切忌面面俱到，要重点突出自己与用人单位和应聘岗位最有关系的内容。

（四）内容简短，字迹工整

写求职信时，字迹不要潦草，应干净整洁、文句通顺、语言精练、实事求是、突出重点，给人一种办事认真负责的印象。事实上，洁净秀丽的字体本身就是一封最好的“介绍信”，容易给人留下良好的第一印象。求职信忌长篇大论，应将篇幅控制在600字以内（附件除外）。

（五）留联系方式

如果用人单位觉得你不错而决定给你一个面试的机会，却遍寻不着你的联系方式，这将是多么令人遗憾的事情！因此，请在求职信的显眼位置留下完整的联系方式，包括手机号码、家庭或宿舍电话号码、E-mail 地址、住址及邮政编码等。这些信息应当是最新且全面的，其中尤以手机号码和 E-mail 地址最为重要。联络方式最好按常用程度进行书写，常用的写在前，不太常用的写在后。

知识延伸

学做适合自己的求职简历

■ **新建表格**

（1）启动 Word 2007，按“Ctrl＋S”快捷键将其保存为“个人简历”，然后输入标题内容为“个人简历”。

（2）单击“插入”选项卡中的“表格”，在弹出的下拉菜单中选择“插入表格”。

（3）在弹出的对话框中输入列数为 7，行数为 9，单击“确定”按钮。

■ **编辑表格**

1. 合并单元格

（1）选中第 3 行的第 2、3 列，单击鼠标右键，在弹出的菜单中单击“合并单元格”。

（2）分别选中第 3 行的第 5、6 列，第 4 行的第 2、3 列，第 4 行的第 5、6 列，第 5 行的第 2、3 列，第 5 行的第 5、6 列，第 7 列的第 1～5 行，将其合并。

（3）分别选中第 6 行的第 2～7 列，第 7 行的第 2～7 列，第 8 行的第 2～7 列，第 9

行的第 2～7 列，将其合并。

2. 在表格中输入文本

如下表所示：

个人简历

<table>
<tr><td>姓名</td><td></td><td>性别</td><td></td><td>民族</td><td></td><td rowspan="5">照片</td></tr>
<tr><td>出生日期</td><td></td><td>政治面貌</td><td></td><td>学历</td><td></td></tr>
<tr><td>毕业院校</td><td colspan="2"></td><td>专业</td><td colspan="2"></td></tr>
<tr><td>手机</td><td colspan="2"></td><td>联系电话</td><td colspan="2"></td></tr>
<tr><td>E-mail</td><td colspan="2"></td><td>联系地址</td><td colspan="2"></td></tr>
<tr><td>教育背景</td><td colspan="6"></td></tr>
<tr><td>社会实践经历</td><td colspan="6"></td></tr>
<tr><td>获奖情况</td><td colspan="6"></td></tr>
<tr><td>性格爱好</td><td colspan="6"></td></tr>
</table>

3. 调整表格的行高和列宽

(1) 选中第 1～5 行，单击鼠标右键，选择“表格属性”。

(2) 单击“行”选项卡，设置“指定高度”为 0.7 厘米。然后通过移动鼠标指针，调整列宽到适合宽度。

(3) 同理，将第 6～9 行的行高调整到适合高度。

4. 设置单元格文字对齐方式

(1) 将鼠标光标依次置于“教育背景”“社会实践经历”“获奖情况”“性格爱好”单元格。

(2) 单击“表格工具布局”选项卡“对齐方式”组的文字方向按钮，改变该单元格的文字方向为竖向。

(3) 再单击“中部居中”对齐按钮。在各文字间加空格，以使文字宽度适应行高。

■ 美化表格

1. 套用内置表格样式美化表格

将鼠标光标置入表格中，单击“表格工具设计”选项卡“表样式”组中的下拉列表框的按钮，在展开的下拉菜单中选择“浅色网格”选项。

2. 手动设置美化表格

(1) 设置表格框。单击“开始”选项卡“段落”组的“边框和底纹”按钮（也可以直接在表中单击鼠标右键，选择边框和底纹），弹出“边框和底纹”对话框，单击“边框”选项卡，单击“设置”组的“全部”按钮，依次选择“样式”为第一种实线，“颜色”为深红，“宽度”为 3.0 磅。

单击右侧预览组中的“水平”和“垂直”线设置的中间两个按钮，重新选择“颜色”为黑色，“宽度”为 1.5 磅，再次单击右侧预览组中的“水平”和“垂直”线设置的中间两个按钮，单击“确定”按钮，完成边框设置。

(2) 设置表格底纹。选中写有文字的单元格（照片所在单元格除外），单击“开始”，在“段落”组中单击“底纹”的下拉菜单，选择“水绿色，80%”选项，完成底纹设置。

实战演练

请根据有关材料，帮毕业前迷茫无助的小花写一封求职信。

动笔之前需要考虑两个问题：

1. 对方要什么？不同职业、不同岗位，对人才的需求是不同的。如地铁站务员和火车站的信号工，由于工作性质和内容不同，对求职者的要求也不同。弄清楚对方的要求，我们就能有针对性地写求职信，从而提高求职成功的概率。

2. 我该给什么？一般情况下，应聘不同的企业、不同的岗位，求职信的内容应该也不一样。“放之四海而皆准”，对求职信来说是不行的。对方对人才的要求是什么，求职者就应该把自己与之相关的知识和技能提供给对方。

当对以上两个问题考虑成熟之后，我们就可以开始写求职信了。

展示评价

1. 每个小组评选出写得最好的作品，作为本组的学习成果展示。

2. 每个小组推选一名同学上台进行“小组学习成果展示”，其他小组成员作为评委进行评议打分；教师对每个小组的成果进行点评。

工作任务	根据小花的实际情况拟写一份求职信				
团队名称		成员		指导教师	
项　　目	考核要求	分值	自我评价（20%）	小组评价（30%）	教师评价（50%）
准备阶段	团队合作、积极参与、认真查找资料	20			
实施阶段	提纲合理、要素完备、分工明确	20			
检验阶段	格式规范、叙述清楚、语言得体、书写正确	30			
展示阶段	礼仪到位、普通话标准、表述清晰、效果良好	30			
合　　计	综合评定	100			
开始时间		结束时间		总成绩	

活动拓展

1. 简历制作技巧

2. 模拟面试

第五节 自我鉴定

情境导入

公元前6世纪，在德尔斐的阿波罗神庙曾深深地镌刻下这样一句箴言——认识你自己。相传这句箴言出自苏格拉底，意在说服人们不要专注于对身外之物的追求，而应改造自己的灵魂，追求真理和智慧，成为道德完善的、真正的人。如今，重新审视曾经受过的教育，以一个未来的视角审慎看待过去的自己，正是对学生自身成长的一种教育期待。最近，小花所在的班级就开展了一项名为“认识你自己”的主题实践活动，要求同学们结合入学以来自己在思想、学习、生活等方面所取得的成绩，每人提交一份800字左右的“自我鉴定”。消息一出，立刻在班里炸开了锅：翻资料的翻资料、查手机的查手机、搜电脑的搜电脑，似乎所有人都没有准备好怎么认识自己、如何进行自我鉴定。接受职业教育以来，凭借着逐渐养成的沉着冷静的习惯，小花倒不像其他同学那么如坐针毡，因为入学至今，小花自认为进步不少。远的不说，就从学历教育到技能教育的思想转变、理论学习加实践操作的能力提升，再到学校-系部-班级“三位一体”的活动参与，小花的成长不敢说数一数二，至少也是名列前茅。

常言道：理想与现实是有差距的。自己内心明明定位清晰，可是要把这些抽象性的成长经历形成文字，小花一时间也不知从何写起。为自己提交一份漂亮的自我鉴定，到底应该从何处着笔呢？

自主探究

1. 手里有一根绳子（在手里绕来绕去不拉直），请你猜一猜这根绳子到底有多长。
2. 关于绳子的长度，你相信最初的答案还是最后更改的答案？
3. 你如何看待“人贵有自知之明”这句话？
4. 自我鉴定对于自己的成长成才有何意义？
5. 你会从哪些方面以及怎样做自我鉴定？

材料示评

例一：

自我鉴定

高职生活似弹指一挥间，翻翻历史的扉页，一切都成了过往！一年的职业教育时光里，生活中充满阳光，人与人之间坦诚相待。同学之间的情犹如亲情但更胜亲情，朋友之间的情犹如手足之情，现在回想起来昔日的那些点点滴滴，心中真有些说不出来的感觉。忙而不乱的生活让我在酸甜苦辣中成熟了起来，我也体会到了独立自主的生活是我们进入社会生活的根本。

在思想方面，从军训刚开始，我就向组织递交了入党申请书。经过班级初选、系部审核、学校批准，我成了入党积极分子党课培训中的一员，并经过学习与考核，成绩合格，成为一名光荣的入党积极分子，并以务实求真的精神热心参与学校的公益宣传和爱国主义活动。由于表现突出，我被评为“优秀团员”“优秀学生干部”。

在学习方面，自从进学校的第一天起，我就没有忘记我来学校的目的——厚德尚技、知行合一。我一直把学习文化知识作为我学习生活的主旋律，在此期间的挫折与成功，使我真正懂得了如何进行自我学习，如何有选择、有目的地学习，随之而来的是自己自学能力和学习效率的提高，我因此获得了“国家励志奖学金”。同时，我对Office办公软件和其他流行软件能熟练操作，业余时间涉猎了大量文学、心理、营销等课外知识，相信在今后理论与实际结合当中，我会有更大提高。

在工作方面，我十分重视时间观念，一直以来与人相处甚是融洽。在团委及社团工作的日子里，我学会了更多为人处世的方法。人一定要把命运掌握在自己手中，敢于拼搏、吃苦耐劳将伴随我迎接未来新挑战。为了做到这点，就要自强，就要让自己有实力去选择，而不是被选择。借用湄豆的一句话：即使看不清未来，也不要放弃了明天。于是，积极参加实践活动让我深知干事创业的伟大和付出与回报的真谛。

通过不断摸索和沉淀，我明白了一个道理：人生不可能存在一帆风顺的事，只有自己勇敢地面对人生中的每一次风浪，才能感受到胜利的喜悦。从刚跨入高职院校时的失落和迷茫，到现在接受职业教育的从容和坦然。我知道，这是我们人生中的一大挑战、角色的重大转换。当然，成长中的我，也曾悲伤过、失落过、苦恼过，这源于我的不足和缺陷。面对过去，我无怨无悔，既来之则安之是一种明智的选择；面对现在，我努力拼搏，努力耕耘也有所收获；面对将来，我期待更多的挑战，相信自己一定会演绎出精彩的未来。此时此刻不是终点，而是人生的另一个起点，带着青春的梦想，向着自己的目标前进，充实地过好每一天，我始终坚信只要无悔，便是成功。

例二：

实习自我鉴定

实习是学生步入工作岗位前的缓冲期、过渡期，也是学生培养自身工作能力的磨刀石。作为一名刚刚从职业院校毕业的学生，能否在实习过程中掌握好工作要领，培养好工作能力，显得尤为重要。实习的6个月里，我严格按照实习大纲，认真研读，逐一学习，在思想上、行动上，努力做到“想实习、会实习、实好习”，把培养工作能力、提高自身素质作为己任，圆满完成了本阶段实习任务。

首先是加强思想学习，主动与企业领导沟通，努力提高思想水平。思想是人的灵魂，是人的内在力，要想把实习任务完成好，首先要把思想调整好。单位领导十分重视我们实习生的成长，为此特地为我们制定了“双导师实习制度”。双导师，顾名思义就是两位导师，工人导师是教授生产技术的，而企业领导导师是在思想上引领学生，为其排忧解难、指引方向的。在此优势下，我主动与任主任进行了沟通。在任主任的谆谆教导下，我对实习有了更为深层次的理解，更明确了我的工作目标。在思想上我对未来的工作有了新的认识，在行动上我对未来人生有了新的规划。

其次是热爱实习岗位，积极承担岗位职责，不断提升实习效率。“爱岗才能敬业”，热爱实习岗位才能完成好实习任务。在实习过程中，我努力培养自己对实习岗位的热情，珍惜在岗位上的每一分钟，努力学习岗位上的相关知识，积极承担岗位上的责任义务，努力做到能够独立顶岗，独立完成岗位上的相关操作，对岗位技能知识做到“懂、会、做”。

实习中，我制定了“每天都上岗、上岗不离岗、岗上活都干”的实习标准，认真学习岗位上的每项技能知识，并向有经验的师傅学习事故处理方法，积累经验，提升自身处理问题的能力，进一步提升了实习效率。

最后是注重联系实际，理论与实践相结合，努力提高实习质量。在实习过程中，我发现，学校所学专业知识和现场实际生产有些是分离的，它们各有侧重点，一个偏向于理论，一个偏向于实际，但它们之间却又存在联系，表面上似乎二者无关，但仔细分析，我们会发现，万变不离其宗。因此，实习中，我们在重温课本知识的同时，将书本中的理论与实际生产部件相对应，将课上公式与实际生产数据相对应，这样不仅使理论知识记得更为牢固，还在本质上理解了生产上各设备、器件的作用、原理，为今后工作中的技术革新、改进发明打下了良好的基础，极大地提高了实习质量。

实习总结大会上，董事长与我们分享了一句经验之谈：“务必使同志们继续保持谦虚、谨慎、不骄、不躁的作风，务必使同志们继续保持艰苦奋斗的作风。”话虽不长，但其用意很深。虽然我们不是国家干部，但它告诉我们在工作中一定要谦虚谨慎，认真扎实地做事情，要肯用心、肯出力、肯吃苦，只有这样才能完成好单位交给我们的任务。

“千里之行，始于足下”。在这段短暂的实习时间里，我们的收获很多很多，如果用简单的词汇来概括就会显得言语的苍白无力，至少不能很准确和清晰地表达我们受益匪浅。因为我们知道实习期间的收获将在今后工作中有更好的体现，所以我们用某些点、线来代替面，用特殊代表个别。总之在感谢实习单位培养我们技能成长时，我们将以更积极主动的工作态度、更扎实牢固的操作技能、更丰富深厚的理论知识，走上各自的工作岗位，提高工作能力，用自己的技能之才回报社会、接受祖国检阅！

互动点评

无论是学生还是社会工作人员，都可能接触到自我鉴定这种文体。自我鉴定的种类多种多样，但其写法其实在现实生活中已经被模式化，几乎都是一个套路。然而不同社会环境的人依然会有不同的写法，只有掌握相关的写作知识，才能撰写出一篇优秀的自我鉴定。

知识聚焦

一、概念

自我鉴定，也称个人鉴定，是个人在一个时期、一个年度、一个阶段内对自己的思想、学习、工作和生活等方面进行的自我总结。自我鉴定篇幅短小，语言概括、简洁、扼要，具有评语和结论性质。

自我鉴定一般总结以往思想、工作、学习，展望未来、发扬成绩、克服不足，用于指导今后工作，或者帮助领导、组织、评委了解自己，做好入党、入团、职称评定、晋升的材料准备工作。重要的自我鉴定将成为个人履历中一个阶段的小结，具有史料价值，将会收入个人档案。

二、种类

自我鉴定一般可以分为下面几类：

（一）毕业自我鉴定

毕业生毕业时对自己在校期间的表现作出的自我评价。

（二）实习自我鉴定

实习人员对自己在实习期间的工作表现作出的自我评价。

（三）工作自我鉴定

已经工作的人在一段时间里对自己的工作表现作出的自我评价。

（四）党员自我鉴定

一般是指中国共产党党员对自己的工作情况和经过组织生活后对自己工作表现及思想觉悟等情况向党组织作的汇报。

（五）先进个人自我鉴定

一般是指在各单位、组织和集体中获得先进称号的个人对自己作出的评价。

三、特点

自我鉴定具有结论性和史料性的特点，因此写作时要遵循以下几点：

（一）一分为二，实事求是

写自我鉴定，必须从实际出发，如实地反映情况，恰当地分析过去。有什么写什么，杜绝一切虚假现象，不能故意拔高。

（二）全面评价，抓住重点

自我鉴定具有评语和结论性质。如果是综合评价，则要对过去进行全面分析，作出恰如其分的评价；同时要根据工作或学习的实际，内容有所侧重，主次详略分明。

（三）条理清晰，措辞严谨

自我鉴定不只是写给自己看，有的要向上级汇报，有的要存档，应做到层次清晰，一目了然。语言要准确、简明，尽量不要过于口语化，措辞应严谨、平实。

四、结构

自我鉴定由标题、正文和落款三部分构成。

（一）标题

一般用文种名“自我鉴定”“个人鉴定”等字样，但不能只写“鉴定”二字作为标题。自我鉴定的标题通常有两种形式：

（1）性质内容加文种构成，如《学年教学工作自我鉴定》。

（2）直接用文种“自我鉴定”作标题。如果是填写自我鉴定表格，则不写标题。

（二）正文

正文由前言、优点或成绩、缺点或不足和今后打算四部分构成。

1. 前言

概括全文，一般说明自我鉴定的背景和目的，常用“本学年个人优缺点如下”“本期业务培训结束了，为发扬成绩、克服不足，以利今后工作学习，特做自我鉴定如下”等习惯用语引出正文主要内容。

2. 优点或成绩

一般有三种写法：第一种是把整个过程按时间顺序划分成几个阶段来写，每一部分写一个阶段；第二种是分成思想表现、业务工作、学习生活等几个方面逐一写出自己的进步、成绩或经验；第三种是对工作实践进行分析，分条列项，概括出几点带规律性的东西。

3. 缺点或不足

一般习惯从主要问题写到次要问题或只写主要的，次要的一笔带过或者不写。

4. 今后打算

用简洁明了的语言概括今后的打算，表明态度，如“今后我一定××，争取进步”等。

（三）落款

在正文的右下方署鉴定人姓名，并在下一行注明年、月、日。

五、注意事项

（一）了解自身状况

（1）明确自己的政治导向：拥护党的路线、政策以及在社会政治活动中自己的思想、认识与表现，这是思想道德品质的体现。

（2）证明自己所取得的成绩：简单介绍一下自己的资历，如就读的学校、主修和选修的科目。特别优秀的科目可以列出该科目的考试成绩。

（3）自身具备哪些优势：你有哪方面的专业知识和特长、才能，受过哪方面的培训和锻炼，对某一学科有何研究，有哪方面的成就等。

（4）展望未来：正视自己的缺点与不足，表明今后的态度，将如何去做好自己。

（二）注意细节问题

（1）写自我鉴定时，应申明自己的政治立场，态度要虔诚认真，应当给人一种成熟可靠的印象。切忌表现出愤青、怕苦怕累、心智不成熟、立场不坚定的一面。

（2）证明自己成绩的时候，应该强调自己的长处，真实反映自己的内在，不要以为这是矫情的显摆，或者不屑一顾，表现出过于自负、自信、自高、自大、思想不成熟的样子。

（3）正视自己的缺点与不足，不要企图掩饰或者忽略，实事求是、敢作敢为的新时代学生更令人欣赏。

知识延伸

文言文自我鉴定

如果用文言文给自己写一份自我鉴定，是不是会显得特别出彩呢？

■ **文言文自我鉴定篇一**

三尺微命，一介书生，升欲腾于太虚之外，潜欲隐于浮波之中。满腔热血，两袖清风。

生于书香门第，喜读书，尤好古。词秉苏辛傲骨，诗乘李杜遗风，于联则旁征博引，吸古纳今。

三教九流，五行八卦，无所不喜，粗通一二。听曲围棋，心情致处，射门上网，兴趣趋时。

通达明理，开朗乐观。挫折不能压骨，忧烦不使低眉。时有非常之事，亦曾处之泰然。

心地善良，品行端正，严于自身道德修养；孝敬亲人，遵从师长，融于社会行为规范。以勤俭为自律，视助人为心安。

虽无惊世之才，亦有凌云之志。愿借一身傲骨，换来万载太平。欲报国家之厚爱，尽竭赤子之深情。

生性淡泊，不追名逐利；思维创新，不媚世随俗。唯吸天地之精华，秉是非之正道，如是而已。

■ **文言文自我鉴定篇二**

吾自大一入学，期满四载，一事无成。所学芜杂，专业不精。考研欲考所好，未被录取；工作欲求舒心，空劳两胫。临近毕业，悔恨满胸，愧对师长，难见父兄。想当年金华，忝作新生，虽已愚顽，尚属懵懂。不读专业之书，只做白日之梦。仅具双腿，不效跳梁之鼠；无有两翼，却羡高飞之鹏。不习数理之题，惟观圣贤之经。人皆为耻，己独为荣。不是君子，却欲不器；仅只小人，反愿不同。碰壁已属当然，殒志亦在理中。

大二一年，渐自放纵。电玩之喧嚣，恰填灵魂之虚空；磨灭之雄心，渐忘丧志之叮咛。不闻书声之朗朗，但听枪声之砰砰；唯对混乱之屏幕，久违伴读之孤灯。魂灵空虚，仅念帝国红警；丧心病狂，几忘春夏秋冬。成绩理应不好，挂课亦是报应。

自入大三，忧心忡忡。渐思未来事业，始想今后前程。料愚性不能习精细之微机，想劣根或可研前圣之遗经。不求香车美居，但愿故纸为冢。故初欲学史，为考见汉唐两宋；后改文献，亦研读五代明清。本想得遂吾衷，孰料天不我容。

时至今年，渐觉惊恐。工作之难，非吾所料；应聘坎坷，岂在想中。为求面试，不惜扭捏作态；若得录用，何妨谄笑逢迎。若无考研面试，或已被雇；竟有调剂半月，悉皆不成。便如竹篮打水，仅得两手空空。倏忽四年，恍如一梦。抚今忆昔，清泪两泓。

此吾血泪所书，或可作自我鉴定。

■ **文言文自我鉴定篇三**

奴生于农家，敝姓木易，父为吾取名杨梅。自幼喜梅花，擅诗文，且，酷爱歌、戏。虽，才疏学浅，乃，祖风良纯，育我贤淑之德品；父母诲教，立我诚厚之精神。梅，铭记刻心。

吾，一界女流，然，心有远志，奈，无处施展。明知文拙脑蠢，却已有将心情记点滴之习，只为自娱自乐，闲时忆去日，独赏亦欣然。恭求来访者赐教，请勿嘲笑。梅，特此谢拜！

实战演练

请根据有关材料，帮小花起草一篇自我鉴定。

展示评价

1. 每个小组评选出写得最好的作品，作为本组的学习成果展示。

2. 每个小组推选一名同学上台进行“小组学习成果展示”，其他小组成员作为评委进行评议打分；教师对每个小组的成果进行点评。

工作任务	**帮小花起草一篇自我鉴定**				
团队名称		成员		指导教师	
项　　目	考核要求	分值	自我评价（20%）	小组评价（30%）	教师评价（50%）
准备阶段	团队合作、积极参与、认真查找资料	20			
实施阶段	提纲合理、要素完备、分工明确	20			
检验阶段	格式规范、叙述清楚、语言得体、书写正确	30			
展示阶段	礼仪到位、普通话标准、表述清晰、效果良好	30			
合　　计	综合评定	100			
开始时间		结束时间		总成绩	

活动拓展

1. 假如给我三天光明

2. 岳飞书法：出师表

第二章　实践活动

第一节　海　报

情境导入

小花是个追求上进的学生，为了提高自己的综合素质，她在这个学期通过竞选加入了院团委，在宣传部担任宣传干事一职。走马上任的小花对工作充满了热情与憧憬，她迫切希望通过一项任务来锻炼自己、证明自己。恰逢今年是学校建校六十周年，在这个特殊的历史节点，学校决定举办大型校庆活动，一方面回顾办学历史，另一方面展现学校的发展成就。为响应学校号召，院团委特别邀请了学校往届毕业生、市著名作家刘××来学校讲座，既叙同窗之谊，又述写作心得。现在，院团委需要完成作家讲座的海报，小花知道以后，立刻主动请缨，把这个任务接了下来。

拿到任务后，小花并没有马上动笔。她开始回忆自己以前看到的各种海报，比如网页里的电影海报、报纸上的音乐会海报，还有校园宣传栏里张贴的篮球赛海报……这些林林总总的海报，有的给小花留下了深刻印象，有的却早已面目模糊。小花希望自己创作出一张新颖、独特的海报，这张海报能够使人眼前一亮，从而达到海报广而告之的目的。

那么，这张海报究竟应该从何处入手，怎样布局，才能既如实全面地传达主要信息，又能在创作上不落窠臼、别出心裁呢？小花陷入了思考。

自主探究

1. 你见过哪些海报？
2. 海报具有什么作用？
3. 怎样的海报才能够吸引人？
4. 海报的写作应该从哪些方面入手？
5. 怎样才能创作一份合乎要求又别出心裁的海报呢？

材料示评

例一：

"青春诗会"海报

这是诗歌的擂台

这是青春的竞彩

这是激情的盛会

这是热情的澎湃

文采 口才 素质

浪漫 激情

时间：××年9月28日下午4点

地点：信息楼多功能厅

欢迎参加！

基础部

××年9月25日

例二：

海报

为配合第五届市中学生影评征文活动，提高同学们的电影欣赏和电影评论写作，我们邀请了著名影评家余辉先生赴我校作题为"电影欣赏与评论入门"的讲座。时间为本月10日下午3时。届时欢迎同学们光顾。

梦想中学团委

××年4月8日

互动点评

将学生分成若干学习小组，小组成员分别对两则海报进行分析评价，以小组讨论的形式形成总的意见，推选代表作答。教师进行点评，并提供参考答案。参考：

1. 海报需要标题、正文、落款。

2. 海报正文要具有一定的吸引力及鼓动性。例一中，用富有文采的排比句渲染出活动的魅力所在，能够有效引起读者的注意和兴趣。

3. 海报用语要求表述准确、恰当得体。例二中，出现了不应该的错误，例如："提高同学们的电影欣赏和电影评论写作"应改为"提高同学们的电影欣赏和电影评论写作水平"，"赴我校"应改为"莅临我校"，"光顾"应改为"参加"等。

4. 正文中一些关键信息，如时间、地点等应写清楚。例二中就缺少了活动地点的信息。

知识聚焦

一、概念

海报，又称“招贴”，是向公众通告或介绍电影、戏剧、杂技、体育、学术报告等有关活动时所使用的宣传性应用文。不论是商业性的演出，还是体育赛事、学术报告等，都需要以某种方式告知公众，海报就是这样一种常用的告白方式。

“海报”一词起源于上海。旧时上海人通常把职业性的戏剧表演称为“海”，而把从事职业戏剧表演的行为称为“下海”。因此，传达剧目演出信息的、具有宣传性的、招徕顾客的张贴物，人们就称之为“海报”。

海报在某些方面与广告有相似之处，又像是电影、戏剧等宣传画。今天，海报越来越注重美观艺术。海报的特点重在告知和宣传，广告除了宣传外，目的重在营销。虽然二者都很注重创意和设计，但海报较广告更随意。海报可以是设计精美的艺术宣传招贴，还可以写在大小不等的纸上张贴；既可以用质量不错的展板设计制作，也可以用黑板写清楚告知的内容。重要的海报需要通过报刊、电台、电视台等媒体进行宣传。有一点要特别注意，那就是：海报制作必须醒目。

二、种类

从内容上，海报可以分为以下几类：

（一）电影海报

影剧院公布上映电影的名称、上映时间、上映地点以及内容介绍的一种海报，或向公众宣传介绍某部新片的海报，叫电影海报。这类海报多是以图为主，将电影中的主要人物形象地描绘出来，配以导演、主要演员、制片人姓名等基本文字信息，图文并茂，极富视觉冲击力。

（二）文艺晚会、体育比赛等海报

这类海报同电影海报大同小异，它是用内容吸引观众注意，进而使观众购票观赏的一种宣传用品。这类海报的设计往往要新颖别致、引人入胜。

（三）学术报告类海报

这是一种为举办一些学术性活动而发布的海报。这类海报一般张贴在学校或相关单位。学术类海报具有较强的针对性。

（四）商业海报

商业海报是指宣传商品或商业服务的广告性海报。商业海报的设计，要恰当地配

合产品的格调和受众对象。

（五）公益海报

公益海报带有一定的思想性。这类海报对公众具有特定的教育意义，其主题包括各种道德宣传或政治思想的宣传，弘扬爱心奉献、共同进步的精神等。

三、特点

（一）广告宣传性

写海报的目的是希望社会各界的参与，它是广告的一种。有的海报会加上美术设计以加大宣传力度，从而吸引更多的人加入活动。海报可以在媒体上刊登、播放，但多数是粘贴在人们易于看到的地方。

（二）商业性

海报是为某项活动做的前期宣传，目的在于让人们参与。除学术报告类海报及公益海报外，海报多着眼于商业目的。

（三）吸引力强，传播迅速

作为具有较强宣传性、煽动性的应用文，海报具有鼓动性的文字、专业美工和精美的宣传图片，能对人们产生较强吸引力。同时，由于短小精悍的形式和可操作性的发布方式，海报具有较快的传播速度。

四、结构

海报通常由标题、正文和落款三部分组成。

（一）标题

海报标题的常见写法有三种：

（1）单独用文种名称，即在第一行中间写上“海报”。

（2）直接用活动的名称做标题，例如：“迎新舞会”“影讯”。

（3）用一些描述性的语言做标题，例如：“×××再展雄姿”“又一个××的机会”等。

海报的标题是进行活动宣传的重要部分，是海报的主题，是内容的焦点。所以标题的撰写必须尽可能简洁明了、新颖醒目，能把一瞥之间的人的兴趣和注意力紧紧抓住，要使得人们“一见钟情”，被深深地吸引住，激发踊跃参加的热情。

（二）正文

海报正文要求用简洁的文字写清楚活动的时间、地点、内容、方法、注意事项、参加对象、参加方式等。常见的写法有三种：

（1）一段式：内容简单的海报通常用三言两语，一段成文。例如："×月×日下午×时，我校足球队和××等几个学校足球队在本校操场进行友谊比赛，欢迎踊跃观赛。"

（2）项目排列式：内容较多的海报可以采用分项说明的方法，把有关事项分别说清楚。

（3）附加标语式：有的海报在正文开头或末尾加上排列整齐的标语，以画龙点睛、渲染气氛，从而吸引观众。

正文结尾还可以写一些吸引人或富有鼓动性的口号和言辞，如"欢迎踊跃报名""勿失良机，售完即止"等。

正文是海报的核心，要求既具有鼓动性，又不夸大其词；既要描写生动形象，又要简明扼要。

（三）落款

在右下角署上主办单位的名称及成文日期。

以上的格式是就海报的整体而言的，在实际使用中，标题、实质性说明部分和鼓励宣传部分的先后次序、所处位置都随整体布局不同而各异，有些内容可以少写或省略。这正是海报结构的独特之所在，也是撰制者匠心独运之处。

五、写作原则

（1）海报写作内容必须真实、具体。要写清楚有关活动的内容、规模、时间和地点。

（2）海报写作文字力求简明扼要，可以适当使用一些带有刺激性的词语以吸引人们的眼球，但不可夸大其词，更不可冗长啰唆。

（3）为了加大海报的宣传效果，可以选用一些具有趣味性的构图，或者使用一些鲜艳的色彩来装饰海报，从而使海报图文并茂，但色彩和构图都必须能够给人以美感，切忌庸俗轻浮。

例一：

海　报

经过激烈的预赛，15级化机班和16级仪表班取得了本届"建风杯"篮球赛的决赛资格。现定于明天下午16时在校篮球场进行决赛。勇者狭路相逢，赛事必定精彩酣畅。究竟哪支劲旅能摘得最终的桂冠？欢迎全校师生届时光临赛场，一睹他们的风采。

校体育中心　校团委

2017年9月16日

例二：

海　报

2010 贺岁片《让子弹飞》　三大影帝　三大要素

紧张的节奏　幽默的对白　丰富的想象力

上映时间：2011 年 3 月 12 日 19:00

上映地点：校信息楼多功能厅

票价：30 元

联系电话：××××××××

知识延伸

海报的整体创意与美术设计

整体创意和美术设计在海报这种招贴式的应用文中非常受重视。比如电影海报，它就像影片的“名片”，以影片最精彩的镜头，配以最美的广告语言加以推介，同时具有艺术特征和文化特征。电影海报作为电影的一种衍生品，必将带给人们更多的经典回味。电影是流动的艺术，而电影海报是凝固的艺术，一幅海报往往浓缩了一部电影的精华。二者互相补充，带给观众完整的艺术体验。艺术类的海报如电影海报、公益海报等，在设计和创作上，除了向公众传达相关信息以外，还非常注意艺术手法的运用，力求给受众留下真实感人的画面和较强的视觉冲击。这类海报在制作时要注意以下六大原则：

（1）单纯：形象和色彩必须简洁明了。

（2）统一：海报的造型与色彩必须和谐，要具有统一的协调效果。

（3）均衡：整个画面要具有魄力感和均衡效果。

（4）销售重点：海报的构成要素必须化繁为简，尽量挑选重点来表现。

（5）惊喜：海报无论在形式上还是内容上都要出奇创新，具有强大的惊奇效果。

（6）技能：海报设计需要有高水准的表达技巧，无论绘制还是印刷，都不可忽视技能性的表现。

实战演练

了解了海报的写作要求和写作要点以后，请大家动手帮助小花同学完成这份作家讲座的海报，必要内容可以合理虚拟或补充。

展示评价

1. 每个小组成员分别展示自己的作品，最终推举出其中最好的一篇作为本组的“小组学习成果”。

2. 每个小组推选一名同学上台进行“小组学习成果展示”，其他小组成员作为评委进行评议打分；教师对每个小组的成果进行点评。

工作任务	替小花拟写一份关于作家来校讲座的海报				
团队名称		成员		指导教师	
项　　目	考核要求	分值	自我评价（10%）	小组评价（20%）	教师评价（70%）
准备阶段	团队合作、积极参与、认真分析问题、踊跃回答	20			
实施阶段	文体结构齐全、要素完备、字迹工整、设计具有吸引力	40			
展示阶段	礼仪到位、普通话标准、表述清晰	40			
合　　计	综合评定	100			
开始时间		结束时间		总成绩	

活动拓展

海报设计

第二节　启　事

情境导入

小花在院团委宣传部得到了很好的锻炼，她的写作能力、沟通能力都有了长足的进步。随着能力的提升，小花在宣传部也担负起更多的责任，她开始参与策划工作。怎样让院团委的宣传工作更接地气，更能抓住学生感兴趣的热点呢？这些日子，小花一直在思考这个问题。

这一天，小花放学准备回宿舍，突然发现校园的跳蚤市场比以往热闹了许多，驻足一看，原来是很多临近毕业的学生正在低价甩卖自己的生活用品和学习资料。在那些摊主脸上流露出的，除了对即将开始的新生活的憧憬，更多的是对校园生活的留恋与不舍。毕业在即，骊歌声起，不知不觉中，又到老生即将离校的时刻。他们怀揣梦想将要奔赴远方，而在过去的这几年中，他们学到的知识、经历的坎坷、收获的友谊，都会成为最宝贵的财富、最深刻的记忆。

眼前的场面深深地感染了小花，她忽然有了一个想法：可以通过院团委宣传部开展一次关于学校生活记忆的专题征文，并出版一期专刊，展示毕业生们更多的校园生活故事。在回顾学校生活的同时，对校园生活一点一滴的回忆，也将是学生时代最真实、最完满的展示。小花把这个想法汇报给院团委宣传部负责人，对方给予了高度的肯定。在商量好征文的具体流程以后，院团委宣传部把拟写征稿启事的任务交给了小花。

那么，这篇征稿启事应该怎样书写，才能既说明征文活动的具体要求，又能激发同学们的创作兴趣呢？让我们和小花同学一起，开动脑筋撰写这份征稿启事吧。

自主探究

1. 你曾经参加过类似的征文活动吗？
2. 为什么许多征稿启事让人没有写作应征的欲望？
3. 除了常见的征稿启事，你还知道哪些类型的启事？
4. 不同的启事在生活中有什么功用？
5. 你了解启事的类型、特点与写法吗？

材料示评

例一：

××中学教师招聘启事

××中学隶属于××市教育局，是一所公办的全日制中学。因办学发展的需要，需向社会公开招聘教师若干名。

一、所需学科：语文、数学、英语、物理、生物。

二、招聘条件：有良好的敬业精神和较强的教育、教学能力，大学本科及以上学历，年龄在45周岁以下，高级、特级教师年龄可适当放宽。

三、待遇：凡被聘用者，可办理正式调动手续，家属工作、子女入学问题学校帮助解决安排，年薪和待遇从优。

四、报名办法：凡有意者，请将个人简历、学历证书、职称证书、身份证等复印件，近期一寸彩色免冠照片两张，在5月30日前寄往××市教育局人事科。

初审合格者，将集中通知面试试讲。

联系地址：××省××市教育局人事科

联系人：×老师、×老师

电话：××××××××

网址：×××××××

例二：

寻　狗

我昨天遗失成年金毛寻回犬一只，在××区××花园二期，谁看到了请迅速与我联系，必有重酬。我的电话是××××××××。

互动点评

通过两则例文，概括出启事的写作格式及写作要求，分析评价两则启事是否规范。学生以小组形式进行讨论，汇总意见以后由小组代表发言。教师进行最终的归纳总结。

1. 第一则启事，标题交代了发布者、主要事由、文种，直接、醒目、规范。第二则启事格式简单，标题直接以事由冠名，正文叙述事项。两则启事均通过媒体公开发布，故正文之后都略去了署名和发布时间，格式上是符合规范的。

2. 第一则启事，正文中具体事项包含了具体细节，如发布者身份、招聘学科、招聘条件、招聘待遇、报名办法、联系方式等，一应俱全，考虑周全。整篇启事语言表述简明扼要，清楚明确，毫无拖沓冗余，为一则合格的启事。

3. 第二则启事存在以下两大缺陷：第一，正文描述过于简单，交代不明。正文中仅提及狗丢失的时间——昨天，狗的品种——成年金毛寻回犬，丢失的地点——××区××花园二期。概念化、空泛的叙述，很难给读者留下深刻印象，启事的传播效果欠佳。应详细交代狗丢失的精确时间，狗独特的体貌特征，如色斑、佩戴饰物等，甚至可以在正文后附上狗近期的个性化照片，引起读者的情感共鸣，增强启事的传播效果。第二，语言不够简明扼要，口语化色彩较浓，显得比较随意，态度不够诚挚。应将口语改为书面语，加重语言色彩，如将“我”全部替换为“本人”，“在”可以改为“丢失地点位于”，“谁看到了”用“知情者”，“我的电话”改为“本人电话”或“联系电话”。

知识聚焦

一、概念

“启”即告知、陈述的意思。启事是一种十分常见的告知性应用文，是国家机关、社会团体、企事业单位或个人，有事情需要公开说明，或请求大家援助、支持或协助办理与参与，用简明的文字公之于众的一种应用文体。简而言之，就是公开陈述事情。

随着生活的丰富和工作节奏的加快，启事的使用日趋广泛，如寻物启事、招领启事、征文启事、招聘启事等。启事具有公开性、专项性、简明性和告启性等特点，大多张贴于墙头、路边建筑等公共场所，有的刊登在报纸、杂志上，也可以由广播、电视播发。

二、结构

启事由标题、正文、落款三部分组成。

（一）标题

有的标题只写文体名称“启事”二字；有的标题加上启事的内容，如“寻物启事”；有的标题则比较完整，有单位名称、启事内容和主体名称，如“×××学校招生启事”。

（二）正文

正文写启事的事项。不同的启事写法上也有区别，但都要求明确、简练、具体。

（三）落款

启事的结尾是署名和日期，在正文的右下方。以个人名义写的，署个人姓名；以单位名义写的，署单位名称。署名下方注明年、月、日。

三、特点

（一）公开性

启事是公开张贴散发或通过各类媒体公布发表的，因此不管以何种形式在何种场合出现，均是面向社会公开的。这是启事的首要特点。

（二）自愿性

启事虽对社会公开发布，但不具备法律效力，不是指令性规定，没有强制性和约束力，凡符合条件的相关人员均可参与、知晓或传播，也可以不予理睬。

四、种类

（一）寻人启事

寻人启事是单位或个人寻找因某种原因而走失的亲人、朋友时所使用的启事。

1. 标题

标题一般为“寻人启事”。

2. 正文

正文主要包括三个方面的内容。一是走失者的简介，包括姓名、性别、年龄、与寻找者的关系、走失时间、地点及原因等。二是走失者的外部特征，即体貌特征，包括身高、体重、相貌、衣着、口音、生理特征等。身高、体重除特殊者外，如较高、较矮、较胖、较瘦等，一般可略写；相貌、生理特征无特殊情况，也可简写。但这部分必须针对走失者的特征进行描述。三是联系方式及酬谢事宜等。如有可能，最好附上失踪者的近照。

正文部分必须准确、具体、详细，语气中要带有请求帮助寻找和感谢的意思。

3. 落款

署上启事人的姓名，署名下方注明年、月、日。

例一：

寻人启事

×××，男，8岁，身高1.28米，圆脸，平头，上身穿橘黄色运动背心，下身穿白色运动短裤、黑色篮球鞋。12日外出玩耍，至今未归。有知其下落者，请速与××市××街道×××和××电视台广告部联系，必有重谢。联系电话：××××××××。

×××

××年××月××日

（二）寻物启事

寻物启事是单位或个人寻找丢失的财物时所使用的启事。

1. 标题

标题可直接写“寻物启事”字样，也可加上物品的名称，如“寻车启事”。

2. 正文

正文主要包括三个部分：丢失财物的原因、时间、地点；财物的具体特征，如数量、形状、色彩、特殊标记等；具体的联系方式及酬谢事宜。

3. 落款

署上启事人的姓名，署名下方注明年、月、日。

例二：

寻物启事

本人不慎于3月18日乘6路公共汽车时，将内装身份证、驾驶证和单位业务发票数张的一个黑色公文包遗失。有拾到者请与××机械局201办公室联系，必有重谢。电话：138××××××××。

启事人：×××

××年××月××日

（三）招领启事

招领启事是拾到东西或收留了走失者的单位或个人，为寻找失主时所使用的启事。

1. 标题

标题可以写“招领启事”字样，或写明招领物品名称，如“招领自行车启事”；但为走失的人寻找家人，一般不宜写“招领启事”，只写“启事”字样。

2. 正文

正文要求写明启事的具体内容。一是拾到的东西及有关情况，包括时间、地点、名称等，不要将物品特征和数量写明，以防冒领。如果招领对象是走失的人，要具体介绍其外貌、特征、性别、口音、穿着及大概年龄等。二是联系的时间、地点、方式。

3. 落款

署上启事人的姓名，署名下方注明年、月、日。

（四）征文启事

征文启事是报纸、杂志编辑部、文化教育事业单位、企业等为了纪念重大节日、重要活动、重要事件，或者为了繁荣文艺创作，向社会征稿时所使用的一种启事。

1. 标题

常见的标题有两种形式：一种只写“征文启事”“征稿启事”等字样；一种是由征稿报刊或专辑名称、事由和文种构成，如“‘百部优秀影视片观后感’征文启事”等。

2. 正文

正文包括征文的目的和意义、征文的体裁和内容、评选办法、征文截止日期、注意事项等内容。

3. 落款

写明征文的单位名称和日期。

写作征文启事，要注意把征文的体裁、题材、内容等要求事项写明确，不可过于宽泛、笼统。

（五）招生启事

招生启事是学校、各类培训班、文艺演出团体等公开向社会招收学生、学员或演员时所使用的一种启事。

1. 标题

学校、团体的招生，标题常为“招生启事”“招生”等；高等学校的招生，标题多由学校名称和事由组成，如“郑州大学 2016 年招收攻读博士学位研究生”。

2. 正文

正文内容主要包括招生的目的、专业、人数、对象、条件、方法、报名时间、地点、手续、费用、考试事宜等。

3. 落款

写明招生单位的名称和启事的时间。

（六）招标启事

招标启事是指招人承包建筑工程或承包大宗买卖的启事。

1. 标题

标题一般为“招标启事”。

2. 正文

正文应写明标的、标准、条件、对投标人的要求、投标办法、截止日期、开标时间、奖励办法及招标单位的详细地址、电话号码等。

3. 落款

写明招标单位的名称和启事的时间。

（七）租赁启事

租赁启事是机关、团体、企事业单位作为求租方或出租方向社会公开申明租赁事宜时所使用的一种启事。它更普遍地适用于公民个人求租或出租房屋。

1. 标题

标题由启事的性质和文种组成，如“房屋出租启事”“求租铺面房”等。

2. 正文

正文要根据启事的缘由来写。出租启事，要求写清要出租房屋的地点、周围交通状况、面积、建筑结构、装饰、样式、设备及联系方法等；求租启事，要求写清需要房屋的式样、面积、地理位置及联系方法等。

3. 落款

写上求租或出租房屋的机关单位或个人的名称和启事的日期。

（八）招聘启事

招聘启事主要用于招聘专业人才，如科技人员、管理人员等，它是企事业单位、社会团体公开向社会招聘有关人员所使用的一种启事。可以在报刊登载，也可以在电视台、电台做广告。

1. 标题

标题形式比较多样，一种直接写“招聘启事”“用人启事”“招贤启事”等字样；另一种是注明招聘哪类人员，如“招聘公关人员启事”“招聘饭店经理启事”等；第三种由招聘单位名称和文种构成，如“××饭店招聘公关部经理启事”；第四种只写启事的事由，如“招聘”。

2. 正文

正文主要包括用人的单位、部门、业务、目的、对象、条件、待遇、询问事宜、联系方式、联系时间等事项内容。

3. 落款

包括署名、日期、联系人、电话、邮编等内容，于正文右下方依次写明。

写作招聘启事，要有实事求是的态度，特别是介绍本单位情况和应聘待遇等事项时，不要言过其实。

（九）迁移启事

迁移启事是机关、企事业单位、社团组织等在搬迁新址时，向社会公众及有关方面告知的一种启事。这种启事除在报刊上刊登，在电视台、电台播放之外，还可以张贴在原址大门或醒目的地方，以便有关人员办理事项和保持业务联系。

1. 标题

常见的标题有两种形式：一种是直接写“迁移启事”字样；另一种是由迁移单位的名称加事由、文种构成，如“××公司迁移启事”。

2. 正文

正文即告知的内容，要写明迁移的时间、迁移的新址（××街××号）、电话号码等，还可以标明乘车路线或附上简单路线图。

3. 落款

写上迁移单位名称和日期，必要时还要盖章。

（十）单位成立启事

单位成立启事是新单位在成立之前，用以向社会告知成立事宜的一种启事。

1. 标题

一种是由单位名称、事由和文种组成，如“××出版集团发行所成立启事”；另一种是在标题中不出现文种，只有启事的事由，如“××公司成立”；还有一种情况，即在单位成立时，同时举办一些大型庆祝活动，以引起社会各界的广泛注意，如“××艺术学校成立大会暨大型文艺演出活动五月十日在××剧场举行”。

2. 正文

主要包括三项内容：一是概括介绍单位成立的缘由、时间、单位性质、工作范围等，有的还交代单位成立的根据、批准单位等；二是对有关单位或个人的希望要求；三是有关联系事宜，包括新成立单位的地址、电话、传真、银行账号、单位负责人、业务联系人、邮政编码等。在单位成立时，同时举办庆祝活动的，正文可以适当增加有关庆祝活动事宜的文字。

3. 落款

写上单位名称和日期，必要时还要盖章。

五、注意事项

启事的写作应该注意以下几个原则：

一是标题要鲜明、醒目，使人一眼就能看出启事的性质与内容。

二是事项要严谨、完整，不应遗漏应启之事，启事的目的、事项、条件、联系方式等都要一一交代清楚。

三是事项要单一，一事一启。

四是用语要热情、恳切、文明。

启事的文字要通俗、浅显、简洁、集中，态度庄重、平易，而又热情、恳切、文明、礼貌，以使公众产生信任感，达到预期的目的。

知识延伸

启事与类似文种的区别

■ **启事与启示的区别**

报纸上的“启示”应该是“启事”。“启事”，是为了公开声明某事而登在报刊上或墙上的文字。这里的“启”是“说明”的意思，“事”就是被说明的事情。而“启示”的“启”，是“开导”的意思，“示”是把事物摆出来或指出来让人知道，“启示”是指启发指示、开导思考，使人有所领悟。可见“启事”和“启示”的含义截然不同，二者不能通用。无论是“征文启事”还是“招聘启事”，都只能用“事”字，而不能用“示”字。

■ **启事与通告的区别**

启事与通告都是公布于众的应用文体。通告是由单位而不是个人发布的，并带有敦促、催请或通知的意味，其重点在于“告”，以使公众知晓后遵照执行；启事既可由单位发出，也可由个人发出，约束性不强，其重点在于“启”，即陈述自己想说的事情。

■ **启事和通知的区别**

启事和通知也有一定的区别。通知的对象是确定的，而启事的对象则比较广泛；通知要求有关人员遵照办理，而启事则不能要求照办，只能请求帮助办理。

■ **启事和海报的区别**

启事和海报一样，都具有鲜明的目的性，都注重宣传效果，文字都力求准确、简明，但它们之间又有明显的不同。

使用范围不同：启事告知的范围更广，招工招生、寻人寻物、更名改刊、开业搬迁等，均可使用启事；而海报多用于宣传文化、娱乐、体育等方面的信息。

公布方式不同：启事除了张贴，还可以登报、上广播电视；而海报一般只用来张贴悬挂，很少登报或使用广播电视媒体。

制作形式不同：启事一般只用文字说明（寻人启事可配以照片），不需图画装饰；而海报除了用文字外，还可以做美术加工，如配以美术字、图案或画图，用文图配合的形式增强宣传效果。

使用者不尽相同：启事是单位和个人都可以使用；而海报多是单位使用，个人一般不用。

使用场合不同：启事多用于庄重场合，海报多用于热烈场合。

例文：

“读经典·品国学”征文启事

为大力推进中华优秀传统文化的普及和传承，进一步挖掘中华优秀传统文化中蕴含的宝贵资源，弘扬和传承中华传统美德，加强社会主义核心价值观教育，××市精神文明建设办公室、××日报社将联合开展“读经典·品国学”征文活动，面向全市各学校和社会各界征稿。

一、主办单位

××市精神文明建设办公室

××日报社

二、征文内容

1. 通过阅读国学经典或其他国学著作，以“读经典·品国学”为主题，讲述自己国学经典阅读经历、身边的国学经典诵读故事以及对国学经典的认识、感悟、体会等。

2. 征文体裁不限，散文、杂谈、诗歌等均可，散文、杂谈字数1200字以内，诗歌30行以内。

三、征文对象

全市在校学生及社会各界人士。

四、征文要求

征文稿件必须原创，不得抄袭、套作他人文章。每件作品可提供1～3张相关图片。征文一律使用Word文档，文末需注明作者姓名、性别、年龄、通信地址及联系电话。图片使用jpg格式原图，与Word文档打包传送，不得将图片粘贴在Word文档里面。

五、征文刊发

2018年1月1日至2018年11月30日，《××日报》《××晚报》及××日报社新媒体平台将开设专栏刊发征文稿件。

六、征文评奖

征文活动将评出一等奖10名、二等奖20名、三等奖30名和优秀奖若干名，另设组织奖。

七、联系方式

投稿邮箱：×××××@163.com

联系电话：18212345678

××市精神文明建设办公室

××日报社

2017年12月17日

实战演练

请结合任务背景中的相关材料，根据启事写作的具体要求，帮助小花撰写一份征稿启事。

展示评价

1. 小组成员进行讨论，确定征稿启事的格式及写作要点，分别进行创作，并选出小组中最好的作品。

2. 每个小组推选一名同学上台进行成果展示，其他小组成员作为评委进行评议打分；教师对每个小组的成果进行点评。

工作任务	替小花拟写一份关于校园生活记忆的征稿启事				
团队名称		成员		指导教师	
项　　目	考核要求	分值	自我评价（10%）	小组评价（20%）	教师评价（70%）
准备阶段	团队合作、积极参与、认真分析问题、踊跃回答	20			
实施阶段	启事结构齐全、要素完备、语言准确凝练，具有一定吸引力	40			
展示阶段	礼仪到位、普通话标准、表述清晰	40			
合　　计	综合评定	100			
开始时间		结束时间		总成绩	

活动拓展

1. 个性招聘启事

2. 启事例文

第三节　新　闻

情境导入

快到国庆了，伴随这个重大节日来临的，是校园里各种活动的蓬勃开展。这边，是校学生处举办的“红十月”歌咏比赛，大家盛装上阵，引吭高歌，用歌声作为对祖国的献礼；那边，是体育中心开展的学校秋季运动会，运动场上，各个体育健儿奔跑投掷，挥洒汗水，展现青春风采；学校礼堂里，还有教务处牵头举行的以“爱我中华”为主题的演讲比赛，演讲台上，选手们神采飞扬，激情澎湃，抒发着对祖国的热爱……

小花这段时间可是真正领略到高负荷运转的滋味了。作为院团委宣传部的主要成员，她担负着报道校内新闻的主要职责。对于学校举办的各种学生活动，宣传部的同学们不仅要参与前期的策划与实施，也要负责后期的宣传与反馈。一方面要让活动深入人心，号召更多人参与进来；一方面要多角度、全方位介绍活动的开展情况，让未能亲临现场的同学更好地了解赛场战况，使活动的功效落到实处。为此，小花这几天不停地奔波于各个赛场和活动场地，了解赛事进程，收集幕后花絮，记录最终结果。除了用手中的摄像机录下真实的场面以外，小花还要将这些内容转化成生动的文字，以最快的速度通过校园网和学校微信公众号传播出去。

大量的工作堆积在案头，小花恨不得要生出三头六臂了。同学们，你能帮助小花一起搜集整理新闻资料，用生花妙笔写出既客观真实又吸引读者的好新闻吗？

自主探究

1. 你对新闻有哪些认识？
2. 你比较关注哪类新闻？
3. 你接触新闻的主要渠道是什么？报纸、电视，还是网络？
4. 你了解新闻的类型、特点和写法吗？
5. 你能针对身边的事件写一篇合乎要求的新闻吗？

材料示评

例一：

我校红十字会学生分会
参加北京市百个优秀防艾创意大赛总结展示活动

11 月 30 日下午，在第 23 个世界艾滋病日来临之际，由北京市防治艾滋病工作委员会、北京市卫生局主办的 2010 年优秀防艾创意大赛总结展示活动在空军政治部文工团蓝天剧院隆重举行。国务院防治艾滋病工作委员会办公室副主任、卫生部疾病控制局局长陈贤义、北京市卫生局局长方来英以及世界卫生组织驻华办和联合国艾滋病规划署官员亲临活动现场并为获奖创意团队代表颁奖。北京市防治艾滋病工作委员会 33 个成员单位、16 个区县政府主管领导及全市卫生系统主要领导出席了活动，首都高校青春红丝带社团代表以及防艾创意大赛团队代表也纷纷到场参加活动。我校红十字会学生分会作为首都高校红丝带社会代表参加了此次活动。

据悉，2010 年“落实爱的责任，阻止艾的脚步——2010 年北京市百个防艾优秀创意选拔大赛”由北京市防治艾滋病工作委员会、北京市卫生局主办，目的是为进一步加大北京市艾滋病防治宣传教育工作的力度，充分发挥志愿者的作用，提高广大人民群众的自我保护意识和能力，普及艾滋病防治知识，同时为广大防艾志愿者搭建一个相互交流、互相学习的平台。大赛自 7 月启动以来，不仅得到了社会各界的广泛关注，更得到了广大防艾志愿者的支持与拥护，大家都积极为首都的防艾宣传工作出谋划策。首都各行各业、各个角落的防艾志愿者积极讨论、制定新颖的防艾创意，踊跃报名参赛。最后，通过层层筛选，大赛评委会评选出了“百个防艾优秀创意”，入选创意涉及原创、设计、主题活动、竞赛、关爱交流和媒体互动六大类。在两个月的创意实施期内，包括 70 余所首都高校青春红丝带社团、社区以及专业疾控人员在内的三万余名首都防艾志愿者，穿梭于高校、社区、公园、高危场所、旅游景区、交通枢纽等百余个场所开展防艾宣传，参与人员涉及各行各业，宣传地点遍布京城各个角落，活动覆盖全市 16 个区县，宣传受众涉及公务员、中学生、大学生、社区居民、部队官兵、感染者等不同人群，覆盖人群高达 15 万人。这一串串数字凝聚的是力量、收获的是信心、更多的是感动。是他们，让古老而现代的北京城到处都洋溢着红丝带的温暖、热情与希望。

我校红十字会学生分会的“防艾主题文化衫创意大赛”在百个防艾创意中脱颖而出，获得了 2010 年北京市百个优秀防艾创意大赛设计类优秀创意奖，为学校赢得了荣誉。主办方为我校参与此次活动的同学颁发了志愿服务证明，红十字会学生分会会长李璇同学作为代表上台领奖。

例二：

宁夏获赠 6 万本新华字典　扉页竟植入茅台广告

“企业捐赠给宁夏中小学生的 6 万本新华字典，扉页却植入酒企广告，这不是误导孩子吗?” 5 月 27 日，银川一些学生家长对此提出质疑。

“小孩不是不能喝酒吗，怎么字典上有茅台酒厂的广告?”银川市民马先生听到二年级孩子的疑问后，打开字典发现，扉页有茅台酒厂的广告宣传页。马先生认为，企业爱心捐赠固然可贵，但针对中小学生这些特定对象，烟酒企业不应该商业目的太重，而应在道德层面考虑得更周全一些。

记者在这种字典的扉页上看到“务本兴业，正德树人，民族品牌，大爱无疆”一行字，下面是彩色的企业标志，最下面写着“中国贵州茅台酒厂有限责任公司捐赠”。宁夏教育部门有关人士介绍，这些字典确实是茅台酒厂通过中国教育发展基金会捐赠的，宁夏回族自治区共得到 6 万册。记者在茅台官网也证实了这一说法。该消息说，贵州茅台酒厂自去年下半年以来，共捐赠 1575 万元，为西部贫困地区小学生赠送 150 万册《新华字典》。对此，宁夏回族自治区新闻出版管理部门认为，《新华字典》是公开出版物，《新闻出版管理条例》规定，以未成年人为对象的出版物不得含有诱发未成年人模仿违反社会公德的行为和妨害未成年人身心健康的内容，烟酒属于妨害未成年人身心健康的东西，所以这种做法显然不妥。

宁夏回族自治区一位公益慈善界人士指出，企业在捐赠中标注企业名称本无可厚非，但中小学生不同于成年人，捐赠者不能不考虑他们辨别是非能力较低的特征，给学生的捐赠品上通常不写烟酒企业名称，更不会写烟酒企业广告语。

北方民族大学法学院教授王幽深说，《未成年人保护法》相关条款明确规定，烟酒对未成年人有害，烟酒及其宣传广告应当远离未成年人。茅台酒厂将企业宣传性质的广告夹带在学生字典中，这种做法不太妥当。

但也有不同观点，宁夏回族自治区工商局商广处一位负责人表示，该批字典中植入的是茅台酒厂的企业宣传广告，属于不需要广告审查机关审查的一般性广告。

国家虽然对烟酒广告控制很严，但企业宣传广告并不代表产品宣传广告。对茅台酒厂的这则广告，要看家长老师如何去引导学生。“这可以让小学生知道民族品牌，让他们从小就树立品牌意识。”该负责人说，对于民族品牌，要用“正能量”让孩子们从小认识品牌成长、成功的经历。

（记者　王文革）

互动点评

学生对两则新闻进行解读，总结归纳新闻的写作要素，并指出例文中可能存在的问题。在小组讨论的基础上，选取代表进行总结发言。教师可给予适当点拨。

1. 新闻的开头应该简明扼要，开门见山地点出事件的主要内容；也可以采用一些生动有趣的手法，比如一段现场画面描写或一段精彩的对话，以增强现场感。例一开头词句重复啰嗦，冲淡了文章主题，让读者感觉乏味。

2. 新闻主体的写作应该尽量避免平铺直叙，可采用生动形象的描述、灵活多变的手法和自由灵活的段落安排。例一中，新闻主体部分没有合理分段，大段叙述让读者视觉疲劳，难以产生阅读兴趣。同时，文章第二段末尾处过多使用太主观的形容词，不符合新闻报道的客观性。

3. 新闻主体部分应该突出文章的主旨，在安排材料时必须理顺材料之间的关系，使之层次分明、眉目清楚。例一的主体是“我校红会”，所以新闻的重点应该在于“我们”如何参与、有何收获。

知识聚焦

一、概念

新闻是对新近发生的、有社会意义的事实的及时报道。报社、通讯社、广播电台、电视台等新闻机构对国内外消息的报道通称新闻。

在日常生活中，“新闻”一词有两种用法：一种是广义的，广义的新闻就是“对新近发生的事实的报道”，泛指报纸、广播、电视中常用的各种报道文章，包括消息、通讯、特写、报告文学、调查报告、评论等；一种是狭义的，狭义的新闻专指消息。除了评论等少数议论文，绝大多数新闻都是记叙性文体。

二、种类

依据不同的标准可以把新闻分成若干种类。从报道的内容上可分为政治新闻、社会新闻、经济新闻、体育新闻、文教新闻等；从报道的对象上可分为人物新闻、事件新闻、会议新闻等；从报道的地域范围上可分为国际新闻、国内新闻、地方新闻等；从篇幅的长短上可分为长新闻、短新闻、标题新闻和一句话新闻等。

根据表现形式，通常可将新闻分为以下几种：

（一）动态新闻

即迅速报道国内外动态的新闻。

（二）综合新闻

即把不同地区、不同单位发生的具有同类性质的事实汇集在一起，进行综合报道的新闻。

（三）评述性新闻

包括时事述评、思想述评、工作述评等。

三、特点

（一）真实性

真实是新闻的灵魂和生命，这是新闻写作的基本要求，也是新闻报道的一项根本原则。真实，要求新闻反映的事实，包括人物、时间、地点、事件细节、数字等，准确无误，没有虚构，没有夸张。

（二）新鲜性

作为一种信息，新闻是事实的反映，但并非任何事实、任何信息都能成为新闻。新闻必须是新鲜的所见所闻。新闻要求的“新鲜”包含三层意思：一是从时间上说，新闻必须是新近发生的事；二是从内容上说，新闻必须给人以新意、新信息、新启发，是有所发现和创造的新事；三是从常规上说，新闻报道的事通常有异常特点或违背常规，如“夏天下雪”“冬天响雷”等。

（三）短而快

短小精悍是新闻的又一特点。报纸上常见的新闻，多则几百字、几千字，少则几十字，甚至浓缩成一句话。快，是指新闻的时效性强。有人说“新闻是易碎品”，“像容易变质的食物”，所以要抢时间采访，抢时间写作，及时发表。1981 年，刚上任两个月的美国总统里根遇刺，美国广播公司在事件发生后 7 分钟就播出了这则消息。如果过了一定的时间，新闻就会失去价值。

四、结构

新闻的内容通常包含六个要素，即“5W1H”：什么事（What，何事）？谁被牵连到这个事件之中（Who，何人）？这个事件是什么时候发生的（When，何时）？是在什么地方发生的（Where，何地）？为什么会发生这个事件（Why，何故）？事件是如何发生的（How，怎么样）？

在五个“W”和一个“H”中，最主要的是 What（何事）、Who（何人）。写作时要认真写好这几个方面的内容。

新闻的结构通常包括标题、导语、主体、背景、结尾五个部分。但并不是每条新闻都要完全具备这五个部分，有时可根据情况省略其中的背景部分、结尾部分和导语部分。

（一）标题

标题是新闻的眼睛，一则好的新闻，首先要有一个好的标题。精心制作标题犹如画龙点睛，它既要概括新闻的主要内容，又要醒目、新颖、有趣。这样才能引起读者注意，增强阅读兴趣。新闻标题本身就应该是一条独立的消息。

首先，新闻的标题具有向导作用。在众多的报纸及新闻节目中，每天都有难以计数的各种信息不同层次地向社会发出，读者不可能每天都把各种信息的内容全部详细阅读，而往往是借助标题的引导，选择感兴趣的或所需要的信息内容。如果标题呆板平淡，是很难引起读者注意的。

其次，新闻的标题具有提示作用。新闻的标题如果能把新闻中最有价值的事实提炼出来，往往可以帮助读者抓住新闻的核心和纲领，进而理解其精神实质。

新闻的标题在内容上灵活多变，在形式上却有一定规则，大体上有单行、双行和多行三种。

1. 单行标题

即只有正题一行的标题。“正题”又叫母题，是主要题目——最受人注意的部分。它应概括新闻中最主要的事实和思想，简明、醒目。例如：

做文明市民　创文明单位　建文明城市

2. 双行标题

即由“引题加正题”或“正题加副题”组成的两行文字的标题。新闻的正题一般都有实质性内容，因此又称实题；副题和引题一般是对气氛的烘托、意义的阐述，因此又称虚题。双行标题一般是虚实结合、彼此呼应、互为补充。

（1）“引题加正题”式标题，如：

我国原子核物理基础研究又获重大成果

（引题）

在世界上首次合成两种新核素

（正题）

（2）“正题加副题”式标题，如：

国庆首都舞台绚丽多彩

（正题）

将推出 50 余出新戏和 15 部新片

（副题）

3. 多行标题

主要是三行标题，即引题、正题、副题。引题又称眉题，其作用一般是介绍背景、烘托气氛，以引出正题。正题又称主题，其作用是概括介绍新闻的主要内容，或点明新闻的中心思想。副题介绍与正题有关的情况，是对正题的补充。

（1）“引题、正题、副题”式标题，如：

我国第四个超百万千瓦大型水电站

（引题）

岩滩水电站并网发电

（正题）

比计划提前一年发电可增产值 168 亿元利税 28 亿元

（副题）

（2）“一行正题两行副题”式标题，如：

全国清理三角债工作基本完成

（正题）

国家注入 510 亿元共解开债务链 2000 多亿元

各地新上项目资金不能留缺口防止新拖欠

（副题）

制作新闻标题总的要求是：准确、新鲜、精炼。所谓准确，就是要揭示新闻内容的本质；所谓新鲜，就是要避免雷同，用别具一格的词句表现新闻的内容；所谓精炼，就是要提炼精华，用尽量少的行数和字数概括尽量全面的内容。

（二）导语

导语是新闻开头部分的第一段文字或第一句话。除了“简讯”和“一句话新闻”外，其他新闻一般都有导语。“导”包含引导、启发、开始的意思，就是说导语不仅要把新闻中最主要的内容或最重要的事实概括出来，而且要像诱饵一样把读者紧紧吸引住，使其有兴趣读下去。因此，好的新闻都会在导语上多下一番工夫，力求写得生动活泼。

常见的导语写法有如下六种：

1. 叙述式导语

这是最常见的方式。它是把新闻中最重要、最新鲜、最有吸引力的事实，高度概括地加以叙述。如：

今天 11 时 16 分，我国在太原卫星发射中心用“长征 4 号乙”运载火箭，成功地将中国和巴西联合研制的“资源一号”地球资源遥感卫星送入预定轨道。一颗巴西小型科学应用卫星同时搭载升空。这是我国与巴西在航天技术领域的首次合作。

2. 提问式导语

用提问的方式引出新闻报道的事实，设置悬念，引起读者的注意和思考。如：

长江究竟有多长？源头在哪里？长江流域规划办公室组织查勘的结果表明：长江的源头不在巴颜喀拉山南麓，而是在唐古拉山脉主峰格拉丹东雪山西南侧的沱沱河，长江全长不止 5800 千米，而是 6300 千米，比美国的密西西比河还要长，仅次于南美洲的亚马孙河和非洲的尼罗河。

3. 引话式导语

引用与新闻相关的诗句、格言或生动、隽永的话作导语，以增强导语的生动性和力量。如《城市晚报》1992 年 5 月 13 日新闻《给慈善人提个醒，不能再上“出家人”的当》的导语：

俗话说：“出家人不贪财。”可是近年来，社会上却出现了不少贪财的“出家人”。

4. 评论式导语

对报道的事实进行简洁、精辟的评论，以揭示事物的性质和作用，引起读者的重视。如《人民日报》1992 年 8 月 14 日头条新闻《无锡市加快物资流通体制综合改革》的导语：

今年以来，无锡市近 300 家生产企业的厂长不再为原料紧缺而发愁，一个多渠道、多形式的物资配送格局正在逐步形成。这是无锡市物资局加速物资流通体制综合改革之后出现的新气象。

5. 描写式导语

先对报道的事实简要描写一番，以渲染气氛、吸引读者。如《人民日报》1992 年 8 月 15 日头条新闻《中国国际民间艺术节在京开幕》的导语：

在 100 多名山西农民敲响的雷鸣般的锣鼓声中，第二届中国国际民间艺术节在北京拉开了帷幕。16 个参加国的国旗和节徽在首都体育馆交相辉映，构成了一幅友谊和平的彩图。

6. 结论式导语

将新闻事实的结论在开头部分写出来，开门见山，反映事实的意义。如：

为期三天的 1999 年世界体操锦标赛资格赛经过紧张的角逐，今晚在天津体育馆比赛罢。继中国女队杀入团体决赛之后，中国男队也以排名第一的成绩顺利进入决赛。进入决赛的还有俄罗斯、日本、韩国、美国共 5 队，前 12 名的队取得了进军悉尼奥运会的资格。

以上只是常见的几种导语方式。需要注意的是，导语的写作方式还有很多，在写作时，我们应该根据表达内容具体确定使用哪种方式并有所创新。

写导语还应注意两点：一是繁简适当，既不要把许多具体材料都不分主次地塞进导语，失去导语的意义，也不要过于简单，使人看不出主要的、新鲜的事实，担不起导语的责任；二是尽量不要重复标题的内容，使人看了乏味。

（三）主体

这是新闻的主要部分，是对新闻事实作具体的报道和说明。这部分要用充分的有说服力的事实材料来阐明新闻的主题。

新闻主体的结构常见的有三种：

1. 时序结构

按照事情的发生、发展、结局的先后顺序安排层次，这样可以使读者对事件的发生、发展过程有一个鲜明的印象。如《人民日报》1992 年 8 月 27 日头条新闻《五年新建码头泊位 330 多个》的主体：

1988 年 7 月，国务院批准成立了国家交通投资公司，专门从事开发经营水运、民航、公路经营性项目固定资产投资，改变了过去完全由国家无偿拨款搞建设的传统做法，开始用经济办法管理投资。1988 年至 1991 年的四年间，全国港口建设投资达 90.5 亿元，共计建成深水泊位 72 个、中小泊位 155 个，新增吞吐能力 9837 万吨。这四年的增长速度比我国港口建设最快时期的“六五”还多建成深水泊位 7 个、中小泊位 40 个，多增加吞吐能力 460 万吨。据介绍，今年在建的泊位 217 个，投资 135.4 亿元。到年底，将有 110 个泊位建成投产，其中深水泊位 25 个，新增吞吐能力 3839 万吨。

2. 主次结构

把主体部分中最重要的内容放在前面，然后详细叙述。例如：《许杏虎、朱颖烈士部分骨灰在丹阳安葬》就属这种结构。这种结构对读者来说，如果没有时间或没有兴趣看全文，只看前两段就能知道事件的主要内容。

3. 逻辑结构

根据事物之间的内在联系和逻辑关系，如因果关系、并列关系、主次关系等，来组织层次、安排结构。例如：《平陆县中毒民工全部脱险》。

写新闻的主体应做到两点：一是以叙述为主，用事实说话；二是层次分明，详略得当。

（四）背景

背景是指新闻中与报道事实有关的情况，如交代与事实有关的历史情况、地理环境等，以便通过比较、衬托，使报道的主题更深刻。背景是新闻的从属部分，通常出现在主体中。

常见的背景有三种：

1. 对比性背景

对人物或事物的正反、今昔进行对比，在比较中突出其重要意义。如写农民富裕了，收入增加了，可用如此背景加以突出：“十年动乱时期，这里农民的平均收入只有二三十元。不少农民每天 2 工分只够买一张 8 分邮票。”还可以横比，如同样写农民收入问题，也可将东南沿海地区与西部地区进行对比。

2. 说明性背景

即对所报道的事实中有关的政治背景、历史演变、地理环境等进行说明，以强调事物产生的原因、环境、条件等。如《海鸥重返黄浦江》一文，运用了背景材料，回想十多年前由于黄浦江水质污染严重，海鸥因缺少食物而远走高飞的情况。

3. 注释性背景

对新闻报道中涉及的概念、原理及名词、术语等进行解释，以帮助读者理解新闻中的相关内容。美国《大众科学》杂志的记者在一篇关于等离子掘进机的报道中写道："这种掘进机头部有个'火把'。但是，这个'火把'放射出来的不是温度特别高的火焰，而是一种叫做等离子体的电流。等离子是一种很怪的物质，它既不是固体，也不是液体，更不是气体。物理学家们认为，它是物质存在的第四种方式。"这篇报道避深就浅、化专为常，把等离子这种一般人不了解的物质写浅显和平常，让专业的、深奥的科学技术问题变得通俗易懂，这就是注释的作用。

需要注意的是，背景只是新闻的附属成分，并不是每条新闻都要有背景，与事实的主题无关的材料都不能充当背景；即使非写背景不可，也要写得言简意赅、恰到好处，绝不能喧宾夺主。至于背景究竟写在新闻中的何处，是否独立成段，不能强求一律，而要根据需要灵活安排。

（五）结尾

结尾又称结语，是新闻最后一句话或一段话。

新闻要求简明扼要，报道完事实就要结束。结尾的写作方式一般有以下几种：

1. 小结式

对所报道的事实或意义作简要概括，以突出重点、加深印象。如《人民日报》2017年2月28日发表的《美食上网，安全更需上线》的结尾：

如今，网络订餐、网购食品已经成为很多人的优先选择，而网络餐饮能否健康发展，食品安全是基本前提。网络餐饮，不应只是回应大众对"快"的要求，更应满足对"好"的期待。在"产"上把好关，在"管"上用足力，才能让人们真正吃得安心，吃得放心。

2. 启发式

在讲完主要事实后，为启发读者，用启发或激励的语言给读者留下思考的余地。如《卫运河水何日清》的结尾是这样写的：

看着厂区内堆积如山的麦草和滚滚流淌的黑水，人们不禁要问：卫运河何时能变清?

3. 展望式

在报道完主要事实之后，进一步指出事情发展的必然趋势或必然结果。如《精准发力　打好脱贫攻坚战》的结尾：

"善为国者，遇民如父母之爱子，兄之爱弟，闻其饥寒为之哀，见其劳苦为之悲。"让贫困人口更好地分享经济社会发展成果，不仅是当下的阶段性目标，更是永远在路上的不懈追求。贫困并不可怕，集中力量攻坚克难，更好推进精准扶贫、精准脱贫，我们一定能够打赢脱贫攻坚战，实现全面建成小康社会的奋斗目标，一道奔向繁荣富裕的美好明天。

4. 号召式

根据报道的事实提出具有号召性的意见，激励读者为实现某一目标而行动。如《引得人来　教出人才》的结尾：

全国2000年以后新建本科院校占51%，很大一部分在中西部地区。各地要更加重视新建本科院校提高办学水平，突出“地方性、应用型”，保证新建本科院校基本办学条件、基本办学规范、基本办学质量大幅提升。以中西部高校转型发展为重点，支持新建本科院校转型发展，建成一批直接为区域发展和产业振兴服务的特色应用型高校。

例文：

滦河水向天津奔来

引滦工程昨日全线试通水

三大水库依次开闸　分水枢纽送水顺利　万米隧道畅通无阻

本报讯　昨日上午，引滦入津工程全线试通水。我市人民朝夕盼望的滦河水向天津奔来。

10时整，潘家口水库、大黑汀水库同时按动提闸电钮，顿时，水流直泻，瀑声如雷，白雾升腾。

在大黑汀水库前，清澈的滦河水如离弦之箭，通过540米长的渠道，射向分水枢纽闸门，激起巨大的浪花；水头在闸门出口处卷起无数漩涡，转眼间奔入12.39千米的隧洞。

此时，分水枢纽前彩旗飞扬，人头攒动，解放军指战员有的挥舞双手，有的晃动草帽；从鬓发斑白的首长到生龙活虎的战士们，都在尽情地欢呼、跳跃。他们的嗓子喊哑了，他们的眼里噙着晶莹的泪花。一年多的艰苦奋战结出了胜利果实，引滦战士向天津人民奉献了最珍贵的礼物！

这次试通水的目的，是全面检验引滦工程中的各水工建筑、闸门、隧洞、河道的工程质量和测量水文水利数据，为正式通水做好充分准备。试通水从15日起，到月底前完成，分成上游、下游两段同时进行。上游段由潘家口水库开始，经大黑汀水库、分水枢纽、隧洞、黎河，进入于桥水库；下游段自于桥水库开始，经州河、输水明渠、四大输水泵站、尔王庄水库，穿越市区输水暗管，把水送入本市自来水厂。试通水的水流量自每秒40立方米、每秒60立方米（设计流量）、每秒75立方米（校核流量）依次递增。试通水期间，有一百名有关人员在沿线测量数据。

为了一睹滦河水奔出隧洞口的精彩场面，记者乘车和看不见的水头赛跑，于11时13分到达隧洞出水口。刚下来，就听见干部、战士们高声欢呼：“来啦！来啦！”转瞬间，奔腾的滦河水翻着浪花从隧洞中泻出，扑进了宽阔的黎河。一位年过六旬的老大爷捧起滦河水就喝，连说：“甜、甜!”干部、战士们纷纷跳入水中，合影留念。

于桥水库也在中午12点放水，放水过程顺利，设备运转正常。晚8点，水头已流过杨津庄闸。

知识延伸

消息与通讯的特点和区别

■ **消息的特点**

消息主要告诉人们发生了什么事情（包括新的情况、经验、问题等），往往只报道事情的概貌而不讲详细的经过和情节，是以简要的语言文字迅速传播新近事实的新闻体裁，也是最广泛、最经常采用的新闻基本体裁。

消息按事实性质分，可分为事件性消息和非事件性消息；按报道内容分，可分为经济消息、社会消息、人物消息和政治消息；按写作特点分，可分为特写式消息、目击新闻、解释性报道和背景报道；按篇幅长短分，可分为简讯、一句话新闻、标题新闻；按写作形式分，可分为动态消息、经验性消息、综合消息和述评性消息；其他的消息形式还有公报式消息、答记者问等。

消息的体裁特点：

（1）比较短，多为百字或数百字，内容简明扼要，文字干净利落。

（2）常有一段导语，开门见山，吸引读者（听众、观众）。

（3）叙事朴实、实在，通常一事一报，讲究用事实说话。

（4）时间性强，注重时效，报道快速及时。

（5）基本表达方法是叙述，而且多为概括性叙述，但不能概念化。

（6）结构严密，层次分明。一般是按照事物的内在联系，把最重要、最新鲜的事实写在最前面，然后写次要的，接着写更次要的。也可以依照事物的产生、发展、变化的顺序来写，但要突出主要部分。

（7）交代必要的背景。写清楚被报道事物的历史背景，事件发生、发展、变化的环境、条件以及与其他事物的联系。目的是通过比较、衬托，更鲜明地阐述事物的意义。

■ **通讯的特点**

通讯也是一种常用的新闻体裁，是对新闻事件、人物和各种见闻的比较详尽的生动报道。它不仅告诉人们发生了什么事，而且交代事情的来龙去脉，以及情节、细节和有关的环境气氛。

通讯常分为人物通讯、事件通讯、工作通讯、风貌通讯等。工作通讯是反映并指导实际工作的一种通讯，它通过事实的报道，分析当前工作中的经验和问题，提出带有规律性的东西去推动工作，具有很强的指导性和理论色彩。

通讯的体裁特点：

（1）容量大，范围广，取材比较全面、完整。

（2）展开情节，情景交融，讲究结构的变化。

（3）对事实的表达多样化，结合叙述，兼以描写、说明、抒情或议论，富有感情色彩或理论色彩。与消息相比较，通讯的描写偏多。

（4）比起消息，通讯的文字篇幅稍微长一点，发稿时间也可以稍微缓一些，但仍然要求尽可能短、快。

■ **消息与通讯的区别**

1. 在内容上，消息简略单纯，通讯详细丰富

从内容方面看，消息大多是一事一报，而且只报道新闻事件的大致情况，如果有细节也是非常少的。而通讯报道则可以是一人一事，也可以涉及众多的人物和事件。同时，通讯十分重视对细节的刻画，在一篇通讯中往往有大量的细节。

2. 在形式上，消息程式性强，通讯创造性强

形式，一般是指文章的结构、语言、表达方式。

从结构上看，消息是一种程式化的文体，有常用的模式。消息写作，很大程度上是按着固定的模式进行操作，创造性只体现在一些局部的地方。通讯则不然，它的写作跟一般的记叙文相似，没有固定的格式，每一篇都有自己独特的结构形式。

另外，消息的表达方式和语言也都有一定的程式性。在表达方面，消息主要用叙述，别的表达方式很少。在语言上，消息运用词语的直接含义，显得简洁朴素、循规蹈矩。而通讯表达方式丰富多样，语言常有新颖独特的创造性运用，显得流光溢彩、摇曳多姿。

3. 在写作技巧上，消息手法简单，通讯手法多样

这里所说的写作技巧含义较广，包括虚实相衬、对比烘托、铺垫引导、设置悬念、欲擒故纵、欲露先藏、欲扬先抑等多种表现手法，也包括比喻、对偶、排比、夸张等多种修辞手法。这些手法，消息也是要运用的。但是，由于简洁朴实的文体本性的限制，消息对这些手法只在合适时偶尔一用。通讯则不然，为了加强作品的感染力和生动性，常常使用以上多种写作技巧。如通讯《领导干部的楷模——孔繁森》就有如下一段描写：

孔繁森离开拉萨两天后，进入阿里地区措勤县境。藏北大草原那雄浑、壮美的景色展现在他面前：远方，绵延起伏的雪山在蓝天的映衬下格外壮丽，广袤无垠的草原一直伸展到遥远的天际。近旁，一座座用石块垒成的玛尼堆披挂着祈祷吉祥的五彩经幡，一堆堆高寒地带特有的红柳丛在阳光下像火一样耀眼。天空，时而白云朵朵，时而乌云密布；原野，时而大雪纷飞，时而风沙弥漫……

这段文字中有虚实、有对比、有比喻、有对偶、有夸张……作者就是运用这些手法，使新闻也具有艺术的品性。

4. 在风格上，消息朴实，通讯富有文采

写作手法的不同自然会造成风格的不同。消息一般没有文学性，朴素实用。通讯则有较强的文学性，生动活泼而富有文采。在一期报纸上，两种文体相互映衬和补充，能使新闻媒体更加完美。

5. 在时效上，通讯不如消息迅速及时

虽然有消息、通讯同时发表的情况，但一般来说，通讯的时效性是赶不上消息的，因为消息内容简略、篇幅短小、采访快、写稿快。有时事发后几分钟甚至不到一分钟，媒体就开始进行消息报道了。而通讯有大量的细节，篇幅一般比较长，采访比较详细，写稿时间也要长一些。

实战演练

训练1：请选择你所在学校近期发生的一件有新闻意义的事件，撰写一则消息。

训练2：请分析下面这则消息存在的问题并进行修改。

警民合作逮劫匪

20××年××月××日17时50分左右，在××市××区××小区内通过警民合力，在广大群众的围追堵截之下，抢劫嫌疑人陶某在案发现场被当场抓获。

当日下午17时50分左右，一名陌生男子在××小区内的环宇通讯手机店门口来回徘徊，当该男子等到店内只剩下女店主孟某一人时，突然冲入店内，并从身上掏出一把水果刀，将孟某的双手和脸部刺伤，抢得营业款约两千元后逃窜，女店主孟某忍着剧痛跑出店外大喊“有人抢东西，快抓坏人”，民警朱××闻讯赶了过来，该男子还没逃出百米，就被二三十名群众和朱××合力抓获。

经审查，嫌疑人陶飞（男，25岁，××省××县××镇人）交代了抢劫的事实。目前陶飞已被××派出所刑事拘留，等待他的只有法律的严惩。

展示评价

1. 以实战演练训练1作为展示项目，每位小组成员分别写作并在组内展示自己的作品，最终推选出小组最佳作品。

2. 每个小组推选一名同学上台进行“小组学习成果展示”，其他小组成员作为评委进行评议打分；教师对每个小组的成果进行点评。

工作任务	**撰写一篇合乎要求的校园新闻**				
团队名称		成员		指导教师	
项　目	考核要求	分值	自我评价（10%）	小组评价（20%）	教师评价（70%）
准备阶段	团队合作、积极参与、认真分析问题、踊跃回答	20			
实施阶段	新闻标题新颖、内容符合时效性、文字简明流畅	40			
展示阶段	礼仪到位、普通话标准、表述清晰	40			
合　计	综合评定	100			
开始时间		结束时间		总成绩	

活动拓展

普利策奖作品欣赏

第四节 简　报

情境导入

3月到了，小花又开始跟同学们一起参加学校组织的“学雷锋志愿者活动”。他们先是在学校的安排下一起上街协助交警指挥交通，头戴小红帽，手执小红旗，认真组织着行人和车辆的有序行进。休息间隙，她们又清洁了警亭，把街道上的护栏擦拭得干干净净，烈日和风沙没有阻挡她们辛苦劳作的热情。接着，他们又利用周末到敬老院为老人们表演节目，帮助他们整理卫生、剪指甲，陪他们聊天，一天下来可是累得不轻，可看着老人们那布满沧桑的脸上露出灿烂、快乐的笑容，他们觉得这辛苦真的值极了。此外，他们还到街道、小区打扫卫生；为创建城市文明站岗、执勤；为外地游客指路，解答咨询事宜。这一个月下来，小花的业余生活可真是充实而满足。

活动结束后，院团委给每个参加这次志愿者活动的同学布置了一个任务：做一份活动简报。小花想，这几次活动参加完，感触很多，收获也很多，写一份总结那绝对是没一点儿问题，可是，“简报”这种应用文小花可从来没写过。

小花想请各位同学帮个忙，告诉她这份简报该怎么写。

自主探究

1. 你知道简报和总结的区别吗？
2. 你知道简报的种类有哪些吗？
3. 你知道简报的写作形式吗？
4. 你认为简报对于活动有什么作用？
5. 如果让你帮小花写简报，你觉得应该从哪几方面写？

材料示评

例一：阶段工作简报

简　报

（第×期）

××大学“三讲”教育领导小组办公室编　　　　　　　　××年××月××日

目录

★编者按

★党委开展调研活动，征集对学校工作的意见和建议

★查摆突出问题，研究“三讲”教育方案

★学院加大改革力度，勇于开拓创新

★计算机系抓突出问题，加紧制定青年教师培养计划

编者按：

在县级以上党政领导班子、领导干部中深入开展以“讲学习、讲政治、讲正气”为主要内容的党性党风教育，是中央和省委进一步落实党的十五大精神，推动深入学习邓小平理论，加强领导班子建设，提高领导干部素质的一项重要举措。

我校被省委确定为全省“三讲”教育试点单位之一，承担了重要的责任。为了切实搞好我校的“三讲”教育，宣传“三讲”教育的重大意义、指导思想和具体做法，交流经验，我们特编辑了《××大学“三讲”教育简报》。

《简报》将及时报道我校“三讲”教育的工作情况。欢迎各部门、各单位惠赐稿件，并对我们的工作提出宝贵意见。

…………

例二：公文简报

广东省第九次山区工作会议简报

15 日，阳江、茂名组在茂名市委书记肖贤成和阳江市委副书记周裕光的主持下，围绕谢非同志的讲话和朱省长的报告，就加快发展“三高”农业的问题进行了讨论。先后发言的同志有欧广源、肖贤成、洪绍宏、周裕光、黄福春、梁耀文、梁桂英、莫才明、黄正藩、周少夫等。

发言的同志一致认为，谢非和朱森林同志通过回顾分析我省近几年山区经济发展的形势，阐明了“三高”农业的地位和作用，统一了大家的思想，提出了新的目标和要求，很符合广东的实际，增加了大家发展“三高”农业、力争二十年实现农业现代化的信心。

在发言中，欧广源副省长谈了五个方面的体会：①广东发展“三高”农业大有作为，这是不断提高生产效率和效益，促使传统农业向现代农业转变的必由之路。高州市在这方面很有成绩，珠江三角洲也很有成绩。事实说明，不仅务工可以致富，

务农同样也可以致富。②依靠科技进步，是发展“三高”农业的关键。不少地方的经验证明，依靠科技，通过引进开发，经济效益就相当可观。③发展规模经营，是促进“三高”农业的重要途径。在“三高”中，高效是很重要的，要高效就离不开规模经营。规模经营更具竞争力，更能体现出高效益。④社会化服务是促进“三高”农业的保证。社会化服务范围广，加工服务大有潜力可挖。通过加工服务，可扩大产品市场覆盖面和销路。⑤各方支持是发展“三高”农业的有力保障。“三高”农业是一个系统工程，需要各方面的支持。要增加投入，把好钢用在刀刃上。在发言中，其他同志还谈了如下主要内容：

第一，树立信心，充分认识“三高”农业在经济发展中的地位和作用。茂名市委书记肖贤成说，要使传统农业向现代农业大跨越，发展“三高”农业是十分重要的。传统农业由于收入少、地位低，不适应现代化建设的需要，必须有一个新的突破。人的生存离不开“吃穿用”，也就离不开农业。周总理曾写过一副对联：“先抓吃穿用，摆正农轻重”，横批是“综合平衡”。由此可见，农业的市场最大，永远也不会疲软。通过发展“三高”农业，提高传统农业的档次，促使其走向现代农业，这个路子非常宽广，我们应有这个信心。省农业厅厅长洪绍宏说，有些地方存在这样一些观点，认为农业是个破棉袄，穿了难看，丢了可惜，这是不正确的。怎样才能为传统农业找到一个新的出路？这就是要发展“三高”农业。山区办一个企业，效益不一定明显，所解决劳力的出路也是有限的，但搞“三高”农业，不仅平原地区可以搞，而且山村几乎都可以搞，可以使更多的农民脱贫致富，共同奔小康。原省山区办主任周少夫说，各级领导都要认识到发展“三高”农业可以致富，要正确处理发展工业与“三高”农业的关系，二者同步发展，互相促进。

第二，找出差距，加快发展“三高”农业的步伐。肖贤成同志说，原来以为茂名市在发展“三高”农业方面搞得很不错了，听了大会的发言之后，思想触动很大。同兄弟市县相比，感到差距不小，虽然我们搞了种养，也有规模经营，但在加工服务方面做得不够，未能超前发展，今后一定要迎头赶上。阳江市委副书记周裕光说，多年来，传统农业在人们的思想观念上仍是老的一套，与较早发展“三高”农业的地区相比，这种思想意识的差距是很明显的。现在农村一些年轻的劳力都跑到外面挣钱，看不到农业发展的前景。在一些领导干部身上，也存在这个差距。

此外，从阳江的实际情况来看，也搞了一些“三高”农业，但还没有形成规模经营，还没能充分利用本地丰富的资源，进行加工服务，还是“原汁原味”的多，形不成“龙头”，也没有“拳头”。通过对照，我们找到了差距，找到了出路，今后发展“三高”农业是大有希望的。

互动点评

学生对比两则材料，采用团队合作的形式讨论并形成总的意见、推选代表作答。教师及时点评，并提供参考答案。参考：

1. 关注例文标题写法。
2. 关注正文都有哪些内容，不可缺少的内容有时间、地点、参加人员。
3. 简报采用图文并茂的形式有什么好处？
4. 语言表达方面有问题吗？
5. 注意事项有哪些？

知识聚焦

一、概念

简报是党政机关、人民团体、企事业单位内部用于汇报工作、反映问题、沟通情况、指导工作、交流经验、传递信息的一种简短且有一定新闻性质的公文文体。简报是一种比较古老的文体，它的起源可以追溯到汉代。汉武帝初年，就出现了名为“邸报”的手抄报，简明扼要地反映情况、交流信息。到了唐代，已经出现了印刷的邸报。邸报发展到现代，形成了公开出版的报纸和内部传阅的简报两种形式。

简报有很多种名称，可以叫“××简报”，也可以叫“××动态”“××简讯”“情况反映”“××交流”“××工作”“内部参考”等。

二、种类

（一）综合简报

这是反映本部门、本系统各方面工作情况和问题的简报，也称情况简报。它报导的内容主要有：本部门、本系统管辖范围内发生的重大问题、事件及其处理情况；工作中的重要情况；社会主义建设中出现的新人、新事、新气象、新动态；工作中的新经验、新办法等。以便发现典型、经验及时推广，发现问题及时引起方方面面的注意并及时得到解决。这种简报一般是连续不断地编发，或定期或不定期，以指导、推动本部门、本系统的工作。

（二）专题简报

这是将某项专门工作的动态、进展、经验、问题等向上级部门汇报，或向有关部门通报情况，或下发所属基层单位借以推动工作。这种简报报道的事件集中，都是围绕某一项专门工作或中心工作来编写的。

（三）会议简报

这是专门报送、交流有关重要会议内容、筹备和进展情况，反映与会者意见和建议的简报。全国人民代表大会、全国政协会议、中央各种重要会议、地方上的“两代会”等各种重要的专门会议都要编发会议简报。会议简报分为综合简报和进程简报两种。前者是整个会议编一期简报，在会议后期发送，后者是编发多期简报。一般重大的、时间较长的会议都发进程简报，即每个小阶段编发一期，有时天天编发，以供与会者阅读、互通情报、交流思想经验，从而把会开好。

（四）动态简报

这是为反映本单位、本系统的思想、政治、经济、文化等方面情况、信息而编写的综合性简报。动态简报着重反映与本单位工作有关的正反两方面的新情况、新动向、新问题，为领导和有关部门研究工作提供鲜活的第一手资料，向群众报告工作、学习、生产、思想领域的最新动态。

三、特点

（一）新闻性

简报有些近似于新闻报道，其特点主要体现在真、新、快、简四个方面。

“真”是指内容真实，这是简报的第一特征。简报所反映的内容、涉及的情况，必须严格遵循真实性原则，时间、地点、人物、事件、原因、结果，所有要素都要真实，所有的数据都要确凿。虚构编造不行，移花接木、添枝加叶也不行。

“新”是指内容的新鲜。简报如果只报道一些司空见惯的事情，就没有多大价值和意义了。简报要反映新事物、新动向、新思想、新趋势，要成为最为敏感的时代的晴雨表。

“快”是指报道的迅速及时。简报写作要快，制作和发送也要简易迅速，尽量让读者在第一时间里了解到最新的现实情况。新闻界有个说法叫“抓活鱼”，时间拖久了，鱼不活了，味道也不鲜美了。

“简”是指内容集中、篇幅短小、提纲挈领、不枝不蔓。“报”字之前写一“简”字，可以看出简洁对它来说是多么重要。

（二）集束性

虽然一期简报中可以只有一篇报道，但更多情况下，一期简报要将若干篇报道集结在一起发表，形成集束式形态。这样做的好处是有点有面、相辅相成，加大信息量，避免单薄感。

（三）规范性

从形式上看，简报要求有规范的格式，由报头、目录、编者按、报道正文、报尾等部分组成。其中报头、报道正文、报尾是必不可少的，而且报头和报尾都有固定的格式。

四、结构

简报的版面编排格式由报头、正文、报尾三部分组成。

（一）报头

报头一般占首页三分之一的上方版面，用间隔红线与正文部分隔开，报头内容有：

报名："××简报""××简讯"，一般用大字套红，醒目大方。

期数：排在报名的正下方，有的连续出，还要注明总期数，总期数用括号括入。

编号：排在报头右侧的上方位置。

编发单位：排在横隔线的左上方位置。

印发日期：排在横隔线的右上方位置。

密级：如："机密""绝密""内部刊物"等，排在报头左侧上方位置。

（二）正文

就是选刊的文章部分。编排原则是：①各篇文章要围绕一个中心，从不同角度反映某一个问题；②最突出中心的文章排在前面；③每篇文章疏密间隔要恰当，标题字号要一致。

（三）报尾

在末页的下方，用两条平行线框住，左侧写报、送、发单位的名称或个人姓名、职务，右侧写本期印发份数。

五、注意事项

（一）标题

简报的标题跟新闻的标题有些类似，可分为单标题和双标题两种基本类型。

1. 单标题

将报道的核心事实或其主要意义概括为一句话作为标题。如：《后勤工作今年重点抓好五件事》《我校通过"211工程"专家审查验收》《查摆突出问题，研究"三讲"教育方案》。标题中间可以用空格表示间隔，也可以用标点符号。

2. 双标题

双标题有两种情况：

一是正题后面加副题。如：

展宏图创全国一流市场

——××农贸市场荣获市信誉市场称号

前一个标题是正题，概括事实的性质；后一个标题是副题，补充叙述基本事实。

二是正题前面加引题。如：

尽责社会　完善自身

××师大团委开展"把知识献给人民"的活动

前一个标题是引题，指出作用和意义；后一个标题是正题，概括主要报道内容。

（二）正文

1. 导语

导语就是简报的开头语，要用简短的文字，准确地概括报道的内容，说明报道的宗旨，引导读者阅读全文。导语写作总的要求是开门见山，一开始就切入基本事实或核心问题，给人一个明确的印象。

导语的具体写法可根据主题需要，分别采用叙述式、描写式、提问式、结论式等几种形式：用概括叙述的方法介绍简报的主要内容，叫做叙述式；把简报里的主要事实或某个有意义的侧面加以形象的描写，以引起读者的阅读兴趣，叫做描写式；把简报反映的主要问题用设问的形式提出来，以引起读者的思考，叫做提问式；先将结论用一两句话在开头点出来，然后在主体部分作必要的解释和说明，叫做结论式。这几种导语形式各有所长，写作时可根据稿件特点选择运用。

2. 主体

主体是简报的主要部分，它的任务是用足够的、典型的、富有说服力的材料把导语的内容具体化，用材料来说明观点。写好主体是编好简报的关键。主体的内容，或是反映具体的情况，或是介绍具体的做法，或是叙述取得的成绩和经验，或是指出存在的问题，或是几项兼而有之，要视具体情况而定，没有固定的框架。

主体的层次安排有“纵式”和“横式”两种。纵式结构按事件发生、发展的时间顺序来安排材料，横式结构按事理分类安排材料。如果内容比较丰富，各层可加小标题。

3. 结尾

简报要不要结尾，因内容而定。事情比较单一、篇幅比较短小的，可以不单写结尾，主体部分话说完就结束，干净利落。事情比较复杂、内容较多的，可以写个结尾，对全文作一个小结，以加深读者印象。有些连续性的简报，为了引起人们注意事态的发展，可用一句交代性的话语作为结束语，如“对事情的发展我们将继续报告”“处理结果我们将在下期报告”等。

知识延伸

简报的作用

（1）便于领导机关掌握情况、指导工作。按照实际情况来制定工作方针，是一切领导者所应有的工作方法。领导机关通过简报掌握了各种情况和问题，就会“情况明、决心大、方法对”，并通过本级的简报，向上通报情况，向下传达指示，介绍典型经验，起到上通下联、推动工作的作用。

（2）向上汇报工作，争取指导帮助基层。下级机关编写简报的目的之一是向上级机关汇报工作、反映情况、提供信息，使上级机关了解其工作情况、存在的问题、创造的经验、涌现的典型，以便根据实际情况采取措施，有问题的给予帮助解决，有经验的、典型的，给予表彰推广。

（3）促进单位之间的交流。简报除了上送下发外，还可送发兄弟单位和相关单位。通过简报，各单位之间可以互通信息、交流经验、取长补短。

例一：

卫生单位创建活动简报

校行政　　　　　　　　　　　　　　　　　　　　　20××年度第3期

☆

满园春色关不住，××美景入画来

春到××院校，紫气东来，青草复苏，柳舒青袖，陌上花开，亭台桃夭，风帘翠幕……宛如丹青锦绣，好一派美丽春光！

报：××省××文明办，××市文明委，××市××区文明委

送：××市直机关文明办，××市文明办负责同志

发：××院党委办公室，××院督导处，××系部

××学院办公室　　　　　　　　　　　　　　20××年3月10日印发

例二：

精神文明建设活动简报

校工会　　　　　　　　　　　　　　　　　　　　　　20××年度第10期

☆

快乐的节日，快乐的你我

9月28日，天气一改往日的阴霾，变得晴朗、湛蓝，太阳也早早就露出笑脸，迎接着我们的到来。

清晨7点，不少爱好钓鱼的老师就已经支起钓鱼竿，开始准备享受成功的快乐了。看，吴老师钓起了第一条，一条青鱼。大家纷纷上去围观，有帮忙的，有猜测这鱼的分量的，好不热闹。再看这边，王老师也钓上来了，一条半斤多的鲫鱼，起竿、收竿，动作老练而漂亮，收进鱼兜，哇！含而不露，这网里已经这么多条了！

池塘边，人越来越多，钓出的鱼也越来越多，看热闹的老师，一会儿这边转转，一会儿那边悠悠，真是乐呵！

突然，一阵欢呼声响起，大家纷纷转过目光，黄校长那边钓起一条大鱼，许多人纷纷上去帮忙，抄网的、指挥的，好不热闹！来，大家合张影，这鱼真能称得上是鱼王了！一上秤，8斤3两！

时间过得真快，半天时间一转眼就到了，集体收杆，活动结束！老师们一个个满载而归，快乐离去。

快乐的国庆长假，就在这欢笑和收获中拉开了序幕。

报：××省××文明办，××市总工会，××市文明委，××市××区文明委

送：××市直机关文明办，××市文明办负责同志

发：××院党委办公室，××院办公室，××系部处室

××院工会委员会　　　　　　　　　　　　　20××年10月10日印发

实战演练

请根据有关材料，帮小花完成简报写作任务。动笔之前需要考虑两个问题：

1. 活动时间、参加人员等细节要写明；

2. 活动内容要写具体。

当我们对以上两个问题考虑成熟之后，就可以开始写作了。

展示评价

1. 每个小组评选出写得最好的作品，作为本组的学习成果展示。

2. 每个小组推选一名同学上台进行“小组学习成果展示”，其他小组成员作为评委进行评议打分；教师对每个小组的成果进行点评。

工作任务	**根据小花的实际情况拟写一份简报**				
团队名称		成员		指导教师	
项　　目	考核要求	分值	自我评价（10%）	小组评价（20%）	教师评价（70%）
准备阶段	团队合作、积极参与、认真分析问题、踊跃问答	20			
实施阶段	新闻标题新颖、内容符合时效性、文字简明流畅	40			
展示阶段	礼仪到位、普通话标准、表述清晰	40			
合　　计	综合评定	100			
开始时间		结束时间		总成绩	

活动拓展

1. 简报实用写作案例模板　　2. 话说新闻简报　　3. 电子简报《绝地求生大逃杀》

第五节　调查报告

情境导入

无稽之言勿听，弗询之谋勿庸。——《尚书》

入学一年，小花不仅学到了技术，考虑问题也越来越全面，遇到问题不再盲目跟从或不知所措。这不，最近小花遇到了一个难题：一天，她同室友们一起商量在暑期找单位进行社会实践，一方面给自己赚点生活费，更重要的是锻炼锻炼自己。小花心里泛起了嘀咕：作为一名涉世不深的学生想自己赚点生活费减轻家里负担同时锻炼锻炼自己这是好事，可是媒体上很多报道学生假期实习受骗拿不到工资甚至被限制人身自由的新闻又让她有点担心，怕自己上当受骗。她不想盲目地跟室友一起去找工作，而是想先对学生暑期实践的情况有一个了解，做到心中有数，可是她又不知道怎样去做才能让自己心中踏实。她把心中的疑惑告诉了班主任，班主任的一席话让她豁然开朗。班主任告诉她，若想更全面客观地了解学生暑期实践的状况，可以设计一份调查问卷，对参加过暑期实践的学生进行一次调查，通过数据来分析暑期学生社会实践的真实情况。

小花虽然有种“山重水复疑无路，柳暗花明又一村”的感觉，可是她从来没有设计过问卷，也不知道调查报告怎么写。她该如何着手呢？

自主探究

1. 你读过调查报告吗？是关于哪方面的调查？
2. 试着用自己的话给调查报告下个定义。
3. 写调查报告需要遵循哪些原则？
4. 你认为调查报告有哪些用途？
5. 调查报告有哪些特点？

材料示评

例一：

学生网络素质现状调查

近年来，网络急剧影响和改变着我们的生活。与“水能载舟，亦能覆舟”一样，利用好网络，我们的生活受益无穷，错用了它，则会让我们掉入无底的深渊。在众多的网民中，学生占很高的比例，这高素质的一群人，有多少人在利用网络、如何利用网络成为各界关心的问题。就这个问题，本人在班里进行了调查，现报告如下：

1. 七成学生用网络聊天

调查结果显示，100％的同学都接触过网络，这是因为这学期开设了网络课程。大部分同学懂得用QQ聊天，但10％的同学不懂得发电子邮件，20％的同学不懂得下载网络程序。

2. 因友而忙

在上网的学生中，90％以上的同学有一个QQ号码，60％的同学有两个或两个以上的QQ号码，40％的同学沉迷于聊天。在网络犯罪的案例中，由QQ引发的事件不少，如与网友见面被骗东西，被伤害甚至被杀害，等等。

3. 因坛而坠

论坛，也称BBS，在里面“灌水”也是不少学生网民喜爱的活动。班里85％的同学上过论坛，70％以上的学生在论坛上发过帖子，10％以上的学生在论坛上有过不文明行为。

4. 因戏而废

网络游戏是不少学生的宠物。调查表明，90％的同学玩过网络游戏，其中85％是男生，5％是女生。30％的学生沉迷于玩CS之类的网络游戏。班上的同学虽没有因为网络游戏而旷课的，但社会其他一些地方，很多学生因为玩网络游戏旷课太多导致多门功课不及格，面临退学的危险。

5. 因网影响健康

60％以上的同学有过通宵上网的情况，40％是经常在周末通宵上网，20％偶尔通宵上网。通宵上网有为了看电影的，这种情况占45％，有55％的同学是为玩游戏积分。通宵上网由于缺乏睡眠，会导致食欲下降，身体免疫力下降，情感冷漠，心理活动异常，感知、记忆、思维、语言等各种反应能力显著下降等问题。

以上调查表明，学生对网络认识有偏差，主要是因为学生上网多在课余时间，放下繁重的课程，上网时便希望能放松，而不是学习。在没有人正确引导的情况下，很容易上网成瘾。有人认为，上网是因为学校的课外活动过于单调，一些娱乐只能通过网络实现。此外，多所大学的网站上，远程学习教程一个月难得更新一次，因而谈不上让学生利用校园网进行学习。

其实，网络可以用得很精彩，不少世界顶尖的高手都是在校学生。利用网络可以帮助自己查找各种学习资料，提高学习效率和学习的深度、广度；可以找到各种实践、兼职、招聘的信息，为自己的前途找到好的信息渠道；可以认识更多志同道合的社会各界朋友；利用网络写稿不仅可以养活自己，结交优秀编辑记者，积累社会关系，开阔视野，也培养了综合能力。网络的好处无处不在。

互联网功过皆有，作为知识拥有量高、素质好的学生群体，更应该在网络中学会“取其精华，去其糟粕”，将网络中有用的部分变为自己的财富。学生运用网络可以很精彩。

例二：

中职电子商务专业学生学习需求的调查报告

■ 调查时间：2016 年××月—2016 年××月

■ 调查目的：通过对电子商务专业学生学习状况及需求的调查，分析学生对课程的需求及现状，提出自己的想法和意见供学院在进行课程改革时参考

■ 调查地点：××职业技术学院

■ 调查方法：问卷调查、教学工作参与、访谈

电子商务在全球的快速发展表明，电子商务是赢得市场竞争能力的新手段，是实现信息共享和多赢的最快捷、最方便、最实用、最有效的手段。而人才在电子商务的发展中起着决定性作用。各中等职业技术学院也借电子商务大力发展的东风，开办起中职院校的电子商务专业。加快培养大量掌握现代信息技术、现代商贸理论和信息技术与商贸活动相结合的复合型电子商务人才步伐，是促进我国电子商务发展的关键。本文就电子商务专业学生的特征、培养等方面的问题谈些粗浅的看法，通过一系列的调查分析，整理出电子商务专业学生学习需求情况分析报告。

本次调查主要采用问卷的形式，共发出 90 份问卷，收回 88 份，有效问卷 88 份；访谈了 25 位学生和任课教师。

通过对问卷的分析和对师生的访谈可以看出，中职生对电子商务专业的认识及学习需求主要体现在以下几个方面：

（一）学习动机。调查显示：65%的同学选择电子商务专业是认为该专业就业前景好，有发展前途；70%的同学是因为喜欢而选择本专业；67.5%的同学认为学习的动力来源于就业的压力；只有不到 5%的同学认为学习这个专业是为了更好地开发自己的潜能，发挥自己所长。

（二）课程选择。中职生由于自身的特点，在对课程的选择上往往喜欢动手操作，喜欢实训课，而对理论课、基础课普遍不感兴趣。调查显示，在“哪些课程你比较喜欢”这一问题中，绝大部分人选择了技术类课程，只有不到 10%的学生选择了营销类如“网络营销”“现代商务”“市场营销”“消费心理学”。另外，对于管理策划类课程只有 21%的同学希望开设，而对于文化礼仪类课程几乎没有人选择。

（三）必备技能。在“你认为以下哪些是电子商务专业学生最需要的技能”这一

问题的调查中，95%的同学选择“网站设计及管理”，83%的同学选择电子商务的相关技术。而对电子商务物流、数据分析等技能则不是很重视。

（四）对教学或学校的建议。在这部分调查中，85%的同学认为学校应该多开设实训课程少开设理论课，还有45%的同学建议学校取消早操制度，认为早起瞌睡影响学习。

从以上的分析中可以看出，中职生对技术的渴求固然是好事，但这种重技能、轻理论的想法也是有待商榷的。

首先，中职生的职业目标决定了学习的内容。目前，企业需要的电子商务人才大体可分为三个层次：第一层是技术服务支持层；第二层是一般管理人员层，又称为实务操作人员；第三层是高级管理人员层。其中第一层次的人员主要着眼于电子商务的技术方面，重点掌握商务平台设计（平台规划、网络编程、安全设计）、商务网站设计（网页设计、数据库、程序设计、站点管理和技术维护）、美工设计（颜色、文字、图像、视频）等技术。第二层次的人员是最庞大的群体，他们不需要深入了解电子商务所涉及的技术细节，只需知道如何在网络方式下开展工作即可，即如何使用网络提供的快捷方便的功能，重点掌握电子商务基础、网络营销、频道规划、信息管理、频道推广、客户服务、在线支付、电子商务支持系统推广等知识。第三层次主要是针对企业和政府部门的高级管理人员，重点掌握电子商务战略制定、实施管理、业务流程管理、组织结构调整、安全控制等知识。对于刚毕业的中职生而言，他们将来更多地会成为一般工作人员，知道如何在网络方式下开展工作，而这要求的不仅仅是学生的技术，更多层面的素养也是很重要的。学生若想有更大的发展空间，理论知识就更加不可或缺了。

其次，企业对人才的需求。从企业给中职生提供的岗位来看，客服岗位占21%，其次是文员、美工、网站编辑等岗位。由此可见，对学生综合素质的提升有助于学生将来的就业。

最后，学生需要加强自身修炼。从上述调查中可知，学生对此专业满怀憧憬，但真正了解的只有小部分学生，很多学生仅仅因为外在压力或觉得轻松好玩而选择了这个专业。学生要正确对自己进行定位，并加强技术与素养的训练。

针对上述现状与问题，学校在课程开设上一方面要考虑学生需求，另一方面要进行广泛的市场调查。若把学生比作产品，能否适应市场需求也是一大问题。

学校可以加大实训课力度，有针对性地对学生进行训练；注重校企合作，让学生进行实地演练，这比单纯的机房实训更有针对性，更能学到东西。

对于理论课在难度系数上进行适当调整，中职生的基础相对来说不好，既然理论课很重要，就让他们在尽可能听得懂的环境中学习，而不是一味地照本宣科。另外，提升学生人文素质的课也要跟上，毕竟职场是人才综合素质的比拼场所。

附件：中职电子商务专业学生学习需求调查表

为了了解学生的学习动机及对学习环境的要求，进而促进学校的教学改革，现开展电子商务专业学生学习需求的调查。请同学们花几分钟时间完成以下问卷，你的回答将作为本专业课程改革的依据，请同学们认真对待。你若认为署名对你有帮助就署名，若不方便就不署名。

班级________ 姓名________ 学号 ________

以下题目均可单选或多选，请按照实际情况填写。

1. 你的性别是（　　）。

A. 男　　B. 女

2. 当初是什么原因促使你选择电子商务专业的？（　　）

A. 随便选的　　B. 听朋友介绍的

C. 自己感觉就业前景应当不错　　D. 其他

3. 学到现在，你对电子商务专业的学习及就业情况是否了解？（　　）

A. 很清楚　　B. 大概知道　　C. 完全不知道

4. 学到现在，你对电子商务专业的态度是否有所改变？（　　）

A. 仍然喜欢　　B. 喜欢变为不喜欢

C. 不喜欢变为喜欢　　D. 仍然不喜欢

5. 你喜欢该专业的原因是什么？（　　）

A. 就业前景好，对该专业有信心　　B. 内容有趣，学起来简单

C. 考试取得了好分数　　D. 喜欢任课的老师

E. 其他

5. 你感觉你的学习动力是什么？（　　）

A. 根本就没有什么动力　　B. 同学间的竞争压力

C. 就业的压力　　D. 为回报父母亲人的恩情

E. 展示自己的潜能

6. 以下哪些课程你比较喜欢？（　　）

A. 营销类（“网络营销”“现代商务”“市场营销”“消费心理学”等）

B. 技术类（“商务平台建设”“网页设计”等）

C. 管理策划类（“电子商务规划与管理”“电子商务案例分析”“国际贸易”等）

D. 文化类、语数英、礼仪学、心理学等

E. 无所谓，都差不多

7. 你认为以下哪些是电子商务专业学生最需要的技能？（　　）

A. 电子商务相关技术　　B. 网络营销

C. 电子交易与支付操作　　D. 信息采集、编辑

E. 数据分析　　F. 电子商务物流

G. 网站设计及管理

8. 下列课程中，你最喜欢的3门课程是（　　），最不喜欢的3门课程是（　　）。

A. 电子商务基础/导论/原理 B. 现代商务
C. 国际贸易 D. 电子商务法律
E. 网页设计 F. 计算机基础
G. 电子商务物流 H. 电子商务案例分析
I. 电子商务项目策划与网络营销 J. 消费心理学
K. 口才与礼仪

9. 你最喜欢以哪种学习方法来学习该专业?( )
A. 听讲、做练习题并考取相关证书 B. 动手做实验
C. 多看形象化的资料 D. 独立思考
E. 相互讨论

10. 你希望学校为你提供哪些学习环境?( )
A. 多开展考证培训并组织学生参加各种考证以考取尽可能多的证书
B. 多组织实习以提高实际动手能力
C. 多开展各种实验活动进行实操
D. 加强理论学习,增强理论知识
E. 其他

11. 进入该专业以来,给你印象最深的地方是什么?努力回忆你最喜欢的一节课、老师的一个教学片断、一句话、一个实验或一个教学资料,等等。

____

____

12. 为了有更好的学习环境,你对老师或班级、学校有哪些建议?

____

____

例三:

中职生阅读与写作素养情况的调查报告

为了了解中职生的阅读与写作素养情况,证实提高中职生阅读和写作能力的必要性,我们对我校的200名高一、高二学生进行了问卷调查,收回有效问卷180份。

问卷分为四个部分:

一、读书历史与兴趣回顾调查;

二、读书时间与方式回顾调查;

三、对语文的认识与态度调查;

四、写作情况调查。

“读书历史与兴趣回顾调查”包括:你最喜欢哪一类书籍(政治、法律、经济、文学、科普、娱乐、时尚、体育或其他)?你印象最深的诗歌是哪一首?你读的书中,什么(主人公的品格、主人公的思想、某句名言、某个人奋斗的故事、某个人

成功的事迹等）对你的影响最深？调查表明，有40%的同学喜欢文学类书籍，65%的同学喜欢娱乐、时尚方面的书籍，5%的同学喜欢体育类书籍，至于其他类型的书籍学生的兴趣不大。在印象最深的诗歌这一栏中，有45%的同学提到了小学时学到的一些诗篇，有39%的同学提到了在中职语文课本中学到的诗篇，只有16%的同学提到了自己在课外阅读到的诗歌。有30%的同学认为主人公的品格对自己的影响最深，有45%的同学认为某个人的奋斗故事对自己的影响最大，还有25%的同学认为某个人的成功事迹对自己的影响最深。

“读书时间与方式回顾调查”主要涉及读书时间和读书方式的具体形式。从调查中可以看出，绝大多数学生读书是为了消磨时间，有80%的同学选择上课时间阅读、上网阅读，只有20%的同学把读书与充实自己联系起来，选择周末单独看书充实自己。

在“对语文的认识与态度调查”中，有50%的同学认为学习语文的目的是高考升学的需要，有20%的同学认为学习语文是就业的需要，只有14%的同学是着眼于未来的发展。对“沅有芷兮澧有兰”的作者的调查，只有8%的同学知道，绝大多数的同学（85%）是不知道的，还有7%的同学只知道大概。

通过“写作情况调查”我们发现，投过稿的同学只有30%，有75%的同学经常写错别字，有8%的同学愿意努力写出一篇十分满意的文章参加征文比赛，只有18%的同学平时喜欢写日记。

由此，我们得出结论，进行中职生阅读与写作素养提高的研究是必要的。

互动点评

例一是一个较有针对性的选题，文章通过翔实的数据说明了网络对学生的负面影响，但还存在以下不足：

1. 标题与内容不贴切。例如：标题中“网络素质”没有界定，欠准确，从文章内容来看，改成“学生使用网络的利弊调查”更恰当。

2. 原因分析过于简单。

3. 材料使用不当。不属于调查范围的、道听途说的内容不应该引入。

4. 文字表达不准确。

例二是一份调查报告的范本，涵盖调查报告的各个要素，行文规范。

例三中结论的分析过于空泛，没有给出具体的措施，不具备指导性。

知识聚焦

一、概念

调查报告是根据特定的意图，对某事物、某现象或某专题进行有目的的系统调查，获取大量的第一手资料，并加以科学合理的分析研究而写成的书面报告。调查报告不仅能反映情况、总结经验、揭示问题，使人提高认识，还能为领导机关制定政策、措施提供依据。

二、种类

关于调查报告的种类有多种分法，从调查的内容、目的、要求上分，基本上可以归纳为两大类型：一类是综合性调查报告，即围绕一个问题，进行多方面的普遍调查，并经过分析综合，提出自己的观点和意见；一类是专题性调查报告，包括重点调查、典型调查、抽样调查等，都是从某一个侧面进行调查，而不涉及全面情况。

三、特点

（一）真实性

客观事实是调查报告赖以生存的基础，真实性是调查报告的生命线。调查报告是在占有大量现实和历史资料的基础上，实事求是地反映某一客观事物，只有材料全部真实，才能从中推出正确的结论，找到问题的症结所在。

（二）针对性

调查报告的写作目的是为方针、政策的制定提供依据，是为解决迫切需要解决的问题而写的，因此具有很强的针对性，并且针对性越强，其解决问题的时效性就越强。

（三）典型性

写调查报告，调查的对象必须典型，所运用的材料必须具有典型意义，所得出的结论和规律必须具有普遍意义，而不是个别现象和特殊案例，更不能以偏概全。只有这样，调查报告才具有说服力，才具有现实意义和对工作的普遍性指导意义。

（四）注重揭示事物的本质规律

调查报告要在叙述事实的基础上，对事实材料进行分析研究，从而揭示事物的本质，阐明规律，得出最后的结论，便于进一步指导、推动工作。

四、结构

调查报告一般由标题、正文、落款三部分组成。

（一）标题

调查报告的标题有单行式标题、双行式标题两类。

1. 单行式标题

可分为两种形式：一种是直接式标题，由调查事由与文种名称构成，如“关于我校毕业生就业问题的调查报告”；另一种是间接式标题，标题中不点名文种，只揭示全文主旨，如“××省迅速发展的职业教育”。

2. 双行式标题

正标题点名主题或结论，副标题说明调查对象和文种，如“关注学生的健康消费——当代学生消费状况调查报告”。

（二）正文

调查报告的正文一般由前言、主体、结尾三部分组成。

1. 前言

前言首先要概述调查的情况，包括起因和目的、时间和地点、对象或范围、经过与方法，以及人员的组成等，从中引出中心问题或基本结论。前言要写得精练概括，直切主题。

2. 主体

主体是调查报告的核心部分，详述调查研究的基本情况、做法、经验，分析调查研究所得材料，从中得出各种具体认识、观点和基本结论。在结构层次安排方面，调查报告通常采用以下三种结构方式之一：

（1）纵式结构。也称层递式结构，即各部分内容之间存在逐层深入的关系，可按照事物发展变化的时间顺序组织材料，也可按照逻辑顺序组织衔接各部分，如先写做法再写经验、先写结果再写原因、先摆问题再提对策等。

（2）横式结构。也称并列式结构，即从几个方面或不同的角度阐述事物，各部分之间是并列关系，不存在时间或逻辑上的顺序。

（3）复合式结构。总体上将材料以纵式结构排列，各部分内又以横式结构组织层次；或总体上将材料分为并列的几个部分，在每一部分内按照时间顺序或逻辑顺序组织层次。适用于内容多、容量大、篇幅长的调查报告。

在写作格式上，必要时可采取小标题、序号目标、段首提要等形式。

3. 结尾

调查报告的结尾一般有以下几种方式：

（1）概括全文内容，深化中心观点，加深读者印象。

（2）指出事物意义，展望发展前景。

（3）发出号召或指出今后努力的方向，以表态式的句子结束全文。

（三）落款

落款的方式有两种：

（1）写在正文结尾的右下方，注明单位名称和作者姓名。

（2）写在标题下一行居中处。在报刊上发表的调查报告通常使用这一种落款方式。

五、注意事项

（一）忌生搬硬套

写调查报告时，不能事先下定结论，戴着有色眼镜搞调查，让所有的调查围绕结论而进行，这样的调查报告是不具备指导意义的。

（二）忌主观臆造

写调查报告，切忌未调查便先入为主，套用固定模式，填充例子为之佐证。

（三）忌名不符实

调查报告应当是一种用事实来证明观点的文章，属于议论文的范畴，要具备议论文的三要素，不能离开事实空发议论。

（四）忌空话套话

调查报告中不能总说一些放之四海而皆准的话，如谈到形势就是“形势大好，前途光明”，说到问题就是“工作做得不到位，需要改进”。这样没有针对性的调查报告不过是一纸空文。

知识延伸

调研报告

调研报告不同于调查报告，调查报告是因为发生了某件事（如案件、事故、灾情）才去作调查，然后写出报告。调研报告的写作者必须自觉以研究为目的，根据社会或工作的需要，制定切实可行的调研计划，即将被动的适应变为有计划的、积极主动的写作实践，从明确的追求出发，经常深入社会第一线，不断了解新情况、新问题，有意识地探索和研究，写出有价值的调研报告。

调研报告的核心是实事求是地反映和分析客观事实。调研报告主要包括两个部分：一是调查，二是研究。调查，应该深入实际，准确地反映客观事实，不凭主观想象，按事物的本来面目了解事物，详细地钻研材料。研究，即在掌握客观事实的基础上，认真分析，透彻地揭示事物的本质。至于对策，调研报告中可以提出一些看法，但不是主要的。因为对策的制定是一个深入的、复杂的、综合的研究过程，调研报告提出的对策是否被采纳、能否上升到决策层面，应该经过政策预评估。

调研报告是整个调查工作，包括计划、实施、收集、整理等一系列过程的总结，是调查研究人员劳动与智慧的结晶，也是客户需要的最重要的书面结果之一。它是一种沟通、交流形式，其目的是将调查结果、战略性的建议以及其他结果传递给管理人员或其他担任专门职务的人员。因此，认真撰写调研报告，准确分析调研结果，明确给出调研结论，是调研报告撰写者的责任。

实战演练

根据所学知识，帮小花写一份“××职业学院学生暑期社会实践状况调查报告”。可以对参加过实践的学生进行问卷调查，或联系学生本人询问情况，获得第一手资料后就可以着手写了。

任务一：设计一份中职生暑期社会实践活动的调查问卷。

任务二：根据调查的情况撰写一份调查报告。

展示评价

1. 每个小组评选出写得最好的作品，作为本组的学习成果展示。

2. 每个小组推选一名同学上台进行“小组学习成果展示”，其他小组成员作为评委进行评议打分；教师对每个小组的成果进行点评。

工作任务	根据小花的实际情况设计一份暑期学生社会实践情况调查问卷				
团队名称		成员		指导教师	
项　　目	考核要求	分值	自我评价（10%）	小组评价（20%）	教师评价（70%）
准备阶段	团队合作、积极参与、认真查找资料	20			
实施阶段	文体结构齐全、要素完备、字迹工整	40			
展示阶段	礼仪到位、普通话标准、表述清晰	40			
合　　计	综合评定	100			
开始时间		结束时间		总成绩	

活动拓展

1. 市场调查报告的写作　　2. 冰毒圈男女关系调查

第三章　个人提升

第一节　申请书

情境导入

又是一个阳光明媚的周末，小花照例一大早起床，准备吃了早饭就去图书馆借书。路过餐厅外的宣传栏，她习惯性地浏览了一下最近校园有什么新动态。这时，一则“招新海报”吸引了小花的目光。这是一则以学院团委的名义张贴的海报，标题是“院团委轮滑协会招新”。只见海报上写着：“同学们，新的学期已经开始一个多月了，你是否已经习惯了这里的生活并深深爱上了我们的校园呢？相信院团委轮滑协会将为你的生活增添新的色彩！诚挚邀请各位有朝气、有活力、热爱轮滑运动的同学加入！”

小花早就对学校的各种学生社团有所耳闻。她本身也比较喜欢轮滑运动，早在6岁时就参加了少儿轮滑培训班，还得过市轮滑比赛少儿组的一等奖。只是上了中学，学业繁忙以后就很少练习了。没想到职业院校还有这样的学生社团，一定不能错过这个好机会！

小花仔细看了一下招新部分对新成员的要求，觉得自己还是比较符合要求的。报名具体事项一栏里写道：有意加入我们团队的同学请于下周一将个人申请书交到院团委1112办公室。这下，小花去图书馆的心思被抛到了九霄云外，满脑子都是申请加入轮滑协会的事。她打算趁周末好好准备准备，炮制一份独一无二的申请书，用它来敲开自己校园生活新的大门！

自主探究

1. 作为日用文书中较为常用的一种，从小学到现在，你都接触过哪些申请书？

2. 如果让你写一份入团申请书，你认为应该从哪些方面入手？

3. 如何能够让读者一目了然地看出你的申请目的？

4. “申请书必须表现出坚定的决心、不达目的誓不罢休的态度。”你认为这句话对吗？为什么？

5. 假设你是院团委轮滑协会的会长，你认为什么样的申请书可以打动你？

材料示评

例一：

入党申请书

敬爱的党组织：

我叫张××，是××学院××系××班学生。经过十几年的政治思想学习，在老师的引导下，我的思想觉悟进一步提高。今天，我郑重地向组织提出申请加入中国共产党。我志愿加入中国共产党，愿意为共产主义事业奋斗终生。

一、对党的认识

中国共产党是中国工人阶级的先锋队，同时是中国人民和中华民族的先锋队，是中国特色社会主义事业的领导核心。自1921年建党至今，我们党已经走过了近百年的光辉道路。我们党经历了从小到大、从弱到强、从幼稚到成熟的过程，不断发展壮大。党的辉煌历史，是中国共产党为民族解放和人民幸福，前赴后继，英勇奋斗的历史；是马克思主义普遍原理同中国革命和建设的具体实践相结合的历史；是坚持真理，修正错误，战胜一切困难，不断发展壮大的历史。中国共产党无愧是伟大、光荣、正确的党，是中国革命和建设事业的坚强领导核心。

二、入党动机

中国共产党员是全国各民族利益的忠实代表。全体共产党员都必须树立坚定的共产主义信念，并时刻准备为党和人民的利益牺牲一切。在长期的学习中，通过对自己信念和毅力的锻炼，我个人也渐渐坚定了加入中国共产党的决心，立志要献身于共产主义事业，更好地为人民服务。

作为一名学生，我对党的认识是逐步加深的。少年时代，在父母的言传身教下，幼小的心灵萌发了对中国共产党的敬慕和向往；中学时代，是我人生观初步形成时期，开始接受马列主义、毛泽东思想。在生活中，我接触到许多优秀的党员老师，他们时刻以党员的标准严格要求自己，勤勤恳恳工作，踏踏实实做人，勇于开拓，积极进取。我从他们的身上看到了党的优良传统和作风，这进一步激发了我加入党组织的决心和信心。

三、我的表现

我的家庭是一个党员之家，父母和哥哥都是共产党员。在这样的家庭氛围中，我从小就努力培养自己的政治觉悟。进入××学院××系以来的三年，我认真学习科学文化知识，对每一门课都严肃对待，努力钻研，不断充实自己的头脑，同时也取得了比较满意的学习成绩，数次获得奖学金。我还是系学生会的一员，平时协助老师负责系里的考勤工作和卫生检查工作。通过这样的锻炼，我提高了自己待人接物的能力和语言表达能力。上学期，我还加入了学院的摄影协会，培养自己的业余爱好，也认识了很多朋友。

作为共青团员，我明白只有将自己的爱国热情化作行动，将自己的理想和祖国的前途命运结合起来，将自己的聪明才智完全地贡献给祖国，紧跟共产党并使自己成为其中的一员，才能够真正实现自己的抱负。

四、努力方向

虽然我的自身条件距离一个共产党员的标准还有差距，但我坚信，在党组织的帮助下，我一定会不断改正缺点，发扬优点。我将认真学习党的理论、方针、政策，进一步树立全心全意为人民服务的思想，更加积极参与和搞好班级工作和各项活动，刻苦学习，将来为国家建设和社会主义事业作出更大贡献，为共产主义事业奋斗终生。

如果党组织批准我加入，我一定会拥护党的纲领和章程，为组织积极工作，执行党的决议和按期交纳党费，为实现共产主义奋斗终生；如果这次我没有能如愿加入党组织，我也决不灰心丧气，将更加努力，对自己严格要求，自觉地接受党员和群众的帮助与监督，争取早日在思想上，进而在组织上入党。请党组织考验我！

附：《个人自传》

此致

敬礼！

申请人：张××

××年××月××日

例二：

贫困补助申请书

尊敬的系领导：

您好！

我叫王小宁，是我系××级××专业××班的学生，现申请学院贫困助学金。

我来自×省×市×县的偏僻的农村。我们县是国家级贫困县，耕地面积较少，畜牧业也不发达，是典型的靠天吃饭的地方。我家有六口人。父母没有文化，以务农为生，家庭生活贫困。大姐初中没有毕业就辍学去打工补贴家用，加上一家人极力节省，有时候一天才吃一顿饭，生活才能勉强维持。但是那些钱根本不足以支撑我们三个孩子高昂的学费，每当开学之际，我们只好靠借钱度日。我们全家的年收入也只有 2 万元左右，除去还债、日常开支，已经所剩无几。

尽管家庭贫困，经济捉襟见肘，我并没有因此而放弃学习。在校期间我曾获得一次一等奖学金和一次二等奖学金。在学习上，我努力刻苦，通过了国家计算机等级考试和全国计算机技术与软件专业技术资格（水平）考试。在生活上，我利用寒暑假到天津、广州等地做过假期工，周末也在学院附近的餐馆里打工，这不仅给我带来了经济来源，还锻炼了我的独立能力、待人接物能力和动手能力。对于以后的生活我很有信心，一定会积极参加社会实践活动，保持共青团员的先进性思想，为加入共产党做好准备。

鉴于上述情况，本人特申请学院贫困助学金，希望系领导考虑我的实际困难，帮助我解决后顾之忧。我一定会努力拼搏，努力去实现梦想！

申请人：王小宁

××年××月××日

例三：

复学申请

尊敬的校领导：

您好。

我是××级××专业×班的学生王小丽。休学期为一年，现期限将满，请求复学。

我在去年的一次体育课上，不慎摔了一跤，造成了左腿骨折。经过一年的治疗和调养，现已基本痊愈。因此，我希望领导考虑能否让我重新跟原班学习。

此致

敬礼！

申请人：王小丽

××年××月××日

互动点评

学生对比这几则材料，采用团队合作的方式讨论并形成最终意见，推举代表作答。教师及时点评，提供参考答案。参考：

1. 例一这份申请书采用的是分条列项式的叙述，很好地贯彻了申请书写作的基本方法，结构完整、格式标准、条目清晰，很好地围绕中心来展开，既庄重严肃又贴近生活。

2. 例二这份申请书开篇第一段先自报家门，并亮明申请内容，这在实际应用中会给阅读者带来很大的便利，也利于自己的申请脱颖而出；第二段简述家庭情况；第三段陈述在校表现。贫困不是得到助学金的唯一条件，本段正是在说明这一点，但如果有了经济支持，自己会作出更大成绩；第四段表明态度。

3. 例三这份申请书的格式是正确的，但内容上存在的问题很多。第一，没有在开篇明确提出请求复学的具体时间，语言也不够规范，应改为："我于2016年6月1日正式提出休学，休学期为一年，现期限将满。为了不耽误下学期的课程学习，现特提出申请，请求复学。"第二，请求"重新跟原班学习"的理由不够充分，不足以说服人，可以增加内容，如："在家休养的一年中，我从未放松过学习。每天给自己制定具体的学习计划，不仅正常学习专业课，还读了很多提升个人修养的书籍。因此，我希望领导考虑能否让我重新跟原班学习。"第三，末尾没有表明自己的意愿和态度，应加入"恳请校领导考虑我的请求"。

知识聚焦

一、概念

申请书是个人或集体向企事业单位、上级机关、团体或其他社会组织提出某种请求或表达某种愿望时使用的文书。

申请书是一种专用书信。与一般书信不同的是：在对象上，它只能是下级对上级、个人对组织；在内容上，必须局限于所请求的事情，且一文一事；在表达方式上，通常采用叙述性语言，不需要抒情、议论等。

二、种类

申请书的适用范围非常广泛，个人、集体都可以用。大致有三个方面：

（1）社会组织方面：如入党申请书、入团申请书。

（2）工作学习方面：如休学申请书、业务进修申请书、工作调动申请书、专利申请书、商标注册申请书。

（3）日常生活方面：如困难补助申请书、低保申请书、廉租房申请书、出国探亲申请书。

三、特点

（一）上呈性

从行文关系上看，申请书的受理方只能是上级、单位或集体，上级对下级、平行机关或不相隶属机关之间不能用申请书的形式。

（二）单一性

写作申请书的目的是提出某种请求或表达某种愿望，要求一事一申请，目的明确而单一。

（三）自愿性

申请书的写作体现出很强的自愿性、主动性。一般不会有人定期催交，也不一定申请了一次就成功，需要个人坚持不懈向上级或组织递交。体现在内容上，必须在末尾表现个人的申请决心和态度。

四、结构

（一）标题

申请书的首行居中位置要写上标题。一般可以简单写“申请书”三个字；也可以加上内容，如“转正申请书”“贷款申请书”。注意，不要写成“申请”。

（二）称谓

在标题下空一行顶格处写申请书的接受机关或有关负责人的姓名。这里应该使用尊称，后加冒号。如：“敬爱的党/团组织”“尊敬的某先生”。

（三）正文

正文部分另起一行空两格，由申请事项、申请理由、申请态度三个部分构成。

1. 申请事项

即“请求什么”。应在开篇第一段明确提出，直截了当，有利于提高收文者的工作效率。

2. 申请理由

即“为什么请求”。这部分是决定申请能否成功的关键，必须详细阐述。其中包括：申请的原因、申请的意义、个人对此事的认识或态度。如：工作调动的申请书中，此部分应该详细写自己何时来本单位工作，从事何种工作，因什么动机申请调动工作等；入党申请书中，应先写个人对党的认识，本人的入党动机以及本人具备何种条件；开业申请书中，应写清经营业务的水平、资金状况、铺位空间等开业条件，为成功申请铺陈理由。

3. 申请态度

在申请书正文的结尾一定要重申自己的请求，进而表明决心和态度。但是，虽然是表明决心，也必须谦虚、低调。万万不能采用生硬的态度，不能流露出不达目的誓不罢休的态度，尤其是入团、入党等积极加入某个团体的申请书。习惯性的写法是：“如果此次我能成功加入……我一定会……如果此次没能如愿加入……我仍会继续努力，严格要求自己，绝不气馁。”

总而言之，申请书正文部分的写作思路是：我是谁→向谁申请→申请什么→申请理由→我的条件或要求→我的态度。

（四）祝颂语

一般写“此致敬礼”“请领导批准”“敬祈核准”等。

（五）落款

即署名和申请日期。

五、注意事项

（一）申请事项必要、可行

申请书的事项一定要具有必要性和可行性，合法、合情、合理，否则即使写得再生动，也没有实现的可能。如：某班学生通过班会讨论，集体提出申请要把每周的课程集中在四天内上完，后三天放假。此申请违背教学规范和学习规律，毫无可行性。

（二）申请理由充分、真实

申请书的理由部分是申请成败与否的关键，要将此部分写得清楚、具体，涉及的数据要准确无误，不能为了达到目的而虚夸和杜撰。

（三）申请语言准确、简洁

申请书是应用文的一种，主要采用平铺直叙的方式，语言要简明、朴实；感情诚恳即可，不可刻意煽情。

知识延伸

说服的技巧

申请书写作的重点部分在于对申请理由的陈述。那么，如何能够打动别人、说服别人采纳你的意见呢？这就需要我们掌握一些说服的技巧。

在人际交往过程中，良好的表达能力能够使人际关系变得融洽。而在表达的过程中，也就不可避免地会遇到双方观点不同的情景，如果处理不好，会给人际关系造成直接或间接的伤害，因此说服技巧和处世应变能力就成了维系人际关系的重要因素。我们总结了在日常生活中可能会运用到的说服技巧，它们将会帮助你消除尴尬，避免人际交往过程中因观点不一致而造成的麻烦。

■ **站在对方的立场**

在彼此观点存在分歧的时候，你也许曾试图通过说服来解决问题，结果却遇到了前所未有的困难。其实，导致说服不能生效的原因并不是我们没把道理讲清楚，而是由于劝说者与被劝说者固执地踞守在各自的立场上，不替对方着想。如果换个位置，被劝说者也许就不会“拒绝”劝说者，劝说和沟通就会容易多了。

■ **通过赞扬调动热情**

其实，每个人的内心都有自己渴望的“评价”，希望别人能够了解自己并给予赞美，所以适时地给予同伴鼓励与赞扬往往会使双方的关系更加趋于亲密。在职场中，上级对下属的赞扬显得尤为重要，当下属由于非能力因素借口公务繁忙拒绝接受某项工作任务之时，作为领导的你为了调动他的积极性和热情去从事该项工作，可以这样说：“我知道你很忙，抽不开身，但这件事情只有你去解决才行，我对其他人做没有把握，思前想后，觉得你才是最佳人选。”这样一来，就使对方无法拒绝，巧妙地使对方的“不”变成“是”。说服的技巧主要在于对对方某些固有的优点给予适度的赞扬，以使对方得到心理上的满足，减轻挫败时的心理困扰，使其在较为愉快的情绪中接受你的劝说。

■ **以真心打动别人**

在说服的时候，很大程度上可以说是对对方情感的征服。只有善于运用情感技巧，动之以情，以情感人，才能打动人心。感情是沟通的桥梁，要想说服别人，就必须跨越这样一座桥，才能攻破对方的心理壁垒。因此，劝说别人时，你应该做到推心置腹，动之以情，讲明利害关系，使对方觉得你们是在公正地交换各自的看法，而不是抱有任何个人的目的，更没有丝毫不良的企图。你要让对方感觉到你是在真心实意地帮助他，为他的切身利益着想。

■ 忍一时风平浪静

当别人与自己的意见或看法相左时，千万不要不顾一切地据理力争，因为这样做往往会同时激起对方的逆反情绪，使争论逐渐偏离谈话的初衷，而转向对个人的攻击。因此，在出现类似的情况时，高明的方法应该是克己忍让，以柔克刚，用事实来“表白”自己。一旦你采用了这样的做法，必然也会平息对方可能出现的暴躁情绪，在无形中达到规劝与说服的目的。这种忍让的气度和“四两拨千斤”的说服技巧常常能赢得别人的好感与尊敬。

■ 共同意识的作用

朋友之间或多或少都会存在某些“共同意识”，因此，在谈话过程中出现矛盾的时候，你应该敏锐地把握这种共同意识，以便求同存异，缩短与对方的心理差距，进而达到说服的目的。其实说服本身就是要设法缩短和别人之间的心理距离，而共同意识的提出往往会增加双方的亲密感，最终达到接近对方内心的目的。

■ 说服时的语言艺术

在说服别人的时候，如果你总是板着脸、皱着眉，很容易引起对方的反感与抵触情绪，从而使说服陷入僵局。因此，在注意到这一点时，你可以适当点缀些俏皮话、笑话、歇后语，在说服的过程中，使对话的气氛变得轻松愉快，这样往往会取得良好的效果。

■ 自责的作用

在工作中也许会出现这样的情况：你要将某一项艰巨的工作或任务交付同事或下属时，明知可能不为对方接受，甚至还会引起他的不满，但此事又太重要，实在非他莫属，要说服他十分困难。在面对这样的情形时，怎么办？你不妨在进入主题之前先说一句：“现在我要向你交代一项工作，虽然明知你会感到不愉快。”这样的表达使对方听了以后，便不好意思拒绝或不满了，这就是自责的作用。在平时的生活中，这也是说服的最佳技巧，没有人会对一个已经做过自我检讨的人再横加指责，而你的这种“自责”也是谦虚的一种表现。

■ 顾全别人的面子

每个人都会因为面子而与别人发生过或多或少的冲突，这是因为每个人都很在乎它。因此，在说服别人的时候，你也要尽量考虑到保全对方的颜面，只有这样，说服才有可能获得成功。就像在职场中，你想要改变同事已公开宣布的立场，首先要做的就是尽量顾全他的面子，使对方不至于背上出尔反尔的包袱。假定你与同事在一开始没有掌握全部事实的情况下产生了分歧，为了说服他，你可以这样说：“当然，我完全理解你为什么会这样设想，因为你那时不知道这回事。”或者说：“最初，我也是这样想的，但后来当我了解到全部情况后，我就知道自己错了。”这样的表达可以把对方从自我矛盾中解放出来，使他体面地收回先前的立场，你们之间的关系却不会受到任何的负面影响。

上述的种种说服技巧每天都会在不同的时间、不同的地点上演，有些人因为掌握了其中的精髓而使自己的人脉网络得到了应有的保护和拓展，而另一些人则因为某个细节处理不当而失去了潜在的人脉资源。你最终会成为哪一种人呢？

实战演练

请根据小花同学的情况，帮助她写一份申请书，内容为希望加入院团委轮滑协会。要求内容完整、格式正确、申请理由清晰，不少于500字。

展示评价

1. 每个小组评选出写得最好的作品，作为本组的学习成果展示。

2. 每个小组推选一名同学上台进行“小组学习成果展示”，其他小组成员作为评委进行评议打分；教师对每个小组的成果进行点评。

工作任务	写一份加入院团委轮滑协会的申请书				
团队名称		成员		指导教师	
项　　目	考核要求	分值	自我评价（10%）	小组评价（20%）	教师评价（70%）
准备阶段	团队合作、积极参与、认真查找资料	10			
实施阶段	格式正确	10			
	申请事项明确可行	20			
	申请理由充分真实	20			
	申请语言准确简洁	20			
展示阶段	普通话标准、表述清晰、有必要的礼仪	20			
合　　计		100			
开始时间		结束时间		总成绩	

活动拓展

1. 假如你是一个想创业的年轻人，如何靠技巧说服对方投资你的项目，从而申请到资金支持呢？

2. 视频：给你一个亿（扫二维码）。

第二节　演讲稿

情境导入

话说小花同学当上院团委的宣传干事也有些日子了，渐渐地觉得工作得心应手起来。平时，除了学习之外，小花经常帮助院团委老师布置校园里的宣传版面、绘制展板、更新电子屏信息……干事们各个系的同学都有，大家是搭档也是朋友。这样的生活正是小花想要的：充实而忙碌，劳累却不劳心，有烦恼却没有焦虑。用她的话来说："枯燥的学习和多彩的校园活动真是绝配！"正好，最近院团委要举办一个主题为"弘扬工匠精神，争做时代楷模"的演讲比赛，参赛范围是全校学生，表现出众的同学还有机会被选送参加市一级的比赛。班主任特意提前向小花透露了消息，让她早做准备。小花自己也很清楚，这可是个展示自己能力和才华的好机会呢！

可是，演讲容易，谁来写稿呢？写一篇独一无二并且声情并茂的演讲稿可不是件容易事，而能做到真正高水平、感染听众的演讲更不容易。好在前几次应用文写作的经验告诉她：有困难，找"百度"。带着头脑中的疑问，小花在浏览器里输入了"名人演讲"几个字……

自主探究

1．"演讲就是拿着演讲稿照着读，没有什么难度。"你觉得这个观点正确吗？为什么？

2．你认为演讲稿的开头（开场白）可以用哪些方式来吸引听众？

3．"演讲稿通篇都应该是情绪慷慨激昂的，这样才能够打动听众。"你认为是这样吗？为什么？

4．就语言表达方面，演讲稿跟一般的作文有什么不同？

5．在演讲稿的材料选择、材料组织过程中应该注意些什么？

材料示评

例一：

人格是最高的学位（节选）

白岩松

很多很多年前，有一位学大提琴的年轻人去向本世纪最伟大的大提琴家卡萨尔斯讨教：我怎样才能成为一名优秀的大提琴家？

卡萨尔斯面对雄心勃勃的年轻人，意味深长地回答：先成为优秀而大写的人，然后成为一名优秀和大写的音乐人，再然后就会成为一名优秀的大提琴家。

听到这个故事的时候，我还年少，老人回答时所透露出的含义我还理解不多，然而随着采访中接触的人越来越多，这个回答就在我脑海中越印越深。

在采访北大教授季羡林的时候，我听到一个关于他的真实故事。有一个秋天，北大新学期开始了，一个外地来的学子背着大包小包走进了校园，实在太累了，就把包放在路边。这时正好一位老人走来，年轻学子就拜托老人替自己看一下包，而自己则轻装去办入学手续。老人爽快地答应了。近一个小时过去了，学子归来，老人还在尽职尽责地看守。谢过老人，两人分别！

几日后是北大的开学典礼，这位年轻的学子惊讶地发现，主席台上就座的北大副校长季羡林正是那天替自己看行李的老人。

…………

前几天我在北大听到一个新故事，清新而感人。一批刚刚走进校园的年轻人，相约去看季羡林先生，走到门口，却开始犹豫，他们怕冒失地打扰了先生。最后决定，每人用竹子在季老家门口的土地上留下问候的话语。然后才满意地离去。

这该是怎样美丽的一幅画面！在季老家不远，是北大的博雅塔在未名湖中留下的投影，而在季老家门口的问候语中，是不是也有先生的人格魅力在学子心中留下的投影呢？只是在生活中，这样的人格投影在我们的心中还是太少。

听多了这样的故事，便常常觉得自己是只气球，仿佛飞得很高，仔细一看却是被浮云托着；外表看上去也还饱满，肚子里却是空空。这样想着就有些担心了，怎么能走更长的路呢？

于是，“渴望年老”四个字对于我就不再是幻想中的白发苍苍或身份证上改成60岁，而是如何在自己还年轻的时候，便能吸取优秀老人身上所具有的种种优秀品质。

于是，我也更加知道了卡萨尔斯回答中所具有的深意。怎样才能成为一个优秀的主持人呢？心中有个声音在回答：先成为一个优秀的人，然后成为一个优秀的新闻人，再然后是自然地成为一名优秀的节目主持人。

我知道，这条路很长，但我将执着地前行。

例二：

弘扬工匠精神，争做时代楷模

小花

《工匠精神》这本书，说真的，不是我会主动寻阅的类型。迫于无奈，我翻阅了：粗看。但是很多故事链接，却吸引我细看这本书。其中最能引起我共鸣的是：用智慧驾驭自己的情绪，先处理心情，再处理事情，敬业会让自己变得出类拔萃，才能实现自我价值。

并不是每个人都喜欢本职工作，每天不停的重复工作说真的每个人都会厌烦。认为这不过就是一份工作，无论我是否认真对待，只要不出问题就好，我一样拿相应的薪水，领导一样不知道。可是时间久了，你会发现，这种心态令自己心情严重压抑。

通过这本书我受益匪浅：做一个善良坦诚的人，因为只有用感恩的心去对待人和事，拥有良好的心态，才能把事情做到最好。只有找准了自己的工作定位，才能实现自我价值。

要培养自己乐于做事的态度，唤起自己对本职工作的热情。被动地执行程序，也就是完成任务而已。只有充满热情地去工作，才会取得完美的成果。“用心做事”是一种人生原则，它能使自己在生活中学到更多、做得更好，只有用心做事，才能把事做出色。“用心做事”是对工作强烈的责任感和正确的思维方式。态度决定一切。

总之，一个人的工作态度折射着他的人生态度，只有用心做事，才能把事情做得出色，才会为社会作出更多的贡献。

互动点评

学生对比这几则材料，采用团队合作的方式讨论并形成最终意见，推举代表作答。教师及时点评，提供参考答案。参考：

1. 例一这篇演讲稿是中央电视台著名节目主持人白岩松参加“演讲与口才杯”全国新闻界“做文与做人”演讲比赛时所作的演讲。演讲稿融事、情、理为一体，立意深远，构思巧妙，通篇闪耀着理性的光彩。在强手如林的比赛中，白岩松独占鳌头，获得特等奖的殊荣，可以说是当之无愧。

2. 例二这篇演讲稿写得非常失败。

第一，演讲稿的开头并不是信心满满地吸引听众，而是略显“负能量”。可以改成：“很久以来就对《工匠精神》这本书有所耳闻，近日有幸拜读，心中感触良多。我被书中精彩纷呈的小故事和作者入木三分的道理阐述震撼着，现将感想列出一二，与大家共同探讨。”

第二，反复说自己读了这本书有所受益，但通篇看不到联系自己实际的例子，只是泛泛而谈。应该多联系自己学习、实习方面的个人经历，或身边老师、长辈中能体现出工匠精神的例子。

第三，语言表述混乱。例如：第二自然段与前后衔接关系不紧密，段与段之间无并列或递进关系。

第四，演讲稿情绪平稳单调，无法引起共鸣。可以在开头或结尾添加一些感染人情绪的语句。

知识聚焦

一、概念

演讲稿，也叫演讲词、演说词，是在重要场合或公众场所发表的讲话的文稿。简而言之，它是演讲者的讲话底稿。演讲者以演讲稿为蓝本，用自己的口语表达方式和肢体语言来阐明观点、表达情感、发表议论的活动就是演讲。

演讲是口语表达的最高境界，它既要求语言的艺术性和感染力，又要求内容的系统性、思想的鲜明性，还需要演讲者具有从容大方的亲和力、流畅自如的表达能力和稳定的心理素质。可以说，演讲是一个人由内到外的人格魅力的展现。一次成功的演讲活动，固然有演讲者表演成分给听众带来的强大震撼，但演讲稿的作用也不可小觑。一篇优秀的演讲稿，是演讲成功的一半！

二、种类

（一）从内容上划分

1. 政治演讲稿

就某个政治问题阐明自己的观点的演讲稿。旨在通过演讲让听众了解自己的施政纲领或政治观点，获得理解和支持。这类演讲稿具有极强的感召力和说服力。总统竞选演讲、外交演讲、军事演讲、政府工作报告等均属此类。如：布什《我跟随良知的指引》。

2. 学术演讲稿

就某一学科领域中的课题进行研究、探讨，向听众表述科研成果、传播科学知识的演讲稿。学校和其他场合的专题讲座、学术报告、学术发言、学术评论等均属此类。如：朱棣文《应对能源与世界变化的挑战》。

3. 生活演讲稿

就社会生活中某一方面的问题、现象表达自己的见解、情绪、愿望、要求的演讲稿。这种演讲稿是最普遍、最常用到的，而且比较贴近生活。有关亲情、友谊、感恩等主题的演讲稿均属此类。如：杨澜《个人的成长需要寻找三个坐标》。

（二）从表达方式上划分

1. 叙事型演讲稿

以叙述为主要表达方式，辅以其他表现手法，向听众讲述自己的思想、经历、事迹，或转述他人的事迹。

2. 议论型演讲稿

以议论为主要表达方式，用摆事实、讲道理的方式来树立自己的观点。往往具有正确而深刻的论点，使用具有说服力的论据，进行富有逻辑性的论证。

3. 抒情型演讲稿

以抒情为主要表达方式，在演讲中抒发演讲者强烈的感情，对听众动之以情。

三、特点

（一）内容的针对性

演讲稿最终是通过演讲者之口传达给听众的，因此写作时要充分考虑听众的特点和需要，要了解听众的心理、愿望、文化程度、思想状况等。所谓“到什么山上唱什么歌”，说的就是这个道理。另外，演讲稿的风格也受其内容的影响。庄严的会议上的演讲词和校友聚会上的演讲词肯定是完全不同的文风。例如：《超级演说家》节目中，北大女生刘媛媛的励志演讲针对的是学生和知识分子，引经据典、妙语连珠、感情激昂。

（二）主题的鲜明性

演讲稿务必要明确表明自己的主张，阐明自己的见解。听众不能像阅读文章一样对其意义进行反复体会和推敲，这就要求它的意义明确到可以一“听”了然。赞成什么，反对什么，表扬什么，批评什么，均应做到立场鲜明、态度明确，不能含糊。好的演讲总是以缜密的思维启发听众，以鲜明的观点影响听众，给听众以鼓舞和教育。

（三）情感的真实性

情感交流是演讲活动的终极目的。对听众而言，华丽的辞藻远不及真实的情感更有感染力。一篇演讲稿中可能会有激烈的议论，也会有诚挚的感动；可能会有冷静的讲述，也会有深沉的悲恸……只有发自内心的情感才能触动听众。

（四）语言的通俗性

演讲是面对面的口语交流，并且是一种单向交流。如果不注重语言艺术，就达不到好的效果。总体而言，演讲稿的语言应该通俗易懂。不要使用修饰语过多的长句和复句，不要使用倒装或“欧化”的表达方式，尽量用口语化的词汇，这样临场效果会大大提升。

四、结构

演讲稿一般由五部分组成：标题、称谓、开头、主体、结尾。

（一）标题

标题是演讲稿的点睛之处，要恰当地揭示主题，还要与整体的风格相搭配。可以直接表达观点，也可以提出问题。好的标题不仅是恰当的，还是新颖的、有吸引力的。如：恩格斯《在马克思墓前的讲话》、马丁·路德·金《我有一个梦想》、白岩松《人格是最高的学位》、莫言《看清喧嚣中的中国》。

（二）称谓

演讲稿的称谓由听众身份和演讲场合来决定，常用的有“同志们”“朋友们”“各位来宾”等。还可以加一些特定的定语，如“尊敬的各位领导”“亲爱的同学们”等。后面均需加冒号。

（三）开头

即开场白。好的开始是成功的一半，开头在整篇演讲稿中的作用非常重要，一篇好的演讲稿在开头就应该能吸引住听众。下面介绍几种常见的开场方式：

1. 开门见山式

直接揭示演讲的主题内容，明确告诉听众自己要讲什么。如：宋庆龄《在接受加拿大维多利亚大学荣誉法学博士学位仪式上的讲话》的开头："我为接受加拿大维多利亚大学荣誉法学博士学位感到荣幸。"运用这种方法，必须先明晰地把握演讲的中心，把要向听众揭示的论点摆出来，使听众一听就知道讲的是什么，注意力马上集中起来。

2. 提问式

这种方法是根据听众的特点和演讲的内容，提出一些激发听众思考的问题，以引起听众的注意。开场提问，制造悬念，引发听众的思考和探究欲望。如："朋友们，你们见过大海吗？你们听过海浪的声音吗？"又如：弗雷德里克·道格拉斯 1854 年 7 月 4 日在美国纽约州罗彻斯特市举行的国庆大会上发表的《谴责奴隶制的演说》，一开讲就能引发听众的积极思考，把人们带到一个愤怒而深沉的情境中去："公民们，请恕我问一问，今天为什么邀我在这儿发言，我或者我所代表的奴隶们，同你们的国庆节有什么相干？《独立宣言》中阐明的政治自由和生来平等的原则难道也普降到我们的头上，因而要我来向国家的祭坛奉献上我们卑微的贡品，承认我们得到并为你们的独立带给我们的恩典而表达虔诚的谢意吗？"

3. 引用式

引用诗词、名言警句、故事、格言、数据等现成的语言材料作为演讲稿的开头。如果引用得当，能够恰当地导入主题，会让演讲的效果倍增。如："俗话说'宝剑锋从磨砺出，梅花香自苦寒来'""在演讲开始之前，我们先来看一组数据""我曾经看过这样一则报道"。

4. 介绍式

这种开头可以迅速缩短与听众的距离，使听众急于了解下文。如：恩格斯在 1881 年 12 月 5 日发表的《在燕妮·马克思墓前的讲话》的开头："我们现在安葬的这位品德崇高的女性，在 1814 年生于萨尔茨维德尔。她的父亲冯·威斯特华伦男爵在特利尔城时和马克思一家很亲近；两家人的孩子在一块长大。当马克思进大学的时候，他和自己未来的妻子已经知道他们的生命将永远地连接在一起了。"这个开头对发生的事情和人物对象作出了必要的介绍和说明，为进一步向听众揭示论题作了铺垫。

5. 抒情式

这种开头意在渲染气氛，以情感人，使听众迅速受到情绪感染，从而注意到演讲的内容。这种开头多采用排比、比喻、比拟等修辞手法；多用诗化的语言，形象生动。如：《我是夜幕里的一颗星》的开头："水兵喜欢把自己比作追波逐浪的海燕，飞行员喜欢把自己比作搏击长空的雄鹰，而我们警卫战士却喜欢把自己比作夜幕上闪亮的星星。不是吗？在皓月当空、万籁俱寂的夜晚，疲劳的人们已进入梦乡，祖国大地的每个角落里不都闪烁着警卫战士一双双警惕的眼睛吗？它们就像天上的星星一样，不知困倦地注视着大地，搜寻着每一个可疑的目标……”使用抒情式开头一定要注意，要有真挚的感情，不可矫揉造作、无病呻吟。

6. 叙事式

演讲者一开始就讲述新近发生的奇闻怪事、令人震惊的重大事件或生动感人的故事。由于故事具有情节生动、内容新奇等特征，容易赢得听众的关注，并能造成悬念。演讲开头用故事引起听众的兴趣要注意几点：对故事的叙述尽量简明扼要，不可喧宾夺主；故事本身要有针对性，耐人寻味；最重要的是故事要与演讲的主题密切相关。

总而言之，演讲稿的开头形式多样，但只要新颖、能引起听众的兴趣、契合主题的，就是恰当的。切忌故弄玄虚、偏离主题。

（四）主体

演讲稿在开头之后要迅速进入主体，因为这是整个演讲稿的主干部分。这部分内容是否充实，直接关系到演讲稿的成败。要注意以下几个方面：

1. 明确主体部分的结构形式

结构形式是演讲稿思想内容的表现次序，它体现了演讲者思路展开的步骤，也反映了演讲者对客观事物的认识过程。演讲稿的结构形式是根据演讲的时空特点对演讲材料加以组合而形成的。显示演讲稿结构层次的基本方法，就是在演讲中树立明显的有声语言标志，适时诉诸听众的听觉，从而获得层次清晰的效果。演讲者在演讲中反复设问，并根据设问来阐述自己的观点，就能在结构上环环相扣、层层深入。此外，用过渡句或“首先”“其次”等词，也是使层次清晰的有效方法。就写作而言，演讲稿的主体部分的行文结构主要有三种：横式结构、纵式结构、融合式结构。

（1）横式结构。又叫并列式结构，这种组合结构，或按事物的组成部分展开，或按空间分布展开，或按事物的性质归属关系展开，将演讲稿的内容分成几个方面，各方面是并列关系，最后总结归纳。这种方法的演讲稿结构清晰了然。

（2）纵式结构。又叫递进式结构，段落之间层层递进、逐层深入。它是按照时间的推移来排列层次，包括直叙式和递进式。

1）直叙式，即以时间先后为序，或以事情的发生、发展或变化过程为序。这种结构层次比较单一，事情的来龙去脉很清楚。运用这种方法，要注意突出重点、兼顾一般，切忌平均用力、平铺直叙。

2）递进式，即按事理的展开或认识由浅入深的递进过程来安排结构层次，或按演讲者感情发展的脉络来安排层次。按事理展开，多采用叙事—说理—结论的模式，即摆情况、作分析、下结论。按照由浅入深的递进过程安排层次，其内容则呈螺旋式层层深入、由表及里。这样的安排说理透彻、说服力强，按照演讲者感情发展的脉络来安排层次，内容跌宕起伏。

如：徐良的《血染的风采》就是采用纵向结构安排层次的。他以自己的成长经历为线索，按时间的先后顺序来安排。长达 2 个多小时的演讲，脉络清楚、有条不紊，在叙述中适当加以议论、抒情，声情并茂，道出他成长的轨迹和战士们对祖国和人民的无私奉献，显示了 20 世纪 80 年代军人的风采。

（3）融合式结构。将具体事例和阐述的道理结合在一起，夹叙夹议。内容丰富、容量大、时间长的演讲常常用此种结构。它以时间顺序为主线，穿插横向组合材料；或者以横向组合为主，其间穿插纵向组合材料。纵向组合容易看出事物发展的全过程，横向组合容易分析出事物各部分之间的联系和区别。采用这种结构不宜搞得太复杂，否则听众难以理解。李燕杰的《爱情与美》采用的就是纵横交叉式结构。

2. 选择并组织好材料

演讲立意以后要注意材料的选取。材料是演讲者长期通过直接方式获得的，但演讲者在他所掌握的这些材料中只有很少一部分适合写一篇演讲稿，因此在写作演讲稿的时候，对材料要进行选取。

（1）选材的方法。选择材料时要注意与主题的契合，切忌牵强附会。在分析的基础上鉴别，把它们的本质意义和所能说明的问题做一番比较，把与演讲主旨相关的留下，不相关的舍去。做到材料和主旨统一、客观和主观一致。

（2）选材的原则。演讲者通过分析和鉴别，要保证材料以主题为依据，能恰当地表现主题；具有典型性；是新鲜、有趣的材料；保证材料的真实性、典型性，不要生造材料、捏造故事。

3. 巧妙构筑演讲高潮

演讲稿中最能体现演讲者观点的地方，也是演讲者最想让听众记住的地方应该作为演讲的高潮。这部分从语言文字上要多多推敲，达到加深听众记忆的目的。在演讲过程中也要着重使用一些技巧和方法，如加重语气、增加肢体动作等。

（五）结尾

心理学家指出，人的记忆力呈马鞍形。对于演讲来说，听众最关注的是两端，即开头和结尾。而结尾更能发挥鼓动作用，也更容易被听众记住。结尾如撞钟，撞得好可以给人警醒，又令人回味无穷。结尾要总结全文，给听众留下深刻的印象。或以号召性、鼓舞性的口号结尾，如："如今，我在山区已经工作 40 个年头了，不少人劝我：落叶归根，退了休就回城去吧。我的回答是：不，我虽不是山里人，但死也要做山里的鬼，我要把余热洒在那块土地上，把我的骨灰留在那个校园里。我最大的心愿是，看着山里的孩子成长，成为国家的栋梁。"或以诗词、名言结尾，如："最后，让我用马克思的话语来结束我的演讲吧：后悔过去，不如奋斗将来！"或以问作结，启发思考，如："战胜他人、超越他人也许很难，但战胜自己、超越自己却是能够做到的。用不着多举例，就拿今天来参加演讲大赛的人来说，我们不都是在战胜自己、超越自己吗？"或以幽默、俏皮的话结尾。结尾的方式是多种多样的，正如著名演讲家邵守义教授所言："结尾无定法，妙在巧用中。"

五、注意事项

（1）明确演讲目的。知道为什么而讲是写作演讲稿的前提。

（2）了解听众。明确对什么人讲，才能根据听众的特点有的放矢，也才能引起听众的共鸣。

（3）内容新颖。老生常谈、陈词滥调不仅不会使听众有所收获，还可能影响演讲的顺利完成。

（4）结构清晰。演讲稿最终要以"讲"的方式呈现，结构清晰、层次分明的演讲稿更利于听众理解。

（5）语言生动。口语化，多用短句，流畅而有节奏，这样才适应演讲的氛围。"上口""入耳"是对演讲语言的基本要求。

知识延伸

演讲的技巧

演讲又叫讲演或演说，是指在公众场所，以有声语言为主要手段，以体态语言为辅助手段，针对某个具体问题，鲜明、完整地发表自己的见解和主张，阐明事理或抒发情感，进行宣传鼓动的一种语言交际活动。

演讲技巧的提升，需要重复大量的训练和复习，不断从技术层面提升到艺术层面。所以，演讲技巧是演讲爱好者们必须学习和锤炼的技能。

■ 演讲时的姿势

演讲时要采用轻松的姿势。要让身体放松，不要过度紧张。过度紧张不但会表现出笨拙僵硬的姿势，而且对舌头的动作也会造成不良影响。

■ 演讲时的视线

当你走到麦克风旁边，站立在大众面前的一瞬间，来自听众的视线有时甚至会让你觉得刺痛，但你必须忍受众目睽睽。克服这股视线压力的秘诀，就是一面进行演讲，一面从听众当中找寻对自己投以善意而温柔眼光的人，同时无视于那些冷淡的眼光。此外，把自己的视线投向强烈"点头"以示肯定的人，来巩固自己的信心。

■ 演讲时的表情

面部表情无论好坏都会给听众留下极其深刻的印象。紧张、疲劳、喜悦、焦虑等情绪无不清楚地表露在脸上。内容即使再精彩，表情缺乏自信，演讲也很容易变得欠缺说服力。演讲时切记不可垂头，给人"丧气"之感。

■ 演讲时的肢体语言

演讲时的肢体语言主要是指手势的运用。

手势是使用频率最高的肢体语言形式。它的表现力、吸引力和感染力很强，最能表达出丰富多彩的思想感情。寓意深刻、优美得体的手势，能产生极大的魅力，激发听众的热情，加深听众对演讲内容的理解，使演讲获得成功。常见的手势及其作用如下：

手心向上，胳膊微曲，手掌向前伸出：表示激励、号召、请求、赞美、欢迎。比如：“同志们，我们一定能够实现目标！”

手心向下，胳膊微曲，手掌稍向前伸：表示低调、停止、干掉、否认、反对、不喜欢。比如：“同志们，低调，低调！”

两手由合而分：表示分散、分离、断开、无奈。比如：“所谓天下大势，分久必合，合久必分！”

两手由分而合：表示合作、凝聚、接触、见面。比如：“我们都是来自五湖四海，为了一个共同的革命目标，走到一起来了。”

■ **演讲时的语速**

缓慢说话，能给情绪稳定赢得时间。但是，这并不是说整个过程一个语速，无波澜起伏、抑扬顿挫，会让听众睡着的。

■ **演讲时的服饰**

正式的场合，男士一般以深色西服套装为主，女士可选余地较大。

实战演练

1. 请根据小花同学的情况，参考本节例二的修改建议，以“弘扬工匠精神，争做时代楷模”为主题，写一篇演讲稿，不少于600字。

2. 利用自己所写的演讲稿，运用相关演讲技巧，面对本班同学做一次演讲。

展示评价

1. 每个小组评选出写得最好的作品，作为本组的学习成果展示。

2. 每个小组推选一名同学上台进行“小组学习成果展示”，其他小组成员作为评委进行评议打分；教师对每个小组的成果进行点评。

工作任务	**开展以“弘扬工匠精神，争做时代楷模”为主题的演讲**				
小组组名		成员		指导教师	
项　　目	考核要求	分值	自我评价（10%）	小组评价（20%）	教师评价（70%）
准备阶段	团队合作、积极参与、认真查找资料	10			
实施阶段	字数符合要求	10			
	思想内容鲜明突出、有个人所思所感	40			
	语言流畅、适宜演讲	10			
展示阶段	演讲礼仪到位	10			
	演讲感情充沛	10			
	普通话标准、表述清晰	10			
合　　计		100			
开始时间		结束时间		总成绩	

活动拓展

1. 刘媛媛《寒门贵子》

2. 马丁·路德·金《我有一个梦想》

3. 成龙《没人能替你奋斗》

4. 刘德华《给世界一个微笑》

第三节　倡议书

情境导入

小花入学后积极要求上进，不仅学习认真，还是个热心环保的学生，具有很强的环保意识，积极参加生态环保宣传和各项环保公益活动。她一直做到时时严格要求自己，爱护周边环境，将自己的环保意识落实到每天的生活当中。每天来到学校后，小花会和同学们一起打扫教室卫生，每次在清理教室前面的垃圾篓时，她都会嘱咐身边的同学有些单面印刷纸片和饮料瓶属可回收垃圾，可以把这些垃圾清理出来，废物再利用；每天去参加课间操或者放学后，小花总会等全班同学都离开了再走，因为她要检查一下教室的灯、饮水机和电子白板等电器是不是已经关闭，以减少能源浪费；地上有了垃圾，她会弯下腰捡起；教室的窗户脏了，她会拿起抹布擦拭干净……

虽然小花每天都注意做很多环保的宣传和工作，但是她觉得仅仅靠一己之力还不够，希望能够发动更多的同学参与到环保事业中。学校准备在六月份举办“践行节能低碳、建设美丽家园”的节能减排宣传周活动，这正中小花下怀，让她喜出望外。小花准备借助这个活动，在活动中写一份倡议书，发动更多的同学参与到环保活动中来。

小花心里默默地想：倡议书该怎么写呢？什么样的倡议书能让大家一目了然，并且打动大家呢？

自主探究

1. 你认为在人们的社会活动中，倡议书能起到什么作用？

2. 你见过什么内容的倡议书？环保倡议书、文明倡议书等，对你有什么影响？

3. 小花同学要在学校的“践行节能低碳、建设美丽家园”节能减排宣传周活动中写倡议书，你觉得应该从哪几方面写？

4. 你觉得写倡议书的时候应该注意些什么？

5. 如果你是学校的老师或学生，你会喜欢什么样的倡议书？

材料示评

例一：

捐款倡议书

亲爱的老师、同学们：

我们的校园，紧张而又充满惬意，或许您正在美丽的校园感受阳光的明媚，或许您正在明亮的教室享受学习知识的快乐。就在您感受着校园生活的美好的时候，亲爱的老师、同学们，您是否知道就在我们身边，一个叫王洋的坚强的男孩，因肾功能衰竭正躺在人民医院的病床上与病魔苦苦搏斗，命悬一线！但王洋同学没有沮丧，没有放弃，而是笑傲厄运，与病魔作着生死较量。

王洋同学双肾功能衰竭，病情十分严重，只有进行肾脏移植才能最终挽救生命。而仅肾脏移植手术费用就高达30万元，还有前期的治疗和移植后的稳定用药，费用将更高。这对于来自农村普通家庭的王洋来说简直是天文数字，根本无力承受，他的父母已是六十多岁的老人，唯一的姐姐也在2004年因车祸不幸去世。一连串的打击已使这个家庭几近崩溃。

王洋的心中无时无刻不期待着，和大家一样享受每一缕阳光，在文化广场品书，在课室学习……这一切，每一位同学多么平常的生活，如今成了他遥不可及的梦想！

亲爱的老师、同学们，十七岁正是花样的年华，正是生命青春焕发、朝气蓬勃的美好季节。生命因爱而延续，只要大家都献出一点爱，他还会灿烂。请伸出您的援助之手，帮助王洋同学，用爱给生命带来希望。亲爱的老师、同学们，让我们用爱心筑起生命长城，帮助渴望生命的他战胜病魔，使即将干枯的生命之花重新绽放，让即将枯涸的生命之河继续奔流！

每一颗关注王洋的心都呼唤着人间的爱，都憧憬着实现生命的梦！

每一分钱都体现着人道的善良，请伸出您温暖的手，帮助王洋同学！

学生会

××年××月××日

例二：

同学们：

1. 必须把个人环保行为视为个人文明修养的组成部分，不力行环保的师生禁止参加本学年的评优评先活动。

2. 及时灌溉校园花草树木，不得采摘校园的一草一木，严格惩处破坏校园花草者，一经查证属实，破坏者必须补种或照价赔偿。学校严肃批评教育，并公开破坏校园花草者的姓名和班级。

3. 负责每天检查仪器、设备和公物，使设备始终保持完好状态，尽力减少损坏维修。

4. 避免“白昼灯”“长明灯”的情况发生，微机室电脑用后及时关机。

5. 节约用纸，尽量少用餐巾纸，草稿纸等尽量两面用。

6. 节约用水，珍惜每一滴水。水龙头用后要及时关闭。

7. 杜绝使用一次性的筷子、纸杯、塑料杯等。

8. 生活节俭，培养良好的生活习惯。

中华民族历来倡导节约，父母和老师也再三强调要保护环境，树立环境保护意识，为创建绿色和谐校园出自己的一份力。让我们义不容辞地承担各自的使命，树立环境保护意识，养成节约资源的习惯，从我做起，从点滴小事做起，为共建环境友好型的和谐校园而努力！

互动点评

1. 写作倡议书，首先要注意格式。例一的倡议书，标题、称呼、正文、结尾、落款，格式要素非常齐全。而例二缺少标题和落款，让读者难以判断文章的性质，弄不清该文章是倡议书还是规章制度。

2. 写倡议书要注意文字的风格。倡议书要想达到发动读者参与活动的目的，必须体现激情，具有感染力，因此要进行合理的修辞和感情的抒发，以达到触动读者情感的效果。例二语气过于生硬，带有命令式的口吻，不符合倡议书文风。

3. 倡议书还要注意内容的合理性，所倡议的内容必须贴近读者的生活，并且能让读者在能力范围内做到。例二里“每天检查仪器、设备”并不是学生的责任，因此并不适合作为倡议书的内容。

知识聚焦

一、概念

倡议书是由某个人、组织、单位或社团拟定，就某项事宜向社会提出建议，或提议有关社会成员共同去做某事的一种书面文章。倡议书作为日常应用文写作中的一种文体，在现实社会中有着较为广泛的应用。

二、种类

从发出者的角度分，倡议书可以分为个人倡议书和集体倡议书。

从传播方式的角度分，倡议书可以分为张贴式倡议书、广播式倡议书、传单式倡议书和登载式倡议书。

三、特点

（一）倡议书的群众性

倡议书不是针对单一的个人或者组织而言的，它往往面向广大群众，或对某一地区、某一组织的所有人发出。对象广泛的群众性是倡议书的根本特征。

（二）倡议对象的广泛性

倡议书虽然要求广大群众响应，然而其对象范围往往是不确定的，并且其本身不具有很强的约束力。因此，即便是在倡议书中明确了倡议对象，但实际上有关人员可以响应，也可以不响应。

（三）倡议书的公开性

倡议书往往发布在公开的媒介上，是一种广而告之的文章。倡议书的目的就是让更多的人了解，从而激起众多的响应，在最大的范围内引起共鸣。

四、结构

倡议书一般由标题、称呼、正文、结尾、落款五部分组成。

（一）标题

倡议书的标题可以由文种名组成，即“倡议书”三个字，书写位置是在第一行正中，尽量与正文的字号和字体区分开。另外，倡议书的标题还可以由倡议内容和文种名共同组成，如“助残捐款倡议书”。注意，倡议书的标题不宜过长，以便阅读。

（二）称呼

倡议书的称呼选取，可依据倡议的对象而定。如“亲爱的同学们”“同志们”等。亲切的称呼会给人留下美好的第一印象，吸引读者继续阅读倡议书的内容。称呼倡议的对象要注意尊重，不可使用轻视、蔑视或者犯忌讳的称呼。倡议书中的称呼一般在第二行的开头顶格书写，或者也可不在第二行显示称呼，而在正文中指出。

（三）正文

倡议书的正文内容需包括以下两个方面：

1. 写明倡议书的目的

倡议书写作的目的在于引起人们广泛的响应，只有写清楚倡议活动的原因，以及当时的各种背景事实，并申明发布倡议的目的，人们才会理解和信服，从而采取响应倡议的行动。如果这些因素交代不清，就会使人觉得莫名其妙，难以响应。

2. 写明倡议书的要求

这是正文的重点部分，因此内容一定要具体化，如开展什么样的活动，具体要求是什么，它的价值和意义都有哪些，均须一一写明。倡议的具体内容如果比较多，可以采取分条开列的方式，这样写清晰明确，让人一目了然。

(四) 结尾

倡议书的结尾要表明倡议者的决心和希望，还可以写出某些建议。结尾要简短有力，不可长篇大论。注意，倡议书不是书信，一般不在结尾写表示敬意或祝愿的话。

(五) 落款

落款即在倡议书结尾右下方写明倡议者单位、组织的名称或个人的姓名，最好写明全称，以示郑重。最后署上发出倡议的日期，要具体到年、月、日。

五、注意事项

(1) 倡议书的内容要有新的时代风尚和精神，要切实可行，观点过时和虚浮夸大的倡议书不容易被人们接受。另外，倡议书所倡导的内容须符合人们的实际生活，具有实施的可能性。

(2) 由于倡议书具有公开性，因此应注意审查其内容不要违背国家的法律、法规和政策。写作时，要事先查看内容所涉及的相关法律、法规和政策。

(3) 倡议书的措辞要恰当，情感要真挚，同时要富有感染性。在倡议书的叙述中，注意选取贴近读者生活和情感的角度，引起读者的共鸣。写作时可以引用名句，运用排比、比喻等多种修辞方式。

(4) 倡议书篇幅不宜太长。过长的篇幅会引起读者的阅读疲劳，由于阅读的时间过长而失去兴趣，甚至出现放弃阅读的情况，这样倡议书就失去了其应有的作用。

知识延伸

建议书

■ **概念**

建议书，也叫意见书，是个人或者单位为了开展某项工作、完成某项任务或进行某种活动，而向上级部门提出合理化的意见、建议或倡议大家一起做什么事情时使用的一种文体。建议书内容很广泛，像实现某些环保行动、开展精神文明活动、援助农村留守儿童、开展健康教育活动等，都可以写建议书。

■ **结构**

建议书的结构和一般书信大体相同，包括标题、称呼、正文、结尾和落款五部分，具体写法如下：

1. 标题

建议书的标题可以直接使用文种名，即“建议书”三个字。有时为了突出建议的具体内容，可以写成“关于×××的建议书”。题目要写在第一行的正中。

2. 称呼

建议书所提出的建议希望得到哪些人或者组织的响应，称呼就写哪些人或者组织，注意对称呼对象的尊重。称呼的位置要写在第二行顶格，后面加冒号。下一行可写“您好”，再加感叹号。

3. 正文

正文就是建议的内容，空两格开始写。先写这个问题是什么，再写提出建议的理由，最后写建议的具体内容。如果内容较多，可以分类分段进行阐述。

4. 结尾

结尾部分写祝福语。

5. 落款

落款由署名和日期组成。署名在右下角写出建议人的姓名，即提出建议的团体的名称或个人的名字。日期写在建议人姓名的下方。

■ **特点**

1. 存在不确定性

建议书是面向有关领导或部门提出建议，是否被采纳要由有关领导或部门决定，只有被有关部门、领导批准认可后才能被实施，所以具有较强的不确定性。它不是最终的定文形式，可以被修改、被增删甚至被摈弃不用，这要由具体的情况来定。

2. 文本性较强

建议书是面对有关部门或上级领导提建议时使用的一种书面材料。它没有公开倡导具体实施的特点，只是作为一种想法被提出来，所以具有较强的文本性特点。

■ **建议书与倡议书的不同**

1. 内容有差别

倡议书虽然也带有建议的内容，但主要是宣传、鼓动对方去做，具有一定的号召性。建议书一般是中肯地提出自己对某些工作的意见和建议，没有要求对方去做的意思，不具有号召性。

2. 对象有差别

倡议书面对的是不特定的人群，而建议书比较有针对性，面对的是有关领导和部门。

例文：

关于对公司内部管理的建议书

尊敬的××总经理：

您好！

在进入公司工作的这段时间里，非常感谢您和同事对我的关心与帮助。在回顾自己工作历程的同时，我也进行了一次自我总结。我先后在不同的几个岗位从事工作，这也使我对公司有了更全面的了解。因此，我觉得只有规范公司的管理制度，明确工作标准，优化工作流程，再辅以贴心的企业文化凝聚人心，才能打造高效率的团队。

执行并持续改善公司的内部管理，应该实行制度化的硬性管理和人性化的柔性政策相结合，约束和激励双管齐下，解决人心凝聚的问题。

有鉴于此，现提出我个人认为公司内在管理目前存在的问题：

一、沟通不畅，执行力不足。部门之间沟通不畅、脱节以及工作和布置的任务有偏差、不能按时完成、工作效率不高，造成执行力不强，究其原因在于标准、监督以及责任心的问题。工作中的积极性与责任心在于企业凝聚力的打造，即人心的凝聚问题。如果各个部门主管以及公司管理层都无法凝聚成一支有战斗力的队伍，那么整个公司的执行力就只能是空谈。

二、整顿各部门的工作范围、工作制度以及各部门之间的工作流程。对主管责任、权力进行清晰定义，对各岗位工作职责进行明确定位，对各部门之间的分工协作进行清晰界定。如果工作流程及规章制度不清晰、不流畅、不严谨，便会出现各自推诿责任的弊病，任务布置下去成效低下，不可能有坚实的执行力和凝聚力。

三、建立有效的绩效考核制度及薪酬制度。要由过去的“用人管人”向“用制度管人”进行转变；从“以人为本”向“以执行为本”转变，二者兼容。只有实行统一的制度和纪律来约束全体成员的行为，才能形成客观公正的管理机制和良好的组织秩序。

四、进一步加强企业文化建设。它的管理作用主要是通过精神引导弥补管理制度的不足，是一种柔性的因素。培养企业的共同价值观，逐渐通过价值观形成对员工的行为规范，形成企业较强的凝聚力，最终对企业绩效发挥作用，并成为企业可持续发展的原动力。

公司员工：××

××年××月××日

实战演练

请根据有关材料，帮小花写一篇有关环境保护的倡议书。动笔之前需要考虑以下两个问题：

1. 阅读倡议书的人是谁？不同的人，其生活经历、生活环境和生活习惯是不同的，我们要有针对性地进行写作，从而提高倡议书的可行性。

2. 我该写哪些内容？（提示：倡议的内容应该是阅读者力所能及的。）

对以上两个问题考虑成熟之后，就可以开始写倡议书了。

展示评价

1. 每个小组评选出写得最好的作品，作为本组的学习成果展示。

2. 每个小组推选一名同学上台进行“小组学习成果展示”，其他小组成员作为评委进行评议打分；教师对每个小组的成果进行点评。

工作任务	写一份环境保护倡议书				
团队名称		成员		指导教师	
项　　目	考核要求	分值	自我评价（10%）	小组评价（20%）	教师评价（70%）
准备阶段	团队合作、积极参与、认真查找资料	20			
实施阶段	文体结构齐全、要素完备、字迹工整	40			
展示阶段	礼仪到位、普通话标准、表述清晰	40			
合　　计	综合评定	100			
开始时间		结束时间		总成绩	

活动拓展

1. 昆明“共创文明城市争做文明市民”倡议书

2. 庐江县广电局关于玉树地震捐款的倡议书

3. 长沙“深入学雷锋、助力中国梦”倡议书

第四节　策划书

情境导入

一年一度的植树节，是激发人们爱林造林的感情、促进国土绿化、保护人类赖以生存的生态环境的节日。学校计划在植树节这一天组织学生参加植树的活动。根据学校的安排，由院团委来组织学生志愿者开展义务植树活动，实现宣传与实际行动相结合，从而增强学生们的环保意识、生态意识，提高大家爱护花木、珍惜绿色的责任心，以达到为城市、社会增添绿色，净化、美化环境的目的。小花是学生干部，又是这次植树节活动的主要组织者。她以前组织活动是听从老师或者学长的安排，负责某一方面的工作，从来没有以主要组织者的身份全面负责过活动。对于这次植树节活动，她想到了很多方面，如时间、人员、场地，但是又感觉并不全面而且没有创意，活动头绪繁多，筹划工作有点难以推进。

为难之际，小花想到学生处的王老师特别善于组织活动。凡是王老师组织的活动，总是面面俱到，而且精彩纷呈，老师们和同学们都特别乐于参与。小花认为王老师一定有组织活动的诀窍，于是去请教王老师。王老师听小花说明情况后呵呵一笑，先安慰了一下焦虑的小花，然后仔细地思考了一下，让她在办活动之前，先写一份植树节

活动的策划书。一语点醒梦中人，小花恍然大悟，对呀，要想组织好一个活动，必须做好前期的策划工作，并将之形成文案，方便与其他老师和学生干部讨论、修改和执行。向王老师表示感谢后，小花便高兴地回到院团委办公室，开始着手写学校植树节活动的策划书。

自主探究

1. 在组织一些活动特别是大型活动时，你认为策划书有什么作用？
2. 你觉得策划书应该详细还是简要？为什么？
3. 你认为策划书应该别出心裁还是循规蹈矩？为什么？
4. 如果让你写策划书，你觉得应该从哪几方面入手？
5. 如果你是活动的组织者，让你的助手写策划书，你最希望看到什么样的策划书？

材料示评

例一：

大学秋季运动会志愿者策划书

一、前言

学院运动会是我院校园体育文化生活的传统项目，锻炼学院学生身体素质，提高学院学生意志力，发扬自我拼搏精神。一年一度的运动会是全院的体育盛事，促进了各系各部门之间的交流，也增强了集体意识和团结意识。在此期间，我院青年志愿者应秉承志愿者协会“奉献、友爱、互助、进步”的服务宗旨，尽自己所能，奉献自己的力量，让学院运动会顺利进行。

二、活动目的

1. 保障学院运动会的顺利开展，促进校园文化建设。
2. 弘扬学院志愿者“奉献、友爱、互助、进步”的志愿服务精神。
3. 为学院志愿者提供锻炼自己的机会，提升志愿者综合素质。

三、活动主题

奉献、成长、乐观、积极

四、活动时间

××年××月××日

五、活动地点

××学院西区操场

六、活动参与者

××学院全体师生

七、活动准备

（一）前期准备

1. 活动部写好活动策划书，理事会组织会议，安排志愿服务活动的具体工作，拓展部根据策划书与各兄弟院校联系相关事宜。

2. 人力资源部准备好工作证，做好活动考勤，编辑部准备好写新闻稿的稿纸，活动部准备好活动相关物品（会旗一面、志愿者帽三十顶、帐篷一个、桌子两张、凳子八个），宣传部做好宣传板和宣传海报。

3. 运动会当天，全体参加活动的志愿者提前一小时集合，负责人讲解相关事宜和注意事项，活动部将活动物品提前摆放到指定位置。

4. 各部门统计各部不参加运动会比赛项目的干事，周三晚上之前将人员信息报到活动部，活动部进行分组（后勤组、检录组、机动组、新闻摄影组）。

（二）活动过程

学院运动会期间，志愿者的服务行动由青年志愿者协会理事会统一协调，做好活动的开展和人员的调度安排。

1. 检录：根据学院运动会赛事安排，检录组组员带领学院的运动员到相应的场地进行检录并带到比赛地点，帮助处理赛前相关事项。

2. 比赛期间：后勤组要负责好对运动员的服务，包括在赛场帮忙看管运动员的衣服物品，在比赛过程中保护运动员，留意运动员的赛程并提醒运动员，确保运动员的赛事顺利。机动组负责排除运动会现场的意外因素并提供服务，如在运动场广播播报的运动员还没检录时，为了避免运动员错失比赛，负责帮忙联系要参加比赛的运动员。新闻摄影组做好宣传报道服务，及时编写新闻稿件，做好照片和录像的拍摄工作。

3. 后期活动：运动会结束后，统一组织志愿者将运动场地和志愿者服务指挥点清理干净，活动部负责对照清单收好活动相关物品，宣传部做好后期宣传工作，将运动会报道编发校园网和相关媒体。运动会结束后两周内召开会议，进行活动总结。

八、经费预算：

号牌制作费	300 元
证书、奖品	500 元
交通通讯费	200 元
饮水、午餐	350 元
合计	1350 元

九、注意事项

1. 安全第一，比赛第二。参赛的运动员必须按照要求做好赛前的热身运动，比赛结束后还要做适当的调整，有特殊情况不能参加比赛的运动员不要勉强参加比赛。各班级教育学生注意食品的卫生安全。

2. 举止文明，遵守秩序。运动会期间，学生一律坐在指定地点，不得乱跑。不得乱扔垃圾，争做文明观众。比赛期间各班要打扫所在班级集合场地的卫生。所有人员须按要求准时到达指定地点或工作岗位，不得迟到、早退。

3. 志愿者必须站好自己的工作岗位，佩戴胸牌，保证秩序。运动会期间，学生要尽可能着校服进出校园。如有事情需请假，一定要按照规定履行请假手续，然后方可离开。

4. 爱护公物。爱护运动会期间所使用的器材，包括运动器械、音箱、服装等。志愿者保管好协会的物品，活动结束后及时交回。

5. 积极宣传，踊跃投稿。各班要做好本班好人好事、赛场风云等情况的宣传报道工作，组织学生踊跃投稿。

××学院学生会

××年××月××日

例二：

物流班元旦联欢会策划方案

一、主题

欢庆元旦联欢会

二、目的

为欢庆新年，丰富班级文化生活，活跃文化氛围，给同学们一个真正展示才艺和个人风采的舞台，特举办2017年元旦联欢会。

三、地点

××系多功能教室

四、时间

2016年12月底

五、活动准备

（1）布置教室：第一小组的女生负责购买装饰品，对联欢会现场进行清理和布置。

（2）第二小组播放《新年好》歌曲。

（3）三个小组组长负责统计和督促组员准备节目（节目形式、内容自定，于12月20日前上报）。

六、工作具体安排

第一小组组长王欢欢，负责现场舞台效果和器材准备。

第二小组组长刘半声，负责音响、摄影。

第三小组组长陈唯亭，负责奖品的购买和发放。

主持人：赵瀚予、张广兴、苗一同、郝冬冬。

七、活动流程

（一）开场白

男：尊敬的各位老师！

女：亲爱的同学们！

合：大家新年好！

合：2017 年，我们充满希望！

合：2017 年，我们满载祝福！

合：这是新的起点，期待新的辉煌！

男：忆往昔满怀豪情。

女：展未来重任在肩。

男：为了美好的明天，让我们把希望的号角吹响！

女：举起双手，把握明天！

男：心连着心，同学情谊永伴！

女：迈着青春的步伐，我们跳起舞来！

男：吟着美妙的旋律，我们纵情歌唱！

合：歌唱我们的青春！

合：歌唱我们的希望！

全体合：歌唱××级物流班更加辉煌！

（二）活动项目

1. 抢凳子（六人一组，每组获奖一人）

规则：每次鼓点停下，退两个凳子，最后坐在凳子上的同学获胜。

2. 健身球展示

规则：看谁的姿势表现多，60 秒内花样最多者胜，姿势重复不算。

3. 手托乒乓球过障碍

规则：以球拍托乒乓球，用最快的速度到达目的地，游戏过程中球不能落地，落地者失败。

4. 瞎子穿拖鞋

简介：蒙眼前进 5 步或 6 步穿拖鞋的游戏。

方法：各组轮流派出 2 人；把拖鞋放在起点前方 5 步的地方；回到起点蒙眼旋转三圈以后出发；能够准确前进 5 步、第 6 步穿到拖鞋较多的一组获胜。

参考：进行中对方可以用错误的指示来扰乱（蒙眼人可不听对方指挥，自行到达目的地，时间最短者获胜）。

5. 正话反说

简介：各小组选几个口齿伶俐的人参加游戏，主持人要事先准备好一些词语。主持人说一个词语，要参加游戏的人反着说一遍，比如主持人说“新年好”，游戏参与者要立刻说出“好年新”，说错或者懵住的人即被淘汰。从三个字开始说起，第二轮四个字，第三轮五个字，以此类推，估计到五个字的时候游戏参与者就所剩无几了。参赛者要抢答，抢答正确者获奖。

6. 节目表演

注：游戏和节目表演穿插进行。

（三）活动过程（略）

（四）结尾词

男：尊敬的各位领导！

女：亲爱的老师、同学们！

男：让我们在新的一年更加努力拼搏，开拓奋进！

女：新年新起点，

男：用我们的行动，

女：用我们的优异成绩，

合：迎接充满希望的20××年！

男：祝同学们学习进步、新年快乐！

女：祝老师们身体健康、阖家欢乐！

合：祝××级物流班更加辉煌灿烂！

合：新年联欢会到此结束。

互动点评

学生对比两则材料，采用团队合作的形式讨论并形成总的意见、推选代表作答。教师及时点评，并提供参考答案。参考：

1. 例二中，活动过程是应该着重安排的部分，但是不详细。

2. 例二中，开头词和结尾词可在策划书以外单列。

3. 例二没标注策划活动组织者或者负责人的名字。

知识聚焦

一、概念

策划书，有时也叫“策划案”，是对即将开展的活动或者事件制定的行动计划书。撰写策划书的目的是策划者用自身现有的知识开发想象力，在可以得到的资源的现实中，最可能、最快速、最高效地达到目标。

二、种类

（一）按意义大小分

广义的策划是指人类所有的为了实现某种现实目的，利用自身特有的智慧采取策略的过程。广义的策划运用在政治、军事、文学、艺术、宗教等社会生活各领域之中。狭义的策划指的是经济领域的策划，目的是提高工作效率，达到生产效益的最大化。

（二）按策划内容分

策划按照其内容的不同，可以分为商业策划、营销策划、创业策划、项目策划、广告策划、活动策划、网站策划、公关策划、婚礼策划、医疗策划等。

三、特点

（1）策划书具有创意性。创意是策划的灵魂，策划必须是人类利用自己的智慧对问题进行一种革新性的解决。创意性往往是策划书的价值所在。

（2）策划书具有目的性。无论是什么策划案，都有一定的目的，策划的所有内容必须围绕这个特定的目的进行。

（3）策划书具有可操作性。策划书撰写过程必须考虑到人力、物力、环境等各个方面的因素，科学预测和筹划。

四、结构

（一）标题

标题可以直接用文种名，即“策划书”。不过，为了阅览方便，应尽可能写出策划活动的名称，如“××大学××活动策划书”，并置于文章首行的中央。

（二）前言

这部分的写作应根据策划书的目的、背景、方法、依据和重要性等方面，选取内容重点阐述，对其做好全面的分析。应该将前言写作的重点放在活动目的和活动意义上，写作时用简洁明了的语言将目的要点表述清楚。在陈述目的要点时，该活动的核心构成或策划的独到之处及由此产生的意义（经济效益、社会利益、媒体效应等）都应该明确写出。策划书前言阐述的活动目标要具体化，并需要满足重要性、可行性、时效性的要求。如果阐述背景，则应该对过去及现在的情况进行详细描述，并通过对情况的预测制定计划。如环境不明，则应该通过调查研究等方式进行分析加以补充。

（三）主体

作为策划书的主要部分，主体的表现方式要简洁明了，使人容易了解活动的安排和实施过程。但对策划的内容介绍应该尽量详细和具体，写出每一点能设想到的东西，不要有遗漏。

在此部分中，不应局限于文字表述，也可适当插入表格和示意图等，让人一目了然。对策划的各工作项目，应按照时间的先后顺序排列，绘制实施时间表，这有助于方案核查。人员的组织和分置、活动参与者及其相应权责、活动时间、活动地点也应在这部分加以说明。执行的应变程序也应该在这部分加以考虑。还要写清资源需要，列出所需人力资源、物力资源，包括使用的地方如使用活动中心都详细列出。可以列为已有资源和所需资源两部分。

这里可以提供一些参考，请根据实情自行调节，例如：场地布置、主持、灯光、音响、摄像、嘉宾的邀请和安排、赞助方式、合同协议、媒体支持和宣传、广告制作、领导讲话、司仪、会场服务、电子背景、信息联络、技术支持、秩序维持、服装配备、指挥中心、文艺暖场活动、接送车辆、活动后清理人员、休息室、合影、餐饮招待、后续联络等。

（四）经费预算

活动的各项费用安排需要根据实际情况进行具体、周密的计算后，用清晰明了的形式列出。经费预算可以用文字，也可以用表格等其他方式表现。经费预算的各个分项数据和合计数据都必须体现。如有特殊情况，需要加以文字说明。

（五）注意事项

客观条件的变化，会给策划书的执行带来一些意想不到的影响。因此，当环境发生变化时，策划者应该有应变措施，安排应急预案。如果实在无法避免，损失的概率是多少、造成的损失有多大等，也应在策划书中加以说明。

（六）落款

注明组织者姓名或单位名称（如果是小组策划应注明小组名称、负责人），以及策划书的具体写作时间。注意，策划书写作时间一般是在活动之前。

五、注意事项

（1）如果活动规模比较大，那么一个大策划书可以内含若干子策划书，子策划书之间不能有矛盾的地方，且进度应该协调一致。如果安排不同的人员写作子策划书，事先要做好分工和沟通工作。

（2）在写作策划书之前，必须做好各方面的调查和了解，保证策划书的合理性和可实施性。如果没有合理性和可实施性，再精巧的策划书也是一纸空文。

（3）策划书的主题必须明确而单一，具体策划都要严格依据主题设置。

（4）策划书的打印和制作应该尽量整洁和美观。策划书在成为决策之前，往往存在竞争性和不确定性。制作规范和优美的策划书会更容易被管理者采纳，也便于后期实施者的执行。

知识延伸

策划书和计划书的异同

在现实生活中，策划书和计划书都是活动举办前期阶段的文案，策划书和计划书之间并没有明确的分界线。它们都有着明确的目的，都指导着工作、任务的具体实施。策划书和计划书都要高度重视方案的可行性和高效性，充分考虑各类要素和条件。当策划书对活动的具体实施方案制定得比较详细时，一旦获得决策通过，往往不用再制定计划书，而直接成为活动实施的依据。很多计划书中的具体措施都源于对策划思想的解读，如对背景分析后采取的某些措施、对目标解读后采取的行动、对某分支方案论证后采取的后续举措等。

策划书一般在决策之前，是决策的依据和前提。因此，它强调价值、科学和竞争，即首先要创造出有价值的目标和谋划出科学可行的方案，这些目标和方案都应是最优的，应该在竞争中展现自己的优势并获得决策通过。计划书一般在决策之后，是决策的细化和实现决策的保证。因此，计划书强调具体、明确和控制，即重在围绕决策目标和优先方案对工作进行分解、对资源进行细致安排。这些分解和部署都应该是明确的，以便在实施过程中进行控制和评估。

策划书是制定计划的重要依据。策划书不仅提供了计划制定和实施所应围绕的中心即目标，还提供了目标实现的最优方案，这些都应是计划制定时所必须加以考虑的。计划是策划实施的重要保证。计划是策划和实施之间的桥梁。因为策划是事先谋划，所以侧重于目标和较为粗略的实施方案，其通过决策后要进行细化才能组织、控制实施行为；而计划即是策划的细化。

如何设计策划书的封面

封面的设计要有艺术性，一个好的封面会使阅读者产生最初的好感，形成良好的第一印象，能使读者在最短的时间内评审并作出判断。

策划书封面的正面由活动名称、“策划书”三个字、活动组织单位以及策划时间四部分组成，背面需注明该次活动的组委会名单。

（1）活动名称：字体、字号自定，文字方向一般为横向，居中。第一行注明主办单位名称、主办单位下属具体组织办理活动单位名称或部门名称，注意尽量写全称，以示郑重；第二行注明活动全称，如第××届“××杯”××活动，如字数较多可考虑加一至两行，需注意整体排版效果。

（2）“策划书”三个字：字体、字号自定，一般比其他文字要大一些。文字方向一般为纵向，居中，需考虑整体排版效果。

（3）活动组织单位：字体、字号自定，居中；如有承办单位，对齐主办单位；协办单位同前。

（4）策划时间：××年××月××日，字体、字号自定，居中。

（5）组委会：主要组委会成员名单需在封面的背面注明，分为主任、副主任、委员、成员等，也可根据内容的不同适当调整；字体、字号自定。

策划书的作用

策划书是策划者通过周密的调查和系统的分析，利用已经掌握的知识（情报或资料）和手段，科学合理地有效布局项目活动进程，并预先判断事件进程的态势和策划事件现在和未来的需求，以及未知状况的结果的文书。合理的策划书能够使所策划的资源发挥最佳效果，使项目投资者获得更多的利益，避免走很多不必要的弯路，能够在更短时间内获得成功。

实战演练

请根据有关材料，帮小花写一篇植树节活动的策划书。动笔之前需要考虑以下两个问题：

1. 植树节的策划书该写哪些方面的内容？
2. 你认为你所写的策划书的内容具备可行性吗？

当对以上两个问题考虑成熟之后，就可以开始写策划书了。

展示评价

1. 每个小组评选出写得最好的作品，作为本组的学习成果展示。
2. 每个小组推选一名同学上台进行“小组学习成果展示”，其他小组成员作为评委进行评议打分；教师对每个小组的成果进行点评。

工作任务	**植树节活动策划书**				
团队名称		成员		指导教师	
项　　目	考核要求	分值	自我评价（10%）	小组评价（20%）	教师评价（70%）
准备阶段	团队合作、积极参与、认真查找资料	20			
实施阶段	文体结构齐全、要素完备、字迹工整	40			
展示阶段	礼仪到位、普通话标准、表述清晰	40			
合　　计	综合评定	100			
开始时间		结束时间		总成绩	

活动拓展

1. 大学生英语辩论赛策划书　　2. 策划书封面设计

第五节　毕业论文

情境导入

一个学期眨眼就要过完了，眼看快要到年底，距离寒假也越来越近，可小花的心情却怎么也轻松不起来。倒不是因为紧张而忙碌的期末考试——这学期是在校的最后一个学期，明年春天他们年级所有的学生都要去企业顶岗实习，这学期所有的科目都是考查课，很容易过关。只是早在今年十月份，学校就给每个学生指定了一名毕业论文指导教师，要求本学期期末前初步确定毕业论文的选题，并以开题报告的形式提交给自己的指导老师审阅；明年四月份上交论文初稿，五月份完成定稿。同时，发了一大堆文件和表格，有的是对毕业论文格式、封面、字数提出的要求；有的是需要毕业生填写的，如“实习实训报告”“开题报告”“毕业论文封面模板”等，看得人心里慌慌的。

接下来的整整两个月，小花都在焦虑中度过。先是不知道开题是怎么回事，论文这种“高大上”的东西更是没有尝试过；好不容易在指导老师的帮助下选择了一个比较合适的题目，写出了一份差不多的开题报告；接下来就是漫长的收集材料的过程；最近终于准备动笔了，却不知道具体写的时候还有什么技巧。万事开头难啊！

自主探究

1. 你阅读过哪些本专业的相关学术论文？
2. 你认为学术论文和普通作文有什么不同？
3. 就你所学的专业，你最感兴趣的课题或研究点是什么？
4. 能不能就这个话题或研究点拟订一个论文标题？
5. 如果让你写一篇毕业论文，你认为它应该有几个关键的部分？

材料示评

例文：

浅谈商业银行信用风险管理（节选）

（中原工学院　经济学专业　李萍）

摘要：随着全球经济一体化和金融全球化趋势的不断加强，人民收入水平不断提高，我国商业银行正迅猛发展。与此同时，国家干预的减少，使得银行信用风险，特别是信贷风险，也通过市场机制逐步显露出来。面对我国商业银行信用管理的现状，如何使用正确的分析和风险评估方法，同时参照一定的评估指标去规避可能产生的信用风险，是在当前金融形势下需要仔细探讨的问题。本文浅要分析了相关形势和问题，提出了一些防范商业银行信用风险的措施。

关键词：商业银行；信用；风险管理

我国的资本市场起步较晚，在目前的金融体系下，以商业银行贷款为主的间接融资方式仍然占据主导地位，因此，我国的金融风险主要表现为商业银行的信用风险。尤其是近年美国次贷危机爆发以来，改进商业银行的信用风险管理显得尤为重要。

一、信用风险管理概述

（一）信用理论概述

“信用”实际上是指“借”和“贷”的关系，即“在一段限定的时间内获得一笔钱的预期”。具体到银行来说，银行与企业、个人之间的信用是相互的。银行要从企业与个人取得信用，也就是要向企业与个人借到钱，这是它们的生存之根基。同时，企业与个人也需要向银行取得信用，企业可用它解燃眉之急，或投资扩张等；个人可用它应不时之需，或提高生活质量等。

（二）商业银行信用风险的类型

1. 违约风险

债务人由于种种原因不能按期还本付息，不履行债务契约的风险。如受信企业，可能因经营管理不善而亏损，也可能因市场变化出现产品滞销、资金周转不灵导致到期不能偿还债务。

2. 市场风险

资金价格的市场波动造成证券价格下跌的风险。如市场利率上涨导致债券价格下跌，债券投资者就会受损。期限越长的证券，对利率波动就越敏感，市场风险也就越大。

3. 收入风险

指运用长期资金做多次短期投资时实际收入低于预期收入的风险。

4. 购买力风险

指未预期的高通货膨胀率所带来的风险。当实际通货膨胀率高于人们预期水平时，无论是获得利息还是收回本金时所具有的购买力都会低于最初投资时预期的购买力。

（三）商业银行信用风险的特点

1. 潜在性

很多逃废银行债务的企业，明知还不起也要借。据调查，目前国有企业平均资产负债率高达80%左右，其中有70%以上是银行贷款。这种高负债造成了企业的低效益，潜在的风险也就与日俱增。

2. 长期性

观念的转变是一个长期的、潜移默化的过程，尤其在当前中国从计划经济向市场经济转变的这一过程将是长久的阵痛。切实培养银行与企业之间的“契约”规则，建立有效的信用体系，需要几代人付出努力。

3. 破坏性

如果企业本着合作的态度，双方的损失将会降至最低限度；但许多企业在此情况下，往往会选择不闻不问、能躲则躲的方式，使银行耗费大量的人力、物力、财力，也不能弥补所受的损失。

二、风险管理与商业银行经营的关系

商业银行是否愿意承担风险，是否能够妥善控制和管理风险，将决定商业银行的经营成败。主要体现在以下方面：

（一）承担和管理风险是商业银行的基本职能，也是商业银行业务不断创新发展的原动力（略）

（二）作为商业银行实施经营战略的手段，极大改变商业银行的经营管理模式（略）

（三）为商业银行的风险定价提供依据，并有效管理商业银行的业务组合（略）

（四）健全的风险管理为商业银行创造附加价值（略）

三、我国商业银行信用风险管理现状分析

由于我国企业对银行依赖过多，而自身信用状况整体不佳，因此我国银行业面临比较大的信用风险。（略）

四、造成商业银行信用风险的因素

（一）银行制度存在多重委托-代理关系（略）

（二）信贷管理体制（略）

（三）国有商业银行缺乏有效的管理机制和内控制度（略）

（四）信贷职员综合素质不高（略）

（五）国有商业银行自身利益的驱动（略）

五、完善我国商业银行信用风险管理模式的对策

相较于成熟的市场经济国家的大的商业银行，我国商业银行的信用风险管理水平及技术仍然较落后。为有效改进信用风险管理，逐步建立起科学的信用风险管理模式，可以采取以下相关措施：

（一）银行要明白企业债务增长的原因并提高资产质量（略）

（二）引入世界性银行的先进模型及内部评级方法（略）

（三）吸收优秀的风险管理人才，建立有效的内部组织结构（略）

（四）踏实积累客户数据，完善信息系统建设（略）

（五）加强全民信用意识，完善信用风险法制的建设（略）

（六）加强外部监管（略）

结论

金融业对外开放的步伐将越来越快，中外银行业的竞争也将越来越激烈。可以预见，中外商业银行之间的竞争将是一种全方位的竞争，在争夺市场份额的同时，还将体现在商业银行内部管理水平特别是风险管理水平方面。对于今后的这一竞争态势，我国商业银行应未雨绸缪，充分做好各项准备工作，以从容应对将要面临的巨大挑战。

参考文献

[1] 周银华．不良贷款产生的原因及其对策［J］．财经理论与实践，2014（5）．

[2] 张恩照．加快改革创新建立全面风险管理模式［J］．中国金融，2014，（4）．

[3] 熊维平，周友生．论银行信贷资产的保护闸［J］．中南工业大学学报（社会科学版），2013（4）．

[4] 陈咏新．信用风险评估技术的发展特点及对我国商业银行的启示 [J]．经济师，2012 (5)．

[5] 王坚强，刘先建．从信息不对称看商业银行信用风险的产生及其防范 [J]．中南工业大学学报（社会科学版），2012 (4)．

[6] 李志辉．现代信用风险管理量化度量和管理研究 [M]．中国金融出版社，2011.

互动点评

这是一篇经济学专业的本科毕业论文（节选）。论文选题具有实际指导意义，可研究性较强；选题大小适中，便于操作；论文格式规范，结构完整；正文部分层次清晰、合理。先进行“题解”，即什么是信用风险管理；第二，将所讨论的问题和主体“银行”联系在一起；第三，分析现状；第四，摆出造成现状的原因；第五，给出对策、推出结论。全文脉络清晰，逻辑严密。

知识聚焦

一、概念

毕业论文是高等教育阶段完成学业的最后一个环节，是教学或科研活动的重要组成部分之一；同时，它是学生总结性的独立作业，目的在于总结专业学习成果，培养综合运用所学知识解决问题的能力。就文体而言，它也是对某一专业领域的现实问题或理论问题进行科学探索的论说文。

毕业论文包括专科毕业论文、本科毕业论文（学士学位论文）、硕士研究生毕业论文（硕士学位论文）、博士研究生毕业论文（博士学位论文）等。

毕业论文除了在形式上要求规范，最重要的是内容上要求创新，即质量上与学界的现实水准相比要有一定的突破。这对专科、本科阶段的学生来说也许难度比较大，但并不意味着毕业论文的写作没有价值。

二、种类

从论文内容与实践的关系上，可将论文分为三类：

（1）理论研究型论文。主要任务是指出学科研究的基本方法。如：文学理论研究、载人航天技术研究等。

（2）问题探究型论文。对学科存在的问题进行梳理、分析、推进。如：社会学专业对群体性事件的研究。

（3）技艺革新型论文。又叫“技改论文”，即针对学科的实践问题，提出具体的改革方案。它以具体实践情境为基础，设计新的实践方案。如：在数学、力学原理下的机器发明，在化学原理下的纳米技术等。

三、特点

（1）专业性。毕业论文一般选取所学专业的某一个问题的一个侧面来论述，具有极强的专业性。所引用的材料、所表达的论点都必须有出处、有论证，要以科研的态度去对待。

（2）创造性。有无创造性是一篇毕业论文成功与否的关键。应力求自己的毕业论文中有一些“亮点”，重复别人的论调是毫无新意的。

（3）规范性。毕业论文的内容上要求论证严密、条理清晰；格式上要求严格遵守相关规定，如字体、行距、注释、参考文献等都有具体要求。

（4）实践性。毕业论文是一种学术论文。成功的、有价值的学术论文都是指向现实应用的，是可以带来实际价值的。

四、结构

（一）标题

标题是论文的眉目，无论是何种形式，总要体现作者的写作意图、论文的主旨。毕业论文的题目应简洁、明确、有概括性，字数不宜超过 20 个字。可以用总标题的形式，如《县级行政机构改革之我见》《试论我国农村的双层经营体制》。也可以用主标题、副标题结合的形式，如《如何看待现阶段劳动报酬的差别——也谈按劳分配中的资产阶级权利》《开发蛋白质资源，提高蛋白质利用效率——探讨解决吃饭问题的一种发展战略》。

（二）摘要和关键词

摘要和关键词指的是从论文的定稿中提取能简明扼要表达论文内容的语段和重要的词，以备数据检索之用。必要时，还应该配有英文摘要和关键词。

摘要是对论文阅读者的精要提示，语言要有高度的概括力，简要叙述全文的框架结构。长短依论文总字数而定，例如：本、专科毕业论文字数要求在 3000～5000 字，摘要应不少于 300 字。

关键词是最能表现论文主要内容的词。一般由名词充当，数量最好不超过 5 个、不少于 3 个，词与词之间用分号或逗号隔开。

（三）正文

各个院校对本、专科毕业论文正文字数要求不同，一般在 3000～5000 字；硕士毕业论文在 2 万～3 万字；博士毕业论文则在 10 万字以上。无论长短，正文部分的构思都应有以下三个部分：引论、本论、结论。

1. 引论

引论是论文的开头部分，主要说明论文写作的目的、现实意义、对所研究问题的认识，并提出论文的中心论点等。必要时还应对研究方法、论证方法作简单介绍。引论部分要单刀直入、开门见山，篇幅不要太长。

2. 本论

本论是论文的主体，也是论文最重要的部分。在本部分要运用各方面的研究方法和实验结果，分析问题，论证观点，尽量反映自己的科研能力和学术水平。

写毕业论文主要目的在于培养学生综合运用所学知识和技能，以及理论联系实际、解决实际问题的能力，同时使学生得到相关的逻辑思维训练和写作训练。这部分就是解决"怎么写"的问题。

在合理选题的基础上，本论部分成败的关键就在于论证方式。一般说来，可以由正面立论，也可以由反面立论。在论证内容上，既可以从作者搜集的第一手材料入手，也可以从前人的研究成果也就是第二手材料入手。在对材料真假的甄别和材料内容的分析过程中得出结论。

本论部分的论证方法有两种：直线式推论和并列式分论。直线式推论是在提出一个论点后，层层深入展开论述，遵循逻辑性直线推理；并列式分论是把一个论点包含的分论点并列起来，逐一论证。无论哪种方法的论证，为了层次清晰，常常需加小标题，即二级标题或三级标题。

3. 结论

结论是毕业论文的收尾部分，是围绕本论所作的结束语。这一部分应对前文中的问题加以综合概括和强调，或者提出解决问题的具体建议和措施，也可以是对课题研究前景的展望和估计。结论是整篇论文的归宿，是从全篇论文的全部材料出发，经过推理、判断、归纳等逻辑分析过程而得到的新的学术总观念、总见解。

（四）注释和参考文献

依据论文写作通行的要求，在定稿中加入所引用的资料出处，在文章后列举所参考的书籍、文献。

正文中直接引用的部分要添加注释，这既是对论文相关论证材料真实性的证明，也是对前人研究成果的尊重。注释要求按照作者引用的顺序，在文中标注，并在标注所在的页面底部注明作者、书籍或期刊名称、出版社、出版时间、页码等信息。如：李泽厚：《中国古代思想史论》，人民出版社，1986 年版，第 311 页。

参考文献位于论文正文的末尾，一般以清单的形式罗列写作时参考的专著、期刊、论文等。参考文献只是写作中参考的材料，无直接引用，所以无须标注页码。如：罗钢．叙事学导论［M］．云南人民出版社，1994.

（五）前封后记、版权声明、目录提取

1. 封面

论文主体完成后，要按照相关要求在文稿前添加封面，以标注题目、专业以及个

人信息。各院校一般都有统一的毕业论文封面。

2. 版权声明

一般而言，硕士与博士研究生的毕业论文内均需在正文前附版权声明，独立成页。如：河南大学《关于学位论文独立完成和内容创新的声明》（见下图）。声明需由撰写人及其指导老师亲笔签名。

关于学位论文独立完成和内容创新的声明

本人向河南大学提出硕士学位申请。本人郑重声明：所呈交的学位论文是本人在导师的指导下独立完成的，对所研究的课题有新的见解。据我所知，除文中特别加以说明、标注和致谢的地方外，论文中不包括其他人已经发表或撰写过的研究成果，也不包括其他人为获得任何教育、科研机构的学位或证书而使用过的材料。与我一同工作的同事对本研究所做的任何贡献均已在论文中作了明确的说明并表示了谢意。

学位申请人（学位论文作者）签名：________________

20　　年　　月　　日

关于学位论文著作权使用授权书

本人经河南大学审核批准授予硕士学位。作为学位论文的作者，本人完全了解并同意河南大学有关保留、使用学位论文的要求，即河南大学有权向国家图书馆、科研信息机构、数据收集机构和本校图书馆等提供学位论文（纸质文本和电子文本）以供公众检索、查阅。本人授权河南大学出于宣扬、展览学校学术发展和进行学术交流等目的，可以采取影印、缩印、扫描和拷贝等复制手段保存、汇编学位论文（纸质文本和电子文本）。

（涉及保密内容的学位论文在解密后适用本授权书）

学位获得者（学位论文作者）签名：________________

20　　年　　月　　日

学位论文指导教师签名：________________

3. 目录提取

较长的毕业论文还应配有目录以方便阅读。长篇论文，除中心论点外，还有许多分论点，目录便于读者把握论文各部分的关系，也便于检索。

4. 致谢或后记

论文的最后按惯例要附有“致谢”或者“后记”。对写作过程中给予帮助的老师、同事、家人予以感谢。此处不宜过长，最好不要超过一页。

知识延伸

毕业论文写作过程

■ 选题

选题是论文撰写成败的关键，实际上就是确定“写什么”的问题。因此，选题是在经过长期的专业学习、大量阅读相关书籍，并了解学科研究现状的基础上，通过探究知识增长点，初步假定学术观点、理论构想或设计创意的过程。

需要注意的是，论文的选题不是一蹴而就的，必须经过长期的知识积淀、理性的学术思考。或提出新观点，或寻找前人研究的错误之处，都是有科学价值和现实指导意义的。

本、专科毕业论文的选题不宜太大，因为这类论文字数要求少，不能清楚地阐述大范围的研究。选题过大容易造成内容空泛，缺乏深度。

■ 开题

开题即通过进一步的调研和思考，论证论文的写作价值，阐述论文的构思框架，列出存在的问题和困难，制定整体写作计划的活动。论文开题应以“开题报告”的书面形式呈现，作者在开题报告会上向导师团队阐述以上条目，听取意见，修正选题。

■ 初稿

依据修正后的选题所完成的论文草稿。

■ 定稿

在初稿的基础上，围绕基本观点，调整论文内容、结构、格式、表达方式之后，形成的最终作品。

论文答辩

毕业论文答辩是一种有组织、有准备、有计划、有鉴定的比较正规的审查论文的重要形式。为了搞好毕业论文答辩，在举行答辩会前，校方、答辩委员会、答辩人（毕业论文的作者）三方都要做好充分的准备。

■ 答辩准备

答辩前的准备，最重要的是答辩人的准备。要保证论文答辩的质量和效果，关键在答辩者。

第一，要撰写好毕业论文简介，主要内容应包括论文的题目，指导教师姓名，选择该题目的动机，论文的主要论点、论据和写作体会以及本议题的理论意义和实践意义。

第二，要熟悉自己所写论文的全文，尤其是要熟悉主体部分和结论部分的内容，明确论文的基本观点和主论的基本依据；弄懂论文中所使用的主要概念的确切含义，所运用的基本原理的主要内容；还要仔细审查、反复推敲文章中有无自相矛盾、谬误、片面或模糊不清的地方，有无与党的政策方针相冲突之处等。

第三，要了解和掌握与自己所写论文相关联的知识和材料。包括：这个论题学术界的研究已经达到了什么程度；存在哪些争议；有几种代表性观点；各有哪些代表性著作和文章；重要引文的出处和版本；论证材料的来源渠道等。这些方面的知识和材料都要在答辩前了解。

第四，论文还有哪些应该涉及或解决，但因力所不及而未能接触的问题，也就是论文的不足之处。

作者在答辩前要好好准备，经过思考、整理，写成提纲，记在脑中，答辩时就可以做到心中有数、从容作答。

■ **答辩程序**

（1）答辩人必须在论文答辩会举行之前半个月，将经过指导老师审定并签署意见的论文一式三份交给答辩委员会，供答辩委员会在仔细研读论文的基础上，拟出要提的问题。

（2）答辩人自我介绍。作为答辩的开场白，包括姓名、学号、专业。介绍时要举止大方、态度从容、面带微笑、礼貌得体。

（3）答辩人陈述。用 15 分钟左右的时间概述论文的主题、课题背景、选题原因、研究过程、实验数据、主要论点、论据、研究结果、创新价值等。

（4）主答辩老师提问。主答辩老师一般提三个问题。根据学校要求，有的当场作答，有的让学生独立准备 15～20 分钟后再来作答。主答辩老师和其他答辩老师随时可以有适当的插问。

（5）总结。由主答辩老师当面向答辩人作总结，肯定其优点和长处，指出其错误或不足之处，同时当面向答辩人宣布通过或不通过。

■ **注意事项**

（1）克服紧张、不安、焦躁的情绪，自信一定可以顺利通过答辩。

（2）注意自身修养，有礼有节。无论是听答辩教师提出问题，还是自己回答问题，都要做到礼貌应对。

（3）听明白题意，抓住问题的主旨，弄清答辩教师出题的目的和意图，充分理解问题的根本所在再作答，以免答非所问。

（4）若对某一个问题确实没有搞清楚，要实话实说，并虚心请教老师。这样也许可以争取到老师的提示。不应自以为是、不懂装懂，也不能遇到难题就自暴自弃、消极作答。

实战演练

请结合你自己的专业，写一篇毕业论文，不少于 3000 字。

展示评价

1. 每个小组评选出写得最好的作品，作为本组的学习成果展示。
2. 小组成员全体参与，模拟答辩。

工作任务	根据你的专业写一篇毕业论文，并模拟答辩				
团队名称		成员		指导教师	
项　　目	考核要求	分值	自我评价（10%）	小组评价（20%）	教师评价（70%）
准备阶段	选题合理、有一定的创新意义	5			
	搜集材料完备	5			
写作阶段	层次清晰、逻辑严密	10			
	标题有概括性、论证方法科学、论证过程严谨	40			
	摘要、关键词、注释、参考文献齐全	10			
答辩阶段	参考自我介绍	10			
	论文内容陈述层次清晰、语言简明	10			
	答辩问题设置合理、回答正确	10			
合　　计		100			
开始时间		结束时间		总成绩	

活动拓展

毕业论文答辩视频

入职阶段

第四章　行政事务

第一节　劳动合同

情境导入

今天，是小花人生中一个重要的日子——她即将正式走上工作岗位，实现从学生到企业员工的人生蜕变，开启未来职业生涯的新篇章。一大早，小花就起床开始梳洗打扮。今天她特地穿得比较正式：深色连衣裙，咖啡色高跟皮鞋，显得既时尚，又不失庄重。本来嘛，二十岁正是如花似玉的年龄！小花望着镜中的自己出神："希望今天能给新领导和新同事留个好印象！"

到了公司，小花看见几个跟她一批入职的新人正坐在人力资源部门口的休息区，凑过去发现大家正在讨论怎么签订劳动合同。小花一听就有点紧张，虽然知道入职都是要签合同的，但毕竟是人生头一次，万一签错了怎么办？以前在新闻上看过，员工因为签合同时大意，掉入了单位恶意设置的陷阱，投诉无门……看看表，离约定的时间还早，小花干脆打开手机网络，临时抱起了"佛脚"。

自主探究

1. 你有过签订劳动合同的经历吗？
2. 你认为劳动合同中应该包含哪些内容？
3. 在劳动合同期限未满之前，员工可以提出辞职吗？
4. 试用期的工资一般都比较低，有没有什么法定标准？
5. 用人单位不履行合同内容或单方面变更合同内容时，我们该怎么办？

材料示评

例文：

新华大酒店劳动合同

合同编号：20160102

甲方（用人单位）名称：　　　　新华大酒店　　　　

住所：×市×区新华路30号

法定代表人：张书涛

乙方（劳动者）姓名：李力　　性别：男

居民身份证号码：××××××××××××××××××

现住址：×市×区向阳路×小区2号楼3103室

甲、乙双方根据《中华人民共和国劳动法》《中华人民共和国劳动合同法》等法律、法规、规章的规定，在平等自愿、协商一致的基础上，同意订立本劳动合同，共同遵守本合同所列条款。

一、合同期限

（一）合同期限

甲、乙双方选择按以下第 1 种形式确定本合同期限：

1. 固定期限：自 2016 年 8 月 15 日起至 2019 年 8 月 14 日止。

2. 无固定期限：自____年____月____日起至法定的或本合同所约定的终止条件出现时止。

3. 以完成一定的工作任务为期限：自____年____月____日起至____工作任务完成时即行终止。

（二）试用期限

甲、乙双方选择按以下第 2 种形式确定试用期期限（试用期包括在合同期限内）：

1. 无试用期。

2. 试用期自 2016 年 8 月 15 日至 2017 年 2 月 28 日止。

二、工作内容和工作地点

（一）根据甲方工作需要，乙方同意从事 厨师长 岗位（工种）工作。

（二）乙方应按照甲方的要求，按时完成规定的工作数量，达到规定的质量标准。工作职责为________________。

（三）乙方同意在甲方安排的工作地点 ×市×区新华路30号，新华大酒店厨房区域 从事工作。

三、工作时间和休息休假

（一）甲、乙双方同意按以下第 1 种方式确定乙方的工作时间：

1. 标准工时制，即每日工作 8 小时，每周工作 5 天，每周至少休息一天。

2. 不定时工作制，即经劳动保障部门审批，乙方所在岗位实行不定时工作制。

3. 综合计算工时工作制，即经劳动保障部门审批，乙方所在岗位实行以____为周期，总工时小时的综合计算工时工作制。

（二）实行标准工时工作制的，甲方安排乙方每日工作时间不超过八小时，每周不超过四十小时。甲方由于工作需要，经与工会和乙方协商后可以延长工作时间，一般每日不得超过一小时，因特殊原因需要延长工作时间的，在保障乙方身体健康的条件下延长工作时间每日不得超过三小时，每月不得超过三十六小时。

（三）甲方延长乙方工作时间的，应依法安排乙方同等时间补休或支付加班加点工资。

四、劳动报酬

（一）乙方正常工作时间的工资按以下第 1 种形式执行，试用期的工资不得低于本单位相同岗位最低档工资或者本合同约定工资的80%，并不得低于用人单位所在地的最低工资标准。

1. 乙方试用期的工资标准为 4800 元/月；试用期满工资 6000 元/月。

2. 其他形式。（略）

（二）甲方应以法定货币形式按月支付乙方工资，发薪日为每月 20 日，不得克扣或无故拖欠。甲方支付乙方的工资，应不违反国家有关最低工资的规定。（略）

五、劳动保护和劳动条件（略）

六、社会保险和福利待遇

（一）甲方应按国家和地方有关社会保险的法律、法规和政策规定为乙方缴纳基本养老、基本医疗、失业、工伤、生育保险费用；社会保险费个人缴纳部分，甲方可从乙方工资代扣代缴。（略）

七、劳动纪律和规章制度（略）

八、劳动合同的变更、解除、终止、续订（略）

九、违约情形及责任

（一）甲方的违约情形及责任：如甲方在合同期内解除劳动合同，则按国家标准向乙方支付经济补偿金。

（二）乙方的违约情形及责任：乙方需保守甲方的商业机密，且一经聘用，不得兼职，如违反上述规定，需承担法律责任。

十、调解及仲裁（略）

十一、其他

（一）本合同未尽事宜，按国家和地方有关法律规定办理。在合同期内，如本合同条款与国家、省有关劳动管理新规定相抵触，按新规定执行。

（二）双方约定（内容不得违反法律及相关规定，可另加双方签名或盖章的附页）。（略）

（三）本合同一式两份，具有同等法律效力，甲、乙双方各保管一份。

甲方：（盖章） 乙方：（签名或盖章）

法定代表人（或委托代理人）

2016年8月15日 年 月 日

互动点评

采用团队合作的方式共同讨论例文，说出自己的感受，教师及时点评：

这是一篇完整的劳动合同文本，具备合法的条款。在首次签订合同时，劳动者一定要仔细阅读合同的每一项内容。尤其是涉及时间、权利的部分，要判断用人单位的规定是否符合我国《劳动法》。尤其注意：本合同的前六大项内容是必不可少的，如果缺一条，则该劳动合同不成立，为无效合同。

知识聚焦

一、概念

劳动合同也称劳动契约、劳动协定，是劳动者与用人单位确立劳动关系、明确双方权利和义务的协议。根据劳动合同，劳动者加入企业、个体经济组织、事业组织、国家机关、社会团体等用人单位，成为该单位的一员，应承担一定的工种、岗位或职务工作，并遵守所在单位的内部劳动规则和其他规章制度；用人单位应及时安排被录用的劳动者工作，按照劳动者提供劳动的数量和质量支付劳动报酬，并且根据劳动法律、法规规定和劳动合同的约定提供必要的劳动条件，保证劳动者享有劳动保护及社会保险、福利等权利和待遇。

二、种类

（一）固定期限劳动合同

大部分合同属于此类，即双方当事人明确规定合同有效的起止时间。

（二）无固定期限劳动合同

用人单位和劳动者约定无确定终止时间的劳动合同。《劳动合同法》第十四条规定：有下列情形之一的，劳动者提出或者同意续订、订立劳动合同的，除劳动者提出订立固定期限劳动合同外，应当订立无固定期限劳动合同：

（1）劳动者在该用人单位连续工作满十年的；

（2）用人单位初次实行劳动合同制度或者国有企业改制重新订立劳动合同时，劳动者在该用人单位连续工作满十年且距法定退休年龄不足十年的；

（3）连续订立二次固定期限劳动合同，且劳动者没有本法第三十九条和第四十条第一项、第二项规定的情形，续订劳动合同的。

用人单位自用工之日起满一年不与劳动者订立书面劳动合同的，视为用人单位与劳动者已订立无固定期限劳动合同。

（三）以完成一定工作任务为期限的劳动合同

这是固定期限劳动合同的另一种形式，适用于临时性的、季节性的工作。签订此类劳动合同不应规定试用期。

三、特点

（一）主体的法定性

劳动合同的主体是指劳动者和用人单位。劳动者必须达到法定年龄 16 周岁，同时具有劳动能力；用人单位必须依法成立、从事合法劳动。否则，不能作为合同签订的主体，所签订的合同也属于无效合同。

（二）形式的法定性

各国对劳动合同形式要求不尽相同，我国要求必须采用书面形式、一式两份、合同双方各执一份。因此，合同必须双方当面签字盖章，各执一份。

（三）内容的统一性

劳动合同内容体现了权利和义务的统一。完整的劳动合同文本中必须包含劳动者和用人单位双方的权利、义务。如遇到“一边倒”合同，千万不能签。

（四）程序的公开性

公布招聘简章→自愿报名→全面考核→择优录用→用人单位提出劳动合同草案→介绍内部劳动规则，告知订立合同相关事项→双方协商合同内容→签字盖章。

四、结构

《劳动法》规定，劳动合同的内容是指在劳动合同协议中需要明确规定的劳动关系双方当事人的权利义务和其他需要说明的事项。因此，劳动合同条款包括法定条款和约定条款两个方面。

（一）法定条款

又称为必备条款，即法律规定的生效的劳动合同必须具备的条款。如条款残缺则合同不成立。《劳动合同法》第十七条规定劳动合同中必须包含以下条款：

（1）用人单位的名称、住所、法定代表人或主要负责人；

（2）劳动者的姓名、住址和居民身份证或者其他有效身份证件号码；

（3）劳动合同期限；

（4）工作内容和工作地点；

（5）工作时间和休息休假；

（6）劳动报酬；

（7）社会保险；

（8）劳动保护、劳动条件和职业危害防护；

(9) 法律、法规规定的其他内容。

(二) 约定条款

又称为可备条款，是劳动合同中由当事人双方约定的部分。缺少可备条款不影响合同的成立。《劳动合同法》第十七条规定中包含以下条款：劳动合同除前款规定的必备条款外，用人单位与劳动者可以约定试用期、培训、保守秘密、补充保险和福利待遇等其他事项。

1. 试用期

《劳动合同法》第十九条规定：劳动合同期限三个月以上不满一年的，试用期不得超过一个月；劳动合同期限一年以上不满三年的，试用期不得超过两个月；三年以上固定期限和无固定期限的劳动合同，试用期不得超过六个月。

试用期包含在劳动合同期限内。劳动合同仅约定试用期的，试用期不成立，该期限为劳动合同期限。

劳动者在试用期的工资不得低于本单位相同岗位最低档工资或者劳动合同约定工资的百分之八十，并不得低于用人单位所在地的最低工资标准。

有的用人单位为了规避法律，约定试岗、适应期、实习期，这些都是变相的试用期，其目的无非是为了将劳动者的待遇下调，方便解除劳动合同。为了保护劳动者的合法权益，应当明确这些情形必须按照试用期对待。

2. 保守商业秘密和专有技术秘密条款

在劳动关系存续期间，劳动者负有保守用人单位商业秘密和专有技术秘密的任务。如：管理方法、客户名单、货源情报、生产配方、工艺流程、技术诀窍、设计图纸等。还可以双方约定，合同终止若干年内继续保守秘密。

3. 竞业限制条款

竞业限制是用人单位对负有保守用人单位商业秘密的劳动者，在劳动合同、知识产权权利归属协议或技术保密协议中约定的竞业限制条款，即劳动者在终止或解除劳动合同后的一定期限内不得在生产同类产品、经营同类业务或有其他竞争关系的用人单位任职，也不得自己生产与原单位有竞争关系的同类产品或经营同类业务。

限制时间由当事人事先约定，但不得超过两年。竞业限制条款在劳动合同中为延迟生效条款，也就是劳动合同的其他条款法律约束力终结后，该条款开始生效。甲方应当按照竞业限制期限向乙方支付一定数额的竞业限制补偿费。补偿费的金额为乙方离开甲方单位前一年的基本工资。

五、注意事项

(1) 口头合同不算数。由亲友、熟人介绍的工作，往往碍于双方情面，不好意思公事公办，或者怕麻烦，只作口头承诺，无据可查。

（2）简单合同不能签。这类合同要素残缺、内容简单，没有必要的细节约束，容易引起纠纷。

（3）“暗箱”合同、“一边倒”合同不能签。有的劳动合同由用人单位事先拟好，从自身利益出发：明显只强调员工的义务，不提员工应享有的权利，或对权利、福利一笔带过，以“解释权归本公司所有”结尾。这种合同万万不能草率签订。

（4）抵押合同不能签。有的用人单位要求劳动者上交证件原件或财物，甚至辞职不归还给本人，这种做法是违反《劳动法》的。如合同中有类似约定，也是不能签字同意的。

（5）双面合同不能签。有的用人单位为应付劳动保障部门检查，准备两份合同：一份合法规范的，由单位保管并不执行；一份不合法的实际执行。这种情况将给劳动者带来很大隐患。

（6）“卖身”合同不能签。如合同中要求员工严格遵守“厂规厂范”，利用此要求限制吃饭、上厕所时间，随意言语侮辱，甚至搜身等，一定不能签。

（7）生死合同属无效合同。凡合同中出现“伤病自理”“如有意外，企业概不负责”等字样时，均属于无效合同。这种合同多出现在煤矿、建筑、化工等高风险的行业，劳动者不能抱有侥幸心理。

知识延伸

劳动合同的订立原则

《劳动合同法》第三条规定：订立劳动合同，应当遵循合法、公平、平等自愿、协商一致、诚实信用的原则。

■ **合法**

劳动合同必须依法订立，不能违背法律法规，包括主体合法、内容合法、形式合法、程序合法。

■ **公平**

体现在两个方面：权利义务的对等、同工同酬。

■ **平等自愿**

平等，双方地位平等。订立合同的同时，双方以平等的主体出现，不存在命令、控制关系。《劳动合同法》第九条规定：用人单位招用劳动者，不得扣押劳动者的居民身份证和其他证件，不得要求劳动者提供担保或者以其他名义向劳动者收取财物。

《劳动合同法》第八十四条规定：用人单位违反本法规定，扣押劳动者居民身份证等证件的，由劳动行政部门责令限期退还劳动者本人，并依照有关法律规定给予处罚。用人单位违反本法规定，以担保或者其他名义向劳动者收取财物的，由劳动行政部门责令限期退还劳动者本人，并以每人五百元以上两千元以下的标准处以罚款；给劳动者造成损害的，应当承担赔偿责任。

■ **协商一致**

当事人双方应就合同的细节当面协商，达成一致意见。

■ **诚实信用**

约束劳动者和用人单位双方。

延长工作时间的法律规定和工资支付

■ **延长工作时间的法律规定**

《劳动法》第四十一条规定：用人单位由于生产经营需要，经与工会和劳动者协商后可以延长工作时间，一般每日不得超过一小时；因特殊原因需要延长工作时间的，在保障劳动者身体健康的条件下延长工作时间每日不得超过三小时，每月不得超过三十六小时。

延长工作时间不受上述规定约束的四种情况：

（1）发生自然灾害、事故或其他原因，使人民的安全健康和国家财产遭到严重威胁，需紧急处理的；

（2）生产设备、交通运输线路、公共设施发生故障，需及时抢修的；

（3）必须利用法定节假日或公休日停产期间进行的工作；

（4）未完成国防任务或紧急生产任务的，如季节性收购、运输、加工等。

■ **延长工作时间的工资支付**

（1）安排劳动者延长工作时间的，支付不低于工资150%的报酬；

（2）安排劳动者在休息日工作又不能安排补休的，支付不低于工资200%的报酬；

（3）安排劳动者在法定节假日工作的，支付不低于工资300%的报酬。

实战演练

请根据所学的内容，找出下列劳动合同中违反法律规定的地方，并加以改正。

劳动合同

合同编号：×××

甲方（用人单位）名称：重庆绿地园林景观设计公司

住所：重庆市×区×路210号

法定代表人：孙启岗

乙方（劳动者）姓名：________性别：________

居民身份证号码：________

现住址：________

甲、乙双方根据《中华人民共和国劳动法》《中华人民共和国劳动合同法》等法律、法规、规章的规定，在平等自愿、协商一致的基础上，同意订立本劳动合同，共同遵守本合同所列条款。

一、合同期限

固定期限：自 2015 年 9 月 1 日起至 2017 年 8 月 31 日止。

试用期：自 2015 年 9 月 1 日至 2015 年 10 月 31 日止。

二、工作内容和工作地点

1. 根据甲方工作需要，乙方同意从事 园林设计师 岗位（工种）工作。

2. 乙方应按照甲方的要求，按时完成规定的工作数量，达到规定的质量标准。工作职责为____。

3. 乙方同意在甲方安排的工作地点从事工作，但如公司有要求，必须无条件服从变更工作地点。

三、工作时间和休息休假

标准工时制，即每日工作__5__小时，每周工作__7__日。甲方延长乙方工作时间的，凡在每日8小时内，不予支付加班费。

四、劳动报酬

1. 乙方试用期的工资为__2000__元/月；试用期满工资__4000__元/月。

2. 甲方应以法定货币形式按月支付乙方工资，发薪日为每月__20__日，遇特殊情况可推迟，但不得超过两周。

五、劳动保护和劳动条件

乙方属于甲方合同制员工，在工作期间“伤、病、残、亡”概不负责。

六、社会保险和福利待遇

甲方在约定工资的基础上，每月多支付乙方__500__元津贴，作为给乙方缴纳的基本养老、基本医疗、失业、工伤、生育保险费用。乙方需自行去相关部门办理，如不办理视为自动放弃，甲方不承担任何责任。

七、劳动纪律和规章制度（略）

八、劳动合同的变更、解除、终止、续订（略）

九、违约情形及责任

1. 甲方的违约情形及责任：

如甲方在合同期内解除劳动合同，则向乙方支付经济补偿金2000元。

2. 乙方的违约情形及责任：

如乙方在合同期内辞职，则向甲方支付经济补偿金2000元。

十、调解及仲裁（略）

十一、其他

本合同一式两份，双方签字盖章后全部交由公司人力资源部封存。

甲方：（盖章）重庆绿地园林景观设计公司　　乙方：（签名或盖章）

法定代表人（或委托代理人）：

2015年9月1日　　　　　　　　　　　　年　月　日

参考答案

1. 合同期限中的“试用期”一条是合法的，很多同学可能会判断为违法。法律规定的只是试用期的上限，可以根据情况适当缩短。

2. 第二条第3款违法。变更劳动合同条款必须与劳动者协商。

3. 第三条违法。工作时间采用标准工时制，每周要保证劳动者至少休息一天。延长工作时间，要支付加班费。

4. 第四条第 1 款违法，因为试用期工资不得低于劳动合同约定工资（4000 元/月）的 80%，应至少为 3200 元/月；第 2 款违法，因为工资要按月定时发放。

5. 第五条违法，属于“生死合同”。如现实情况下遇到生死合同，则该合同被判定为无效合同。

6. 第六条违法。用人单位应为劳动者缴纳各项保险，以现金形式代替是不对的。

7. 第九条第 2 款违法。这是“霸王条款”，劳动者有辞职权，不应支付补偿金给单位。

8. 第十一条违法。劳动合同经双方签字盖章后，应双方各执一份。

展示评价

1. 每个小组评选出写得最好的作品，作为本组的学习成果展示。

2. 每个小组推选一名同学上台进行“小组学习成果展示”，其他小组成员作为评委进行评议打分；教师对每个小组的成果进行点评。

工作任务	找出劳动合同中违反法律规定之处				
团队名称		成员		指导教师	
项　　目	考核要求	分值	自我评价（10%）	小组评价（20%）	教师评价（70%）
准备阶段	分工合作、认真研读法律条文	20			
实施阶段	找出合同中的违法之处，能说出理由并加以改正	40			
展示阶段	礼仪到位、普通话标准、表述清晰	40			
合　　计		100			
开始时间		结束时间		总成绩	

活动拓展

1. 向父母或亲朋好友借来他们的劳动合同文本，用本节课所学的知识检查其内容是否合乎法律规范；如遇违法条款，尝试提出建议。

2. 情景模拟：假如你是某公司人事部门负责人，公司新进员工即将签订劳动合同，请你就如何解读劳动合同为他们做一次讲解。

3. 江苏高院公布 2013 年劳动争议十大典型案例（扫二维码）。

第二节　凭证性条据

情境导入

王创业和李有财是好朋友。有一天，两人在路上碰见了，热情地握手寒暄起来。

王创业：有财兄，你好呀！

李有财：创业老弟，你好，最近忙什么呢？

王创业：听说国家号召“大众创业，万众创新”，形势这么好，我原来不是学过修车技术嘛，我想利用手里的技术来创业，但是没钱，事情不好办呀！

李有财：嘿嘿，不早跟我说，我有钱呀！需要的话，尽管开口。

王创业：我想开个汽车维修店，但是缺少买设备的5000元钱，你能借我吗？我三个月后一定还！

李有财：行啊！

王创业：那咱们写个借条吧。

李有财：咱俩关系这么好，谁跟谁啊，什么借条不借条的，别写了！

王创业：那可不行，亲兄弟还明算账呢。

李有财：那好吧。

于是，王创业和李有财约好第二天下午再见面。回家之后，王创业想到汽车维修店有了资金来源，特别高兴，立马开始准备借条。王创业虽然修车技术好，但是笔杆子功夫却不行，他找来纸张和笔，坐在桌子前划拉了半天，也写不成一张像样的借条，总觉得自己写的借条不规范，好像少了点什么。王创业和小花是好朋友，他找到小花，让小花帮他写一张借条。小花听王创业说明情况后，起初觉得写借条很简单，就爽快地答应了王创业，但是开始动笔写的时候，她翻阅了借条写作的相关资料，发现小小的借条并没有想象的那样简单，里面的讲究多着呢！

自主探究

1. 在社会交往活动中，借条能起到什么作用？

2. 如果你的亲戚朋友向你借取钱财和物品，不想给你写借条，你会妥协吗？这样做好吗？

3. 王创业要给李有财写借条，你觉得应该写些什么？

4. 你觉得写借条应该注意些什么？为什么？

5. 李有财第二天有事要到外地，他让王创业发个短信代替纸质的借条，这样行吗？为什么？

材料示评

例一：

借　条

今借到张天（身份证号码为400256198809098845）人民币叁仟元整（3000.00）。双方协议借款人李元元（身份证号码为400257198704075237）从2009年四月份起每个月15号前还1000元，分3个月还清。

此据

借款人：李元元

2009年3月26日

例二：

借　条

今借王三1000元，利息按年息20%计算。

2011年8月5日

互动点评

学生对比两则材料，采用团队合作的形式讨论并形成总的意见、推选代表作答。教师及时点评，并提供参考答案。参考：

1. 例二表述不清，“借”可以理解为“借到”，也可以理解为“借给”。
2. 欠款数如果用阿拉伯数字书写，很容易被篡改，慎重起见应该使用大写，以防止被篡改。
3. 例二里的落款只写了借款日期，没有写借款人的姓名。正确的写法是写明借款人身份证上的姓名，而且最好是加上借款人的指纹。
4. 例二借条里的利息过高。超过银行利率4倍以上，不受法律保护。
5. 姓名不要用小名或者外号，而且最好写上身份证号。
6. 最好约定好还款期限。
7. 借条正文写完后，结语“此据”最好写上，防止有人在正文后面再添加内容。

知识聚焦

小花帮王创业写的借条属于凭证性条据的一种。凭证性条据是一种广泛运用的应用文，由于涉及钱财和物品事务，往往会对人们的经济生活产生很大的影响。

一、概念

为办理涉及钱财和物品事务的各种手续而留下存根，这种作为某种凭据的字条就叫做凭证性条据。凭证性条据具有法律效力。

二、种类

凭证性条据按照具体的用途可以分为借条、收条、欠条、领条。

（一）借条

借条，又称借据，是指借取个人或公家的现金或物品时写给对方的条子，钱物归还后，打条人收回借条，即作废或撕毁。它是一种凭证性文书，通常用于日常生活以及商业管理方面。

从法律的角度看，借条是表明债权债务关系的书面凭证，一般由债务人书写并签章，表明债务人已经欠下债权人借条注明金额的债务。

借条的基本内容包括：债权人姓名、借款金额（本外币）、利息计算、还款时间、违约（延迟偿还）罚金、纠纷处理方式，以及债务人姓名、借款日期等要件。只要具备债权人姓名、借款金额、债务人姓名及借款日期（尽管是后来添上的，但符合借条的主要要件），就具有法律效力。一旦产生争议，是可以作为证据向人民法院主张债权的，人民法院也会采信。

（二）收条

收条是指收到对方归还的钱财或者物品的时候，为对方开出的证明已经收到的一种条据。

（三）欠条

欠条是指由于某些原因应该给对方钱财或物品没能及时给，而给对方开具的一种凭证性条据。

（四）领条

领条是指领取钱财或物品后，给发放钱财或者物品的单位或个人开具的一种凭证性条据。

还有一些凭证性条据是某些单位和部门打印好的，只需要按要求填写即可，使用非常方便。

三、特点

（1）内容单一。凭证性条据一般就某一件事进行写作，内容比较简单。

（2）叙事扼要。凭证性条据要求简明扼要、叙事明确，不宜长篇大论、修辞抒情。

（3）篇幅短小。凭证性条据由于内容简单，篇幅非常短小，只要说明情况，有时候十几个字即可。

（4）格式简明。凭证性条据一般由标题、正文、结语、落款四部分组成。

（5）时间性强。凭证性条据一般都需要注明时间，因为凭证性条据落款时间所涉及的有效期都有法律明文规定。

（6）应用范围广。凭证性条据广泛运用于社会生活中，普通人一般在社会生活中都会使用到。

（7）具有法律效力。与请假条等告知性条据不同的是，凭证性条据具有法律效力，当遇到法律纠纷时，可以作为证据使用。

四、结构

凭证性条据包括标题、正文、结语、落款四部分。

（一）借条的结构

1. 标题

借条的标题应该写于第一行的居中位置。

借条的标题可以由两种方式构成：

其一，直接由文种名构成，即在正文上方中间写上“借条”或“借据”字样。

其二，在第一行空两格后写上“今借到”，以之作为标题，而正文的其他内容放在下一行顶格写。其实这是一种省去标题的借据的写法。

2. 正文

借条的正文可以于标题之下另起一行，空两格开始书写。

正文要写明下列内容：

其一，从哪里得到了什么东西，数量是多少。要写出所借的钱物的数目及物品的品种、型号、式样、规格等。借出方也需写清楚。从单位借出的钱物要写上所为何用。

其二，写明归还的具体日期或大致时间，有较为复杂的情况，则要写明具体归还的方法。

3. 结语

借条正文写完后，另起一行，写“此据”二字作为结语，不需加标点符号。

4. 落款

如果是以单位的名义借取钱物，要写上借钱物的单位名称和经手人姓名，必要时需加盖公（私）章，以示负责。

如果是个人借取钱物，则应在落款处列出个人居民身份证上的姓名。

单位、个人名称前一般写上“立据人”或“借款人”字样。

在署名后还要写上借钱物的具体时间。年、月、日要写齐，不要只写月、日。

（二）收条的结构

1. 标题

标题写在正文上方中间位置，字体稍大。标题的写法有两种：

一种是直接由文种名构成，即写上“收条”或“收据”字样。

另一种是把正文的前三个字作为标题，而正文从第二行顶格处接着往下写。如用“今收到”“现收到”“已收到”作为标题。

2. 正文

正文一般是在第二行空两格处开始写，但以“今收到”为标题的收条是不空格的。正文一般要写明收到的钱物的数量、物品的种类、规格等情况。

3. 结语

正文写完后，另起一行，写“此据”二字作为结语，不需加标点符号。

4. 落款

落款一般要求写上收钱物的个人姓名或单位名称，署上收到的具体日期，一般还要加盖公章。是某人经手的，一般要在姓名前署上“经手人”的字样；代别人收的，则要在姓名前加上“代收人”字样。

例一：

收条（或收据）

本人×××（身份证号码：××××××××××××××××××××）已于××××年2月2日收取×××（身份证号码：××××××××××××××××××××）欠本人的人民币××××××××××××元整。

此据

签名：×××

××××年2月2日

例二：

收条（或收据）

本人×××（身份证号码：××××××××××××××××××××）已于××××年××月××日收到×××（身份证号码：××××××××××××××××××××）借走的本人的明路牌音响一套（型号：×××）和大兴牌小轿车一辆（型号：×××），完好无损。

此据

签名：×××

××××年××月××日

（三）欠条的结构

1. 标题

欠条的标题一般由文种名构成，即在正文上方中间以较大字体写上“欠条”两字。也有的在此位置写上“暂欠”或“今欠”字样作为标题，但这种标题正文则在下一行顶格写。

2. 正文

欠条的正文要写清欠什么人或什么单位什么东西、数量多少，并要注明偿还日期。

3. 结语

正文写完后，另起一行，写“此据”二字作为结语，不需加标点符号。

4. 落款

落款要署上欠方单位名称和经手人的亲笔签名，是个人出具的欠条则需署上立欠方个人的姓名。并同时署上欠条的日期。单位的要加盖公章，个人的要加盖私章。

例一：

欠 条

本人×××（身份证号码：××××××××××××××××××）由于×××事情，于××××年××月××日亏欠×××（身份证号码：××××××××××××××××××）人民币×××××元整（大写：×××××元整）。经双方协商，利息定为人民币×××××元整（大写：×××××元整），债务人必须于××××年××月××日前将本金和利息全部还清。

此据

债务人签字：×××

××××年××月××日

例二：

欠 条

本人×××（身份证号码：××××××××××××××××××）由于×××事情，于××××年××月××日亏欠×××（身份证号码：××××××××××××××××××）货物纯棉布匹20件（每件长300米，宽1.2米）。经双方协商，本人必须于××××年××月××日前将所欠货物全部交付完毕。

此据

签字：×××

××××年××月××日

（四）领条的结构

1. 标题

有两种写法：

（1）在第一行中间写“领条”二字。

（2）在第一行中间写“今领到”三个字。

2. 正文

如果标题写的是“领条”，正文要从下一行空两格写起；如果标题写的是“今领到”，正文要从下一行顶格写起，转行仍顶格写。正文要写什么单位、领到什么东西、领到多少等内容。金额要大写（有时既有小写，又在括号内用大写表示）。

3. 结语

正文写完后，另起一行，写“此据”二字作为结语，不需加标点符号。

4. 落款

署名写在正文右下方。重要的领条，要加盖公章或私章。有的署名既写单位名称又写个人姓名，遇此情况，最好既盖公章又盖私章。如果只盖一个章，则盖公章。日期写在署名下面，要写明年、月、日。

例一：

领　条

今领到×××××公司总务处发给的办公用钢笔3支，墨水2瓶。

此据

经手人：×××

××年××月××日

例二：

领　条

今领到×××××公司财务处发放的后勤管理中心22人的降温费×××元整（大写：×××元整）。

此据

经手人：×××

××年××月××日

五、注意事项

（1）凭证性条据如有证明人或担保人，应该让其签名，并且写明是证明人还是担保人，以免发生纠纷。

（2）书写应简明扼要，无须长篇大论，用词一定要精准，切勿含糊不清。如借条中的“借”容易产生歧义，可以理解为“借给”也可以理解为“借到”，因此条据写好之后，应该反复审查，看是否会产生歧义。

（3）要选用黑色墨水笔或黑色中性笔书写，字迹能保持较长时间。不可用铅笔，以保证借条不被篡改；也不可用浅色笔或者圆珠笔，因为字迹容易褪色或者晕染。

（4）所有金额一定要使用大写，数字大写一般为壹、贰、叁、肆、伍、陆、柒、捌、玖、拾、佰、仟、万。有些条据要求小写、大写数字都要具备。金额一定要精确到分，写完之后还要以“整”字结束，防止他人添加其他内容。

（5）条据可以由他人代为书写，也可以打印，但是落款处的借款人签字必须由本人亲笔书写，必要时还要加盖手印。加盖手印时注意指纹要清晰，手指脏污或者损伤条件下的不完整或不清晰的指纹无效。

（6）关于利息的约定。如果条据中没有写归还利息，那么相当于双方默认不付利息。如果条据中明确说明归还利息，还款时必须本息一起归还。条据中的利息不能超过银行利率的 4 倍，否则不受法律保护。

（7）为了保证凭证性条据的有效性，有时要提供当事人的居民身份证及其复印件。实际生活中，有些人会把条据直接写在居民身份证复印件的下方或者背面。

知识延伸

欠条与借条的区别

欠条和借条的性质是不一样的，它们形成的原因不同，借款主要是因借贷而产生，欠款则可能是因为买卖、租赁、利息而产生。借款如果没有约定还款日期，那么债权人可以在任何时间索要，时效从债务人拒绝还款时起算，最长时效不得超过 20 年，如果约定了还款期限，则时效从还款期满时起算。欠条如果没有约定还款期限，则诉讼时效从欠款形成之日起算，约定还款期的从还款期满时起算。也就是说，约定了还款期的借条和欠条，时效是一样的，没有约定还款期的借条和欠条，则是有区别的。

第一，借条证明借款关系，欠条证明欠款关系。借款肯定是欠款，但欠款则不一定是借款。

第二，借条形成的原因是特定的借款事实。欠条形成的原因很多，可以基于多种事实而产生，如因买卖产生的欠款，因劳务产生的欠款，因企业承包产生的欠款，因损害赔偿产生的欠款等等。

第三，人民法院进行合法性审查时适用的法律不同。

基于借条或者欠条引起的纠纷，在诉讼过程中，人民法院要依据不同的法律对借条或者欠条载明的权利义务的合法性进行审查。由于借条是基于借贷关系而形成的，按照《中华人民共和国民法通则》第九十条关于“合法的借贷关系受法律保护”的规定，在钱款借贷中，诸如“驴打滚”“利滚利”等高利贷行为违反了法律、法规的禁止性规定，由此所形成的借条产生无效民事行为的法律后果，不能成为权利主体主张权利的凭证。欠条主要发生在买卖、赊销等交易活动过程中，欠条载明的权利能否受法律保护，关键是看交易行为是否符合法律、法规的规定，违背国家禁止性规定从事的交易行为无效。(《中华人民共和国合同法》第五十二条规定：“以合法形式掩盖非法目的的合同无效。”）例如：赌博负债形成的欠条依法不能成为权利主体主张权利的凭证。

第四，在未注明偿还日期的情况下，二者的诉讼时效期间的起始时间是不同的。约定了还款期的借条和欠条，时效是一样的；没有约定还款期的借条和欠条，则是有区别的。

“借条”。债务人未在借条中写明具体偿还日期的，只是属于双方对此债务的履行约定不明。《中华人民共和国民法通则》第八十八条规定：“履行期限不明确的，债务人可以随时向债权人履行义务，债权人可以随时要求债务人履行义务，但应当给对方必要的准备时间。”第一百三十七条规定：“诉讼时效期间从知道或者应当知道权利被侵害时计算。但是，从权利被侵害之日起超过二十年的，人民法院不予保护。有特殊情况的，人民法院可以延长诉讼时效期间。”第一百四十条规定：“诉讼时效因提起诉讼、当事人一方提出要求或者同意履行义务而中断。从中断时起，诉讼时效期间重新计算。”由此可见，债权人将自己的钱款借给债务人时，其权利不可能受到债务人的侵害，债权人的权利只有在其要求债务人偿还而被债务人拒绝时才被侵害，诉讼时效期间应从债务人拒绝偿还之次日起开始计算，诉讼时效期间两年。

“欠条”。依据最高人民法院 1994 年 3 月 26 日发布的《最高人民法院关于债务人在约定的期限届满后未履行债务而出具没有还款日期的欠款条诉讼时效期间应从何时开始计算问题的批复》(法复〔1994〕3 号）中指出：“需方收货后因无款可付，经双方同意写了没有还款日期的欠款条。根据《中华人民共和国民法通则》第一百四十条的规定，对此应认定诉讼时效中断。如果供方在诉讼时效中断后一直未主张权利，诉讼时效期间则应从供方收到需方所写欠条之日的第二天开始重新计算。”由此可见，债务人在向债权人出具欠条时，就已构成了对债权人权利的侵害，诉讼时效期间从出具欠条之次日开始计算。

实战演练

1. 请根据有关材料，帮王创业写一张借条。动笔之前需要考虑以下两个问题：

(1) 借条应该包含哪些内容?

(2) 除了借条的文字内容外，还应该注意哪些事项?（提示：纸张、用笔等）

当我们对以上两个问题考虑成熟之后，就可以开始写借条了。

2. 三个月后，王创业用借来的钱置办了汽车维修机器，开办了一家汽车修理店。修理店运营良好，王创业别提有多高兴了。他信守承诺，按借条上的时间按时将 5000 元还给了李有财。李有财收到王创业归还的 5000 元钱，看到朋友事业有望而且富有诚信，也感到很高兴。他要给王创业写一份已经收到 5000 元借款的收条，但是他从没写过收条。请根据有关材料，帮李有财写一张收条。

动笔之前需要考虑以下两个问题：

(1) 收条应该包含哪些内容?

(2) 除了收条的写作内容外，还应该注意哪些事项?（提示：纸张、用笔等）

当我们对以上两个问题考虑成熟之后，就可以开始写收条了。

3. 王创业开办的汽车修理店运营良好、诚信经营，有关部门通报表扬了他的商店，并发给他 1000 元奖金。王创业高高兴兴地领取了奖金。领完奖金后，要给发放奖金的单位写一份领条。请根据有关材料，帮王创业写一张领条。动笔之前需要考虑以下两个问题：

(1) 领条应该包含哪些内容?

(2) 除了领条的文字内容外，还应该注意哪些事项?（提示：纸张、用笔等）

当我们对以上两个问题考虑成熟之后，就可以开始写领条了。

4. 王创业开办的汽车修理店需要购进五个轮胎，但是他只有购买四个轮胎的钱，于是有点犯愁。卖轮胎的刘大壮与王创业是生意伙伴，打过很多次交道，他得知情况后，主动表示可以让王创业先拿走货物，回头再把欠的货款还回来。请根据有关材料，帮王创业写一张欠条。动笔之前需要考虑以下两个问题：

（1）欠条应该包含哪些内容？

（2）除了欠条的文字内容外，还应该注意哪些事项？（提示：纸张、用笔等）

当我们对以上两个问题考虑成熟之后，就可以开始写欠条了。

展示评价

1. 每个小组评选出写得最好的作品，作为本组的学习成果展示。

2. 每个小组推选一名同学上台进行“小组学习成果展示”，其他小组成员作为评委进行评议打分；教师对每个小组的成果进行点评。

工作任务	撰写借条、收条、领条、欠条				
团队名称		成员		指导教师	
项　　目	考核要求	分值	自我评价（10%）	小组评价（20%）	教师评价（70%）
准备阶段	团队合作、积极参与、认真查找资料	20			
实施阶段	文体结构齐全、要素完备、字迹工整	40			
展示阶段	礼仪到位、普通话标准、表述清晰	40			
合　　计	综合评定	100			
开始时间		结束时间		总成绩	

活动拓展

1.《民法通则》部分条款（借条代表的法律关系及相关法律规定）

2. 最高人民法院关于人民法院审理借贷案件的若干意见

3. 借条上这两个字必须写对，否则等同于白纸一张

4. 男子借出 31 万元两小时后借条消字成白纸

第三节　述职报告

情境导入

小花走上工作岗位已经有几个月了。度过了最初的适应期之后，她的工作和生活逐渐走上了正轨。在工作方面，公司特地指派了经验丰富的张科长“一对一”地指导

小花这一年试用期期间的工作，二人是名副其实的师徒关系。张科长为人亲切和蔼，专业又强，通过他的指导，小花在工作上少走了很多弯路，渐入佳境。眼看就到年底了，中午在公司餐厅吃饭的时候，小花听一个同事跟另一个同事说："有空了要好好整理一下这半年的工作，不然述职的时候又该没话说了。"小花心里纳闷了：在学校时倒是听说过工作岗位上有述职这一说，但人人都要参加吗？我只是普通员工，又不是领导，为什么也要述职？但是转念一想，真是要述职的话也不害怕，自己在学校担任学生干部时每学期期末都要写总结，手到擒来的事情，应该没问题！下午上班的时候，小花把自己的想法告诉了张科长。张科长笑着说："年轻人，没有你想的那么简单，先上网查查什么是述职报告再说大话吧！"

小花满脸疑惑地打开了电脑……

自主探究

1. 你认为哪些人需要进行述职？
2. 述职报告针对的对象是谁？
3. 述职报告所要表述的内容是什么？
4. "述职都是例行公事，主要是自己说自己的好话，适当时可以夸大其词。"你认为这样对吗？为什么？
5. 述职报告和我们常遇到的总结、报告有什么不同？

材料示评

例一：

班主任工作述职报告

尊敬的各位领导、同仁：

大家好！"宠辱不惊，闲看庭前花开花落；去留无意，漫观天外云卷云舒。"我每天用这句话提醒自己，以宽容的心面对学生们的每一次过失，用喜悦的心情赞许学生们的每一次成功。在座的都是经验丰富的老教师、老班主任。我今天粗浅地谈一下我工作中的点滴做法，给自己做个总结，以便在以后的班级工作中更加条理清晰、有条不紊。

一、树立班委的核心地位

让学生自己参与管理自己，保证每个人都有自己的舞台，让他们意识到团结合作的能力要大于个人的能力。班级干部和各科课代表分别负责素质品德量化考核、行为自律量化考核、班级学习量化考核、班级卫生量化考核、班级纪律量化考核、班级活动量化考核和班级其他量化考核七个板块。开学第一周的班会进行了各项考核标准的学习。执行期间严格按照"公平、公开、公正"的原则，让学生面对问题时先反思自我，后提出疑问。管理原则是：同学们能干的事情，班主任不参与……

二、有序开展主题班会

主题班会为班级营造相互学习、取长补短的民主气氛。对比上学期我们班级的主题班会又增加了新的特色：

1. 双语主持班会。每周值周班长会在主题班会期间为全班同学献上双语歌曲、双语演讲和自己的才艺展示。让每一个孩子在得到充分锻炼的同时得到他人认可。

2. 自主主题班会。孩子们自己通过观察找到讨论的话题，或是通过调查研究出大多数同学喜欢讨论的话题，也可以通过班级同学的需求找到话题。总之，孩子们的自主主题班会中，每一个孩子都要根据主题班会阐述自己的观点，并且分享别人的收获。

三、督促养成良好习惯

在上学期班会教育的基础上，本学期以“人是支配习惯的，而不是被习惯支配的”口号来坚持自身的行为、生活、做人做事等方面的好习惯。让孩子们在逐渐养成好习惯的同时提高自身素质，在修炼自我的同时努力为班级营造一个高素质的人际交往的班级氛围……

四、自身的不足

我经常到学生中间闲聊，在掌握了大量的实情和第一手材料的基础上，制定出针对学生实际的治班措施，采取了切实可行的治班办法。但“金无足赤，人无完人”，面对我校提出的对学生素质的要求，我在教育教学工作中仍然有缺陷。比如，实行民主的力度不够。要使工作循序渐进、有条不紊并且重点突出，必须实行民主。通过对种种情况的分析、比较和综合，选择契合班级实际和学生特点的最佳途径和方法。班级讨论后的方案，学生才乐于接受，才能收到最佳的教育效果，才能有效地避免班级工作的盲目性。

班主任的工作是千头万绪、纷繁复杂的，不仅要传道授业，还要精细到学生的细枝末节。我将更严格地要求自己努力工作，发扬优点，改正缺点，开拓前进，我坚信明天会更好！感谢大家从百忙之中在这里听初一（3）班班主任的述职报告，不当之处敬请大家批评指正。

初一（3）班班主任××

××年××月××日

例二：

述职述廉报告

××公司总经理王××

（2012 年 2 月 16 日）

省委组织部、省国资委考核组：

2011 年，在省委省政府、省国资委的正确领导下，我与班子其他成员一起，认真贯彻党的十七届六中全会精神，按照省经济工作会议部署，深入学习科学发展观，不断加强政治和业务学习，不断改进和创新工作思路和方法，不断提高自身防腐拒变能力，在学习、工作以及廉政等方面取得了一定进步，现汇报如下：

一、加强学习，不断增强党性修养，不断提升科学决策水平

过去的一年，我和公司其他班子成员一起把加强政治理论学习作为提升自身综合素质和领导能力的一项重要工作，通过不断学习转变工作方式，从而加快推进公司发展方式的转变。

（一）建立健全公司中心组学习制度，实现学习的常态化。（略）

（二）紧密联系实际，不断增强学习的时效性和丰富性。（略）

（三）坚持学用结合，大力发扬理论联系实际的学风。（略）

二、认真履职，努力完成全年各项目标任务

去年以来，公司发展遇到了前所未有的困难，也面临巨大的机遇，总体来说是机遇大于困难。面对复杂形势和严峻挑战，在省委省政府的正确领导下，我和广大干部职工一道，完善企业管理体制，建塑先进企业文化，开展职业技能培训等工作。主要体现在：

（一）积极运作综合治理项目。（略）

（二）实现安全生产“零死亡”。（略）

（三）不断加强企业管理。（略）

三、严格自律，切实保持共产党员本色和纯洁性

（一）廉洁从政，严于律己，认真贯彻落实党风廉政建设责任制。（略）

（二）按照加强党风廉政建设的要求，严格执行《廉政准则》和《若干规定》。（略）

回顾一年来的工作，成绩的取得应归功于省委省政府和省国资委的正确领导，归功于班子全体成员的共同努力，归功于公司全体干部职工的不懈奋斗。从我个人的工作来看，还存在一些差距和不足，主要是：政治理论学习不够全面、系统，还需要进一步加强；企业管理体制和运营机制还不能很好地适应企业快速发展的需要，必须进一步加大改革力度；公司处于创业阶段，职工收入与其他企业和职工的期望相比还有一些差距。

以上这些问题，我将高度重视，认真整改。我也恳切希望得到组织和同志们的批评、指正，在今后的工作中，更加注重学习，更加注重深入基层，更加注重研究新问题、探索新方法，更加注重严格要求自己，不断提高自身业务能力和领导水平，为企业发展作出自己应有的贡献。

例三：

个人述职报告

本人进入我厂参加工作已一年有余，在这一年中，我遵守厂纪厂规，遵守部门管理制度，能够按时按量完成领导交给的任务，注重与同事们的业务交流、合作，不断积累业务工作经验。经过一年多来的磨炼，已取得了一些成绩，现已独立承担本职岗位工作。现从以下几个方面进行总结：

在思想方面，我一直把厂部当做我的家。我深知“厂兴我荣，厂衰我耻”的道理，坚持一切从自身做起，实事求是，努力认真，以工作力求仔细、岗位坚决坚守为原则，积极主动做好自己本职工作，随时准备接受厂部的检验与考核。

在工作方面，我兢兢业业、克勤克己、坚守岗位，一切以工作为重，服从领导安排，认真完成领导交给的每一项任务；虚心向同事们学习业务知识，注重与同事们的团结协作，与同事们相处融洽；工作认真主动，按时按质完成本职工作任务。现把我今年工作情况简述如下：

1. 逐日完成本部门产品派发、业务统计、日报等工作；

2. 逐月完成部门内业务月统计及上报工作；

3. 承担部门办公文字处理、打印、上报等工作；

4. 管理本部门资料、文件等，并完成相关资料归档工作；

5. 积极配合其他在外业务人员完善本部门相关工作；

6. 配合领导做好客户的接待、关系协调等工作；

7. 做好本部门的业务活动、后勤保障以及与其他部门的工作衔接等工作。

在自身建设方面，我一直注重自身业务知识和专业知识的积累与完善，努力以不断更新的理论知识武装自己，以期能不断以新的方式和理念应对工作中遇到的每一个问题，能够真正做到与时俱进。在过去的一年中，我积极参加厂部组织的相关专业理论知识讲座，并在工作之余努力学习统计、财会、管理以及烟草、肥料等与工作相关的专业技术知识和文学知识，努力提高自身修养、完善自身素质建设。

总的说来，进厂至今，在思想上，我一直珍视现有的厂部工作环境，以能为厂部作出应有的贡献为己任；在工作上，我勤恳努力，服从领导安排，积极主动工作，以任劳任怨、按时按质按量完成工作为原则，确保本职工作尽善尽美；在自身方面，我认真积累工作经验，注重专业理论知识的完善，以期能使自己的业务水平不断提高。我深知，在工作中，员工态度的端正、工作的仔细和耐心是工作效率与质量的保证，员工工作环境的稳定以及行业工作经验的精熟是业务不受损失的唯一法则。在以后的工作中，我将一如既往地遵守上述工作原则，尽最大的努力把工作做好，为我们厂更加美好的明天作出自己应有的贡献。

互动点评

1. 例一是一篇中学班主任的学年述职报告。它最大的特点是“抓住重点，突出个性”。其中写得最多的不是班主任工作的“流水账”，而是自己班级管理工作的“亮点”，以及对比上个学年的进步之处。最后，对自己的不足和目标加以总结。

2. 例二是某企业领导的年度述职报告。因为是领导层，所以在述职中又加入了“述廉”。报告条理清晰，从思想、工作成绩、自我管理、存在的问题这四个方面论述，既摆出了工作成绩，也自我反省了不足之处，使下一阶段工作有了目标。

3. 例三是一则错误的述职报告。第一，虽然名为“述职报告”，实则是一篇工作总结。工作总结一般以归纳工作事实、汇总工作成果为主，重点在于阐述主要工作，取得的成绩都可以归纳在总结之中；而述职报告则以报告履行职责情况和德才能绩为主，重点在于展示履行职责的思路、过程和能力，重点和范围有确定性，仅限于职责的范围之内，围绕职责这个基点精选材料，职责范围外的概不涉及。第二，缺少称呼和落款。

知识聚焦

一、概念

述职报告是指单位领导或工作人员向主管领导和上级机关陈述一段时间内的工作情况的自我评述性的书面报告。述职报告的内容包括履行岗位职责，完成工作任务的成绩、问题等。

二、种类

（1）按照时间来划分，可以分为任期述职报告、年度述职报告、阶段性述职报告等。

（2）按照报告主体来划分，可以分为个人述职报告、集体述职报告等。

三、特点

述职报告最初曾以“总结”或“汇报”的形式出现，经过一段时间的使用，逐步形成了独具特色的体式。其主要特点是：自述性、自评性和报告性。

（一）自述性

述职报告一般要采用第一人称自述的方式进行，要求报告人自己述说在一定时期内履行职责的情况和自己的工作业绩。例如：在规定时间内完成了什么指标，取得了什么效益，有些什么成就和贡献，工作责任心如何，工作效率怎样等。需要强调的是，以上内容必须真实，不能弄虚作假，也不能流于形式。

（二）自评性

除了自述工作，述职报告很关键的一部分是自评工作，即要求报告人持慎重的态度，依据岗位规范和职责目标，对自己任期内的德、能、勤、绩、廉等方面的情况作自我评估、自我鉴定、自我定性。需要强调的是，自评过程切忌泛泛而谈，也不能吹嘘浮夸。

（三）报告性

报告人是以被考核、被评议、被监督的公仆身份来做述职报告的，因此语言表达必须有礼、谦逊、诚恳，掌握好分寸，切不可盛气凌人。

四、结构

述职报告包括标题、称谓、正文和落款四部分。

（一）标题

1. 全结构标题

采用公文式的标题结构，即“述职者＋时间＋内容＋文种”。如：《××学校 2016 年招生工作的述职报告》。

2. 省略结构标题

省略了上述要素的其中一种或几种。如：《2017 年商业局局长述职报告》《个人述职报告》《述职报告》。

3. 文章式标题

文章式标题一般采用正、副标题结合的形式，既能吸引人，又能讲清楚事件。如：《加快改革开放和现代化建设步伐　夺取有中国特色社会主义事业的更大胜利——在中国共产党第十四次全国代表大会上的报告》《政府工作报告——2001 年××月××日在第七届市人民代表大会上的报告》。

（二）称谓

称谓是报告者对听众的称呼，根据会议性质及听众对象而定。如：“各位领导、代表”。称谓放在标题之下正文的开头，顶格。如：《教职工代表大会述职报告》的称谓：“尊敬的各位领导、来宾，全体教职工代表，全校教职工同志们”。

（三）正文

述职报告的写法依据报告的场合和对象而定，一般来说采用总结式写法，共分四部分。

1. 基本情况

将履行职责的基本情况，用最精练的文字，概括地交代清楚，如工作的总体情况、时间、地点、背景、事件经过等。

2. 成绩经验

报告人要详细地就履行职责的成绩经验做汇报，以供其他人参考。这部分内容要求主次分明，既具体又突出重点。

3. 问题教训

报告人要客观总结工作中存在的问题和需要吸取的教训。这部分一定要说得实实在在、有理有据，不要避重就轻。

4. 今后计划

是报告人对今后工作的设想和规划，包括目标、措施、要求三要素，要切实可行。这部分与总结不同，篇幅要小一些，占全文 1/5 以下为好。或者直接用惯用语结束，如："以上报告，请各位领导指正""以上是我本年度的述职，谢谢大家"。

（四）落款

要写清姓名、单位名称以及报告时间。

五、注意事项

（1）要充分反映在任期内的工作实绩和问题。述职是民主考评的重要一环，也是自觉接受组织和群众监督的一种有效形式。述职人要充分认识这一点，实事求是地把自己的工作实绩和问题反映出来。

（2）要实事求是地评价自己。对自己的评价要实事求是，不夸大，不缩小，要准确恰当，有分寸。不说过头话、大话、假话、套话、空话。

（3）要抓住重点，突出个性。抓住最能显示工作实绩的大事件或关键事件并将之写入述职报告。凡重点工作、经验、体会或问题等，一定要有理有据，充实具体，而对一般性、事务性工作，宜概括说明，不必面面俱到。同时，还应突出特色，突出自己独有的贡献，让人看到自己在具体工作中所起的作用。

知识延伸

述职报告写作小诀窍

■ **多实少虚**

"实"，是指实事；"虚"，是指理论。当你述职时，听众最关心的往往是你干了哪些大事、实事，是否实现了你任职期间的目标，有哪些效益。比如：某厂长在简单讲了一些对"中国梦"的认识后，便用一句"认识的提高，需要用实践进行检验，说得好听不如做得好看"作过渡，然后口述了一年来所做的几件实事：一是厂里办了再就业培训班，为下岗职工解决工作问题出谋划策；二是集资兴建了两幢住宅楼；三是为厂里的产品找到了销路。

■ **求真勿假**

"真"是述职的灵魂和生命。听众往往是自己的同事和直接领导，心里对你都有一本账。如果掺了假或讲过了"火"，人们就会对你嗤之以鼻。比如：某市农业局有位技术员在讲述自己"诚心向果农献技术"时说："通过自己向农民传授技术，使原来不结果子和结果子少的树都果实累累，获得了从未有过的大丰收。每户果农收入增加万余元，全县水果产量比去年提高了30%左右。”听众听了他的话有的故意咳嗽，有的伸舌头，有的还小声说“你以为你是神仙呢”，因为实际情况并不像他讲述的那样。他夸大其词的结果不仅影响了他述职的效果，还降低了他在同事心目中的威信。

■ **稿外旁白**

述职时不顾听众心理，拿着稿一“念”到底是很糟糕的。为了满足听众的求知欲望，述职者可进行必要的稿外旁白，即对大家很想了解的事实做简单的补充说明（包括细节、背景和不便写在材料中而大家又非常想知道的内容）。比如：某县公安局局长在讲述“集中警力进行大案要案的侦破”时，脱稿讲了用三天时间破获绑架案的详细过程，人们听得入了神。当他讲完“组织开展了为期两个月的打击机动车犯罪专项活动”时，他放下讲稿说：“大家知道，今年夏天，仅8月份一个月就出现了50多起摩托车被盗的案件。据我所知，在座的各位中就有3个人向我们报过案。”他的旁白丰富了汇报的内容，起到了很好的烘托作用。

■ **淡化自我**

有人在述职时，一句一个“我”字：我认真学习了习总书记的讲话；我带病下乡宣传；我帮助年轻同志提高讲课水平……让人听起来有自我吹嘘之感。实际上，述职自然讲的就是你自己的事情，要注意尽可能用无主句，省略主语“我”；也可用“自己”代替；也可以说成“和大家一起”。比如：一位会计科科长汇报完工作诚恳地对大家说：“总之，是因为有了上级的正确领导和同志们的捧场，工作才取得了成绩。说真的，我这老头子就是浑身是铁也打不了几个钉，对吧？”他的话激起了大家会心的微笑。事实上，功绩不会因为你对“我”的淡化处理而减少，也不会因为你对“我”的强化而突出。关键是不能给听众留下“把功劳归于自己”的坏印象。

■ **平中见趣**

述职演讲的语言一般以平实为主，但也可以偶尔展现个人的风趣幽默。比如：一位老教师在参加县教育局举行的述职演讲时，被安排在最后一位，他开头就说：“有句成语叫抛砖引玉，而今天述职的实际情况却是抛玉引出了我这块砖。不过，这块砖的质量如何还得请大家听完我的介绍再进行技术鉴定。”这段新鲜有趣的话语吸引了听众，受到了好评。

实战演练

一天，小花求学时的好友丽丽打来电话，想请小花帮忙写一份年终述职报告。好在通过这段时间的学习，小花已经知道怎么写述职报告了。请你代替小花给丽丽写一份年终述职，要求：格式正确，要点明晰，不少于600字。

展示评价

1. 每个小组评选出写得最好的作品，作为本组的学习成果展示。

2. 每个小组推选一名同学上台进行“小组学习成果展示”，其他小组成员作为评委进行评议打分；教师对每个小组的成果进行点评。

工作任务	替丽丽写一份述职报告				
团队名称		成员		指导教师	
项　　目	考核要求	分值	自我评价（10%）	小组评价（20%）	教师评价（70%）
准备阶段	团队合作、积极参与、认真查找资料	20			
实施阶段	格式、字数符合要求	20			
	有具体的成绩、经验	20			
	有对不足之处的思考和努力方向	20			
展示阶段	述职礼仪到位、普通话标准、表述清晰	20			
合　　计		100			
开始时间		结束时间		总成绩	

活动拓展

1. 新员工转正述职报告（扫二维码）。

2. 模拟述职活动：设想你是一所职业院校某个班级的班主任，请结合自己的工作，准备一下本学期末的述职报告。

第四节　请　示

情境导入

经过一段时间的克难攻坚，小花所在的这家公司最近新推出几款产品，科技含量比较高，品质也非常好，但是由于是新推出的产品，订单量较少，知名度较低，市场认可度也不高，销售不是很理想，公司上下都比较着急。这天，部门经理在和部门负责人开会讨论之后，一致认为可以通过科技终端的广告投放，加大产品的宣传推广力度，进一步提高产品知名度，销售额也会相应提高。但是，开展宣传推广需要总公司下拨经费，是一个程序特别规范且严格的过程。

经理想到小花在应聘时曾经说过，她有应用文写作的特长，因此在讨论会结束之后把小花叫到办公室，交代她写一份请示，向总公司请求拨付产品宣传费用。小花听完经理介绍情况后，庆幸自己在学校学的应用文写作有了用武之地，可以在领导面前一展身手，便欣然领命。经理看到小花对写这份材料这么积极和有信心，非常高兴，与小花进行了相关事项的交流与讨论。小花在了解产品具体的宣传情况后，准备拟写一份格式正确、内容恰当的请示。

自主探究

1. 在工作中，你认为请示有什么作用？
2. 让你写作请示，你觉得应该从哪几方面写作？
3. 你觉得请示应该把哪些内容作为写作重点？请说明理由。
4. 你认为请示应该长篇大论还是简单明了？为什么？
5. 如果你是领导，希望看到什么样的请示？

材料示评

例一：

市人民政府：

近年来，在市委、市政府的正确领导下，我乡的经济和社会各项事业快速发展，并取得了显著成效。今年，我乡将按照市委、市政府的统一部署，认真开展各项工作，确保圆满完成各项任务。在当前的工作中，我乡有以下几方面的工作还需市政府在资金等方面予以大力支持和帮助：

1. 黄金大道拓宽改造工程问题。去年 8 月我乡启动了对原唯一县通乡公路——黄金大道实施拓宽改造工程，工程按规定进行了招投标，工程拓宽改造总里程为 12 千米，工程总造价 1390 多万元（含招标后增加项目），而上级补贴资金为 30 万元/千米，项目资金缺口达 1100 余万元，而我乡几乎无资金确保工程如期完工。

2. 入乡便道养护问题。由于石江乡只有黄金大道一条县通乡公路，为了不影响群众出行，我乡在黄金水库边新修了一条临时入乡公路，总投资 80 余万元，目前尚欠工程款 40 余万元。

3. 招商引资启动资金问题。我乡属非资源型乡镇，经济发展的重点为招商引资，招商引资前期投入较大，而我乡资金困难，为确保完成招商引资工作任务，请市政府给我乡安排一定的招商引资启动资金。

为确保我乡黄金大道拓宽改造工程、入乡便道养护、招商引资等工作顺利进行，恳请市政府就以上三方面的工作给予我乡一定的资金扶持。

石江乡人民政府

例二：

关于申请增加办公费用的请示

市南区政府：

今年夏季，我局先后开展了专项综合整治，取缔非法烧烤，拆除违章建筑，迎接市、区各项重大迎检任务，尤其是连续几个月周六、周日加班，夜间延时执法，使办公费用不断加大，特恳请区政府拨付 40 万元，以弥补经费不足。

当否，请批示。

二〇一七年十月九日

互动点评

学生对比两则材料，采用团队合作的形式讨论并形成总的意见、推选代表作答。教师及时点评，并提供参考答案。参考：

1. 请示一般一事一文，例一却阐述了三件事，涉及的方面过多，参与处理的部门可能不止一个，不利于领导阅读批示，影响处理事情的效率，违背了请示的写作原则。

2. 例一在落款处没有写时间。这是请示写作的一个大忌，因为没有时间，上级部门无法根据实时情况作出正确的判断和指示，也无法把握调查时间、决策时间和批示时间。

3. 例二虽然写出了请示的时间，但是不符合现代应用公文的新要求，标准写法为：2017 年 10 月 9 日。

4. 例二如果套单位红头，落款可以不写请示单位名称，如果不套红头，落款必须写请示单位名称。所谓的套单位红头，指的是单位发公文的时候，公文标题的上方是打印好的红色的单位正式名称。发红头文件，显示的是该公文的正式性。

5. 例一没有写出标题。应用文一般都有标题，便于阅读者快速掌握文章的文种和主要内容。

知识聚焦

一、概念

请示是一种经常使用的公文，用于下级机关向上级机关请求指示或批准，具有呈请性和期复性。

二、种类

请示大致可分为三种：

（1）请求指示的请示。用于工作中遇到疑难问题，出现无法可依、无章可循的情况，或部门之间意见分歧较大难以统一，或对某些规章制度中的个别条文不理解，需要上级机关给予明确指示的情况。

（2）请求批准的请示。用于工作中遇到必须经上级机关批准才能办理的事项，或因本单位、本部门特殊情况需要变通处理，或限于自身力量不足，需要上级给予财力、物力、人力等支持的事项，请求上级机关审核批准的情况。

（3）请求批转的请示。请求上级对自己单位给下属机关或其他不相隶属的同级机关的指示、文件予以批准并转发的情况。

三、特点

（1）期复性。请示是有针对性的上行文，上级机关对呈报的请示事项无论同意与否，都必须给予明确的“批复”回文。

（2）单一性。请示应一文一事，一般只写一个主送机关，即使需要同时送其他机关，也只能用抄送形式。

（3）针对性。只有本单位权限范围内无法决定的重大事项，如机构设置、人事安排、重要决定、重大决策、项目安排等问题，以及在本单位权限范围内的工作中遇到新问题、新情况或克服不了的困难，才可以用“请示”行文，请示上级机关给予指示、决断或批准，所以请示的行文具有很强的针对性。

（4）时效性。请示是针对本单位当前工作中出现的情况和问题，求得上级机关指示、批准的公文，如能够及时发出，就会使问题得到及时解决。

四、结构

（一）标题

一般在第一行居中位置。标题由“制发机关名称＋事由＋请示”组成，如“××分公司关于增加公司员工交通费的请示”。

（二）正文

标题之下另起一行空两格开始书写正文。正文的内容包括：

1. 请示的原因

陈述情况，阐述理由，讲清必要性和可能性，最后用“为此，请示如下”。

2. 请示的事项

写明请示要求，如请求物资要写明品名、规格、数量，请求资金要写明金额。

（三）结束语

多用“上述意见，是否妥当，请指示”“特此请示，请予批准”“以上请求，请予审批”“以上请示，请予批复”“以上请示，如无不妥，请批转各部门执行”等语。

五、注意事项

（1）请示的写作要注意遵循“一文一事”的原则。也就是说，每则请示只能向上级阐述一个事项，解决一个问题。

（2）请示的主送机关只有一个。主送机关是指公文的主要受理机关，即对公文负主办或答复责任的机关，应当使用全称或者规范化简称、统称。

（3）逐级请示。下级机关仅向具有隶属关系的上一级机关行文，是请示最常用的方式。除特殊情况外，下级机关一般仅向其直接上级机关行文，以保持正常的领导与被领导关系。

知识延伸

请示的相关知识

■ 请示“一文一事”原则的原因

公文处理程序比较烦琐，如果一文多请的话，涉及的主管领导、主管部门和经办人员会更多，因而处理的时间会拖得很长，从而影响办事效率。

■ 请示的语气

请示的语气以谦恭有礼为宜。请示的行文目的是要解决本地区、本单位或本部门的实际困难和问题，要通过阐述自己的理由来说服上级给予理解、支持和帮助。写作请示时应注意客观、具体，理由要讲得合理、充分，要用事实说话，不能有过多的主观臆断，不可过多地引发议论。要选好角度，在阐述缘由时要尽可能结合国家的方针、政策来说理，这是请示事项能否成立的前提条件，也是上级机关批复的直接依据。有时可在请示中渗入一些情感性因素，采用以情感人的方式打动人，取得上级的理解和支持。带有命令语气的言语容易引起上级的反感。

■ 请示的用语

请示的用语应该明确、严谨、简洁，忌讳阐述不明、模棱两可和烦琐。写作者平时应该多关注报纸和新闻，掌握大政方针、舆论导向，丰富公文写作词汇量，根据请示的内容，使用恰当的措辞。在向上级请示的过程中，要做到表述得当，提出回复要求要恳切。请示的结尾部分的用语非常重要，要就请示的事项向上级提出期复性要求，一般用征询性习惯用语，如：“当否，请指示”“以上请示，请予审批”“妥否，请批复”“以上事项，请明示”“特此请示，请批复”等。

■ 请示与报告的异同

请示与报告是公务活动中使用频率极高的两种公文，是公文写作的重点。但在实际运用过程中，请示与报告常常张冠李戴，该用请示时用报告，要用报告时用请示，造成混淆串用。在日常工作中，凡有事需请求上级帮助解决，说“向上级打个报告”的现象也比比皆是。请示与报告的主要区别如下：

1. 定义不同

根据国务院2000年发布的《国家行政机关公文处理办法》，请示是“向上级机关请求指示、批准”，报告是“向上级机关汇报工作，反映情况，提出意见或者建议，答复上级机关的询问”。从请示与报告的定义可以看出，请示是下级在遇到本单位权限范围内无法决定的重大事项，如机构设置、人事安排、重要决定、重大决策、项目安排等问题以及在工作中遇到新问题、新情况或克服不了的困难时请求上级给予指点，说明处理的原则和方法，或下级为了搞好工作，打算进行某些活动和事项，而决定权又不在本单位，特拿出意见，报请上级给予批复；报告则多是下级在本单位权限范围内向上级机关汇报工作、反映情况、陈述问题，提出意见和建议，报送表册资料或物品以及回答上级的询问。

2. 行文不同

请示与报告虽同为上行文，但在行文上却存在很大区别。

（1）行文目的不同。请示是请求性公文，重在呈请，行文宗旨是希望得到上级机关的支持或批复；报告是陈述性公文，重在呈报，行文宗旨是下情上达，使上级机关及时了解情况、掌握动态。

（2）行文作用不同。请示作为请求性公文，要求上级作出批复，体现了请示主旨的求答性与执行性的统一，这是请示所独有的；报告只是陈述性公文，主要叙述事实，起备案作用，无须上级作出答复（呈转性报告除外）。

（3）行文时间不同。请示必须在事前行文，绝不允许先斩后奏；报告比较灵活，尽量事前行文，但视情况需要也可事后报告或在事情进行过程中随时报告。

（4）主送机关不同。请示必须坚持主送一个机关（受送的领导机关可同时抄送另一个领导机关），因为多头请示易造成意见不一或互相推诿，从而延误时间，贻误工作；报告一般应坚持一个主送机关，但根据需要可同时报送两个或多个主送机关。

（5）行文内容不同。请示必须坚持“一文一事”原则，文字简洁，内容单一，主题明确，以免使原来分属不同机关部门负责的若干事情混到一起，以便于上级批复处理；报告可以是“一文一事”的专题性报告，也可以视情况将若干有关联的事情综合在一起陈述，形成综合性报告。还有一点必须注意的是，请示之中可以包含原本属于报告的内容，作为背景或缘由而使请示事项获得一种充足支持；但在报告中则不可以包含任何属于请示的内容，以免领导忽视对所请示问题的处理，从而影响工作。

（6）正文格式不同。请示行文简单，开头写明请示理由，接着提出请示的具体事项和问题。对已决定拟办的事项则应提出处理意见或建议，最后用谦恭且恰当的期复性语句作结。报告的正文，特别是汇报工作和反映情况的报告，一般涉及面广、篇幅大，多采用总述与分述相结合的写法。正文开头部分进行总述，概括说明诸如有关工作的背景、总评价等，然后在主体部分分述，将报告的内容分条列项，一一加以具体说明。

（7）结束语不同。请示与报告都要在结尾处提出希望和要求，但请示是向上级机关请求批准亟须得到解决的问题，行文用语应恳切谦恭，一般用“当否，请批示”“以上请示如无不妥，请批准”“可否，请指示”等固定结语，且结语应单独成段；报告是向上级汇报反映情况，无须批准，无固定用语，常用“特此报告”“以上报告如有不妥，请指正”等结语，但绝不能使用类似“请批示”“请批准”等结语。

3. 归档处理不同

作为收文机关，请示应该归于“批办类”，供有关领导及时批阅、审查，给予回答；报告则应归于“传阅类”，相对于请示来说，有关领导可以先办紧要事，后看报告一类的公文，主要了解下情，不用回答。作为发文机关，请示类文件归档时应尽量将上级机关的批复一并归档处理；报告类则无这种要求。

请示与报告不分，容易给上级机关正常的公文处理带来不便，还容易使上级机关错批、漏批文件，严重影响公文效果。我们应弄清楚二者之间的区别，正确行文，提高公文质量。

实战演练

请根据有关材料，帮小花写一份增加广告费用的请示。

动笔之前需要考虑以下两个问题：

1. 请示应该包含哪些内容？
2. 除了请示的写作内容外，还应该注意哪些事项？

当我们对以上两个问题考虑成熟之后，就可以开始写请示了。

展示评价

1. 每个小组评选出写得最好的作品，作为本组的学习成果展示。
2. 每个小组推选一名同学上台进行“小组学习成果展示”，其他小组成员作为评委进行评议打分；教师对每个小组的成果进行点评。

工作任务	××公司关于增加广告费用的请示				
团队名称		成员		指导教师	
项　　目	考核要求	分值	自我评价（10%）	小组评价（20%）	教师评价（70%）
准备阶段	团队合作、积极参与、认真查找资料	20			
实施阶段	文体结构齐全、要素完备、字迹工整	40			
展示阶段	礼仪到位、普通话标准、表述清晰	40			
合　　计	综合评定	100			
开始时间		结束时间		总成绩	

活动拓展

公文请示格式

第五节　讲话稿

情境导入

小花在公司工作非常努力，不仅专业基本功扎实，文字写作能力也深受领导赏识，慢慢成为公司的骨干培养对象。同事们羡慕她能力强，领导夸她是文武全才。小花在公司工作得非常开心。最近，公司为了加强与兄弟单位的合作，提高公司的知名度，决定以公司成立十周年为契机，举办一次隆重的商业庆典。时逢公司十周年庆典，公司所有员工都感到与有荣焉，卖力工作，希望能通过自己的努力与付出为这场盛大的周年庆典献礼。经过差不多一个月的紧张有序的筹备，庆典各方面的准备工作基本就绪。这天，总经理把小花叫到办公室，说他要在公司成立十周年庆典活动上做一次讲话，要求小花为他提前准备好一篇讲话稿，篇幅不长但要隆重热烈，既要体现出对支持公司发展的嘉宾的殷殷谢意，也要表明公司长足发展的决心和魄力，最主要的是鼓励员工心往一处想、劲往一处使，推动公司业绩再上一个台阶。小花接到任务后感到有点紧张。十周年庆典会有很多重要嘉宾到场，总经理的讲话稿可不能出一点儿问题。

怎样才能把讲话稿写好呢？小花开始构思讲话稿的写作。

自主探究

1. 在会议或者活动中，你认为讲话稿有什么作用？
2. 你见过或者听过哪些印象深刻的讲话稿？
3. 让你写作讲话稿，你觉得应该从哪几方面写作？
4. 你觉得讲话稿应该中规中矩还是别具特色？为什么？
5. 如果你是会议的嘉宾或者活动的参与者，你最想听什么样的讲话稿？

材料示评

例一：

在××学院、××公司合作项目签约仪式上的讲话

尊敬的××领导、亲爱的各位老师：

大家上午好！

在今天这个隆重的日子，我谨代表××学院全体教职工，向莅临我院的××公司××总经理和××书记一行表示热烈的欢迎！感谢你们一直以来对我院建设和发展的关心和支持！谢谢！

××公司是一家大型农业装备制造企业，主营业务覆盖大中型拖拉机、小麦收割机、玉米收割机等农机产品。公司坐落于××省××市经济技术开发区，属于××省重点建设项目。××学院是国家级重点技工学校，首批国家级示范性中职院校、首批国家高技能人才培养示范基地、国家技能人才培育突出贡献奖获单位。

多年来，××院坚持“在竞争中生存，在创新中发展”的办学理念，积极推进“工学交替”“顶岗实习”，以企业为主体、以市场为导向，不断创新校企合作模式。此次合作将充分发挥学校和企业的资源优势，双方共同建设“××公司机械技能培训中心”和“××公司”冠名班。

新的培训中心将依托××公司雄厚的资本和××学院优良的师资、场地等优势，实现资源互补。培训中心建成后，将为××公司进行员工技能培训和社会农机技能鉴定培训，同时也将满足教学和实训的需要。这次合作是一件互利共赢、促进双方共同发展的盛举！

冠名班是一种定向培养、定向就业的办学模式，可以拓宽学校办学和企业人才培养渠道，满足企业对高技能人才的需求。此次开办的“××公司”冠名班，将实现校企之间的“无缝对接”，发挥校企双方在人才培养方面的作用，培养出符合企业文化和业务要求的人才，提高企业人力资源利用效率，也使学院教学改革更有方向性，培养出高素质的技能型人才，实现学校、企业、学生三方共赢。

××学院和××公司有着长期而又稳固的合作基础，双方在合作中也建立了真挚的友谊。我们相信，经过双方的通力合作，必将建设出高质量的技能培训中心和培养出高素质的“××公司”冠名班，为提高学院发展水平、助力企业技能提升、服务经济社会发展作出更大的贡献。

最后，祝校企合作成功、共同发展、共创辉煌！祝大家身体健康、工作愉快、万事如意！

谢谢大家！

例二：

××校长在纪念中国共产党建党92周年暨表彰大会上的讲话

尊敬的来宾：

上午好！

今天我们隆重集会，纪念中国共产党成立92周年，缅怀先烈，回顾历程，展望未来。92年来，伟大的中国共产党始终坚持把马克思主义的基本原理与中国实际相结合，坚持全心全意为人民服务的宗旨，团结带领全国各族人民，把贫穷落后的旧中国变成日益走向繁荣富强的新中国。改革开放以来，我们党在邓小平理论、“三个代表”重要思想和科学发展观的指导下，坚持解放思想、改革开放、凝聚力量、攻坚克难，开辟了中国特色社会主义道路，形成了中国特色社会主义理论体系，取得了举世瞩目的伟大成就。在我们庆祝中国共产党成立92周年之际，刚才对一年来涌现出来的优秀共产党员进行了表彰，同时还有5名新党员进行入党宣誓。在此，我代表校党委向受表彰的20名优秀共产党员表示热烈的祝贺，向新加入党组织的5位同志表示热烈的欢迎，向一年来兢兢业业、无私奉献，为学校建设和发展作出积极贡献的全体党员和入党积极分子表示衷心的感谢！希望受到表彰的优秀共产党员再接再厉，再创佳绩。希望新党员加强学习、提高认识，不断进步。希望全体党员认真总结经验，发扬成绩，为学校的发展作出更大贡献。希望入党积极分子继续努力进取，不断完善自身素质，争取早日加入党组织。

一年来，我校党委在市委、市政府和局党委的正确领导下，坚持以邓小平理论、“三个代表”重要思想和科学发展观为指导，认真学习贯彻党的十八大精神，扎实开展“创先争优”“学整树”等活动。在新一届党委班子的带领下，全校党员干部和师生共同努力，抢抓机遇，锐意改革，坚持发展，学校的办学水平和各项工作取得了较大进步，社会效益和精神文明建设也取得了突出成绩。

在过去的一年中我们重点做好了以下几个方面的工作：

一、加强领导，提高认识，努力建设学习型党组织

（内容省略，约 1000 字）

二、统一思想，务实创建，党员队伍建设取得新成果

（内容省略，约 1000 字）

三、加强和谐校园建设，促进学校各项事业快速发展

（内容省略，约 1000 字）

四、加强党风廉政建设，确保党员队伍廉洁性、先进性

（内容省略，约 1000 字）

同志们，今天我们庆祝党的华诞，回顾党的光辉历程，既要讴歌党的丰功伟绩，发扬党的优良传统和作风，更要清醒认识我校当前所面临的形势和主要任务。当前，党的十八大对加强党的建设提出了更新更高的要求，中央、省委和市委对职业教育高度重视，这给了我们难得的发展机遇，全体党员一定要时刻牢记责任和义务，抢抓机遇，为推动学校党的建设和全面发展作出更大贡献。为更好地开展党建工作，下面，我讲三点意见：

一、继续深入开展创先争优活动，加强党员队伍建设

（内容省略，约 1000 字）

二、扎实开展文明创建活动，努力建设文明和谐校园

（内容省略，约 1000 字）

三、充分发扬各级党组织的战斗堡垒作用，为学校改革发展提供坚强的政治保证

（内容省略，约 1000 字）

同志们，当前，我校进入发展的关键时期，面对挑战和机遇，全校党组织和全体党员要进一步增强责任意识，牢固树立大局意识，努力营造有利于改革和发展的宽松环境，还要把智慧和力量凝聚到学校发展的各项工作中去，努力提高教学水平、管理水平和服务水平，进一步提升学校的优势和竞争力，为把我校建设成为国内一流的职业院校而努力奋斗！

谢谢大家！

互动点评

学生对比两则材料，采用团队合作的形式讨论并形成总的意见、推选代表作答。教师及时点评，并提供参考答案。参考：

1. 例二中的称呼有问题，由于是支部内党员大会讲话，开头称呼“尊敬的来宾”

不太合适，称呼“同志们”比较恰当。

2. 例二中讲话稿字数太多，约有6000字，篇幅冗长，会造成听众的听觉疲劳，还会影响会议的进程。

知识聚焦

一、概念

讲话稿，也称发言稿，从广义上讲，讲话人把要讲的话在事前用文字写下来，就是讲话稿，一般用于各种会议、集会和其他重要场合。

从狭义上讲，讲话稿是指党政机关、社会团体、企事业单位负责人，在会议上口头发表的用以说明政策、阐发思想、指导工作的文稿。

二、种类

（1）按讲话的场合划分，可分为会场讲话稿、广播讲话稿、电视讲话稿、课堂讲话稿、法庭辩论稿等。

（2）按讲话内容和性质划分，可分为政治讲话稿、学术发言稿、社会活动讲话稿等。

（3）按表达方式划分，可分为记叙性讲话稿、议论性讲话稿、抒情性讲话稿等。

三、特点

（1）庄重性。领导工作是严肃的工作，领导讲话跟一般的演讲不同，讲话内容大多带有权威性，只有严肃庄重的风格才能引起听众的重视和信服。

（2）鼓动性。讲话的目的是感动听众和说服听众，要以情感人，激发听众的共鸣，争取最好的宣传说服效果。

（3）有声性。讲话稿最终要转为有声语言来表达，因此要好说、好听、好懂，稿子写出来要朗朗上口，能讲得悦耳动听、通俗易懂。

（4）针对性。讲话稿的内容要针对听众最关心、最感兴趣或者应该了解的内容，表达方式也要因人而异，应该充分考虑听众的具体情况，注意听众现场效果。

四、结构

讲话稿由标题、称呼和正文三部分构成。

（一）标题

讲话稿的标题书写在第一行居中位置，按照内容分一般有四种类型：

（1）提示主题型，如《人应该有奉献精神》。

（2）提示内容型，如《在珍爱生命、远离毒品主题班会上的讲话》。

（3）提出问题型，如《当代中学生应具备什么素质》。

（4）思考问题型，如《科学发展观与全面建设小康社会》。

（二）称呼

第二行顶格写称呼加冒号，根据受听对象和演讲内容需要决定称呼。常用“同志们”或“朋友们”，也可以加定语渲染气氛，如“年轻的朋友们”。

（三）正文

正文由开头语、主体和结语三部分构成。

1. 开头语

开头语的任务是吸引听众、引出下文。有以下几种形式：从背景和问候语、感谢语开始；概括演讲内容或揭示中心论点；从演讲题目谈起；从演讲缘由谈起；从另一件事引入正题；用发人深省的问题开头。

2. 主体

主体即讲话稿的主要内容。主体一般有三种类型：

（1）记叙性演讲稿。以对人物或事件的叙述和生活画面描述行文。

（2）议论性演讲稿。以典型事例和理论为依据，用逻辑方式行文，用观点说服听众。

（3）抒情性演讲稿。用热烈的抒情性语言表明观点，以情感人，说服听众，寓情于事、寓情于理、寓情于物。

3. 结语

结语是讲话能否走向成功的关键，常用方法有：总结全文，加深印象；提出希望，给人鼓舞；表示决心，誓言结束；照应题目，前后呼应；等等。通常选取热烈的词句结束全文。

五、注意事项

（一）要根据听众的实际情况撰稿，注重讲话的实际效果

讲话稿的效果好不好，不是撰稿人个人或少数人坐在办公室里评定的，而是要由广大听众来打分的。因此讲话稿首先要考虑听讲的是些什么人，这些人有什么特点，怎样才能说服他们；同时，事先要尽可能估计到可能有人会产生什么样的怀疑、提出什么样的问题或有什么不同的议论，以便能够及时回答。这就要求讲话者把想和讲有机地统一起来。

（二）要讲人们最关心的问题

这就要求撰稿人领悟两方面的情况：一是了解上级的方针政策，二是了解听众需

要解决什么问题。根据这两方面，选取该讲的内容，舍弃无关的内容。哪些多讲，哪些少讲要做到心中有数。这样的讲话稿，有针对性，听众也会觉得受益匪浅，听得全神贯注。

（三）态度鲜明、观点正确

讲话人对所讲的问题，是赞成还是反对，是表扬还是批评，不能含糊其辞、模棱两可。举例要恰当，引用材料要准确，对于有些材料要进行辨伪考信的工作，不能拿来就用。看问题要持客观态度，实事求是，不夸大，不缩小，不屈从附和，不任意上纲上线。

（四）主题要单一

现在提倡开短会，讲短话。因此，要尽量把讲话稿写得简明扼要、干净利索。一次会议总有一个主题，讲话者也往往不止一个。所以讲话，首先要围绕会议主题讲，不能离开会议主题，信口开河。话讲长了，不仅会影响讲话的效果，而且会引起人们的厌烦，不得人心。因为人持久或过度地听讲，会因听觉器官的疲劳而造成全身不舒服，必然精力分散。因此，讲话稿的大忌，即一讲就长篇大论，胡拉乱扯，重复啰唆，没完没了。

（五）讲话稿的语言要合乎口语规范

讲话稿虽是文字稿，但是最终要以讲话的形式表达出来，因此，写讲话稿要像说话一样简短亲切，绝不要使用一些晦涩难懂的词语和繁冗的句子。具体来说，写讲话稿要从下列几方面做到口语化：

第一，用句要短，修饰语要少；文言句子和倒装句要尽量避免使用，以免造成听众的错觉或注意力分散。

第二，一些书面语言的词汇要改用口语词汇。如“迅速”可写成“很快就”，“立即”可写成“马上”，“从而”可写成“这样就”，“连日来”可写成“这些天来”，“地处”可写成“位置在”，“备定”可写成“准备好了”，等等。

第三，一个意思有几个词都可以表达的，要尽量选择其中一听就懂的词。如“对垒”“交锋”就不如“比赛”通俗易懂。

第四，不该省的字不要省。如“同期”最好写成“同一时期”，以免发生误会。

第五，要分清同音的字和词。如“全部”容易错听为“全不”，应写成“所有”；“喉头”跟“猴头”分不清，应写成“喉咙”。

第六，方言土语要少用。听众人数众多，可能来自不同的地区，如果用方言土语，有些人听不懂，难以领会讲话的意图，或者引起窃窃私语和哄笑，也会影响会场秩序，削弱讲话的效果。

第七，用引号表示相反意思的词，在其前面要加上“所谓”二字，以表示否定。用括号作注释的，要改为直接叙述。

第八，有些难懂的、文绉绉的成语，最好不用。但是早已口语化了的成语，还是可以用的，这样才能使讲话稿的文字生动、雅俗共赏。

知识延伸

讲话稿中常用的几种修辞

■ **比拟**

比拟是拟人和拟物的合称，或寄情于物，或托物言志，引起听众的共鸣和深思。比拟具有深刻、形象和幽默诙谐的特点，可以增强语言的表现力和感染力，也能增强语言的抒情色彩和喜剧效果，把精彩的论述与形象的描绘融为一体，既能给人以理性的启迪，又能给人以艺术上的美感。

■ **排比**

用三个或三个以上的意思密切相关、结构相似、语气连贯的句子排列起来就叫排比。运用排比应注意两点：一是不要生拉硬凑，表达的内容中有并列的部分才能运用。只从形式考虑，有意铺排，则显得累赘，反而影响表达。二是排比句的分句或词组之间要有一定的逻辑顺序，不能颠倒和错乱。恰当地运用排比修辞，不仅读起来朗朗上口，而且能使讲话条理清晰、层次分明。

例如：习近平在党的十八大闭幕后的中外记者见面会上发表了讲话。他在讲话中使用了排比段来阐述所肩负的重大责任：

这个重大的责任，就是对民族的责任。……我们的责任，就是要团结带领全党全国各族人民，接过历史的接力棒，继续为实现中华民族伟大复兴而努力奋斗，使中华民族更加坚强有力地自立于世界民族之林，为人类作出新的更大的贡献。

这个重大的责任，就是对人民的责任。……我们的责任，就是要团结带领全党全国各族人民，继续解放思想，坚持改革开放，不断解放和发展社会生产力，努力解决群众的生产生活困难，坚定不移地走共同富裕的道路。

这个重大的责任，就是对党的责任。……我们的责任，就是同全党同志一道，坚持党要管党、从严治党，切实解决自身存在的突出问题，切实改进工作作风，密切联系群众，使我们的党始终成为中国特色社会主义事业的坚强领导核心。

■ **引用**

引用，就是演讲时引用某些原始资料、典型的原话或成语、典故、格言等，以增强说服力和演讲的动人色彩。例如：“中国人有一句老话：‘不入虎穴，焉得虎子。’这句话对于人们的实践是真理，对于认识论也是真理。离开实践的认识是不可能的。”

■ **对比**

对比，就是把两种不同事物或同一事物的两个不同方面放在一起进行比较。恰当地运用对比手法，能使形象突出，能较全面地表现讲者的观点，深刻揭示事物的本质特征。常用的如正义与邪恶、英勇与怯懦、伟大与渺小等。

实战演练

请根据有关材料，帮小花写一份公司十周年庆典的讲话稿。

动笔之前需要考虑以下两个问题：

1. 讲话稿应该包含哪些内容？

2. 除了讲话稿的写作内容外，还应该注意哪些事项？

当我们对以上两个问题考虑成熟之后，就可以开始写讲话稿了。

展示评价

1. 每个小组评选出写得最好的作品，作为本组的学习成果展示。

2. 每个小组推选一名同学上台进行“小组学习成果展示”，其他小组成员作为评委进行评议打分；教师对每个小组的成果进行点评。

工作任务	××公司十周年庆典的讲话稿				
团队名称		成员		指导教师	
项　　目	考核要求	分值	自我评价（10%）	小组评价（20%）	教师评价（70%）
准备阶段	团队合作、积极参与、认真查找资料	20			
实施阶段	文体结构齐全、要素完备、字迹工整	40			
展示阶段	礼仪到位、普通话标准、表述清晰	40			
合　　计	综合评定	100			
开始时间		结束时间		总成绩	

活动拓展

1. 习近平：始终与人民心相印共甘苦

2. 2017年第十一届夏季达沃斯论坛开幕式

第五章　办文办会

第一节　通　知

情境导入

阳春四月，春暖花开，正是一年好光景。从周一上课起，班里的同学们就个个兴高采烈，大家都在讨论周末班级活动如何安排，哪个公园里都有什么景色，现在什么花开得最好，班主任准备了什么样的神秘惊喜。小花和几个学生干部也在按部就班地忙着准备游戏节目，一项项地清查游戏所需的器材、奖品是否准备完善。整个班级沉浸在快乐的气氛当中。

可周四下午一下课，班主任便叫人把小花叫到了办公室，告诉她班级原本定好的本周末的春游活动因天气预报周末会有中雨，只能推迟举行，新的时间及具体安排要等学校近期工作安排通知下来后才能重新决定。于是，原有部署和安排都只能暂停，等待调整通知，原来安排给每个班干部手里的任务也需要暂停。班主任告诉她，作为宣传干部，要把这次活动暂停的事宜拟一份通知，在班级微信群里告知大家，让大家做好准备，同时还要安抚大家的情绪，本周末依据学校惯例正常放假。

情绪一落千丈的小花郁闷极了。可郁闷归郁闷，通知还得写。此时此刻的小花，只想找人帮帮自己，真不愿自己来用这个不好的消息打击快乐的同学们。

你能帮帮小花吗？

自主探究

1. 你平日里接到过哪些种类的通知？
2. 日常生活中，你认为哪些事可以使用通知？
3. 你知道通知的格式吗？
4. 通知写作的要点有哪些？
5. 如果让你帮小花写作，你觉得哪几个内容不能缺少？

材料示评

例一：

通　知

××班全体同学：

原定于本周六（××月××日）的班级春游活动，因天气原因改为××周六（××月××日），具体安排如下：

1. 原定地点不变，仍为××公园；集合时间由早上8:30改为9:00。

2. 原定需准备的食物、活动器材也应推迟准备。

3. 各活动小组长提前做好本组的分工安排，并注意路途安全要求。

××

×××× 年××月××日

例二：

关于召开全区宣传部长会议的通知

各市委宣传部、×××宣传部：

兹定于7月9日—10日举行×××宣传部长座谈会，现将有关事宜通知如下：

一、会议议题：传达学习中宣部召开的×××座谈会精神，总结交流我区上半年宣传思想工作，讨论安排下一步宣传工作。

二、参加人员：各市委宣传部部长、×××宣传部部长。

三、会议时间：7月9日—10日（会期一天半，8日下午报到）

四、会议报到及住宿地点：×××干部培训中心，三楼会议室。

五、有关事项：

1. 参会人员准备15分钟的发言，并将发言稿打印50份，报到时交会务组。（打印要求：×××）

2. 请各市委宣传部部长、×××宣传部部长安排好会议期间的各项工作，在外出差、学习的务请回×××参加会议。

3. 请各市委宣传部、×××宣传部于7月5日下午将参会人员名单报至×××。

联系人：……

电　话：……

传　真：……

×××

××××年××月××日

例三：

关于职业技术学院××××年迎新文艺会演节目征集的通知

各系（部）团总支、学生分会：

为配合学院迎新工作，丰富新生校园生活，进一步推进学院校园精神文明的建设，给新生提供一个展示自我风采的平台，让其更好地融入学校生活，学院团委、学生会拟定于××××年9月举办一场以“meeting better me”为主题的迎新文艺会演，现将相关事项通知如下：

一、节目选送

由学院各学生组织及各系选派节目，节目形式不限（如独唱、合唱、小品、舞蹈等）。要求形式新颖，内容健康积极向上，贴近学生生活，通俗易懂，体现时代新变化。所有节目上报后，需通过审核，方予采用。

二、主持人选送

各系至少推荐两位主持人（男女各一名），所有主持人需参加竞选，最终评选出两位同学主持本场文艺会演。

三、要求

1. 各系自拟形式组织考核、挑选节目，最终上报至院团委（各系上报节目至少三个）。

2. 音乐伴奏需与上报节目同时上交，并注明节目名称。

四、彩排

彩排时间另行通知，未尽事宜由院团委负责解释。

×××

××××年××月××日

例四：

通　知

各分公司各厂：

为贯彻市政府安全会议精神，研究落实我公司安全生产事宜，总公司决定召开××××年度安全生产工作会议，现将有关事项通知如下：

1. 参加会议人员：各车队队长、各车间负责人。

2. 会议时间：××月××日，会期一天。

3. 会议地点：×××××××××。

×××

××××年××月××日

例五：

关于转发《关于××××年工资制度改革后机关工作人员病、事假期间有关工资待遇的通知》的通知

厅属各单位、省公务员局：

现将河南省人力资源和社会保障厅、河南省财政厅《关于××××年工资制度改革后机关工作人员病、事假期间有关工资待遇的通知》（豫人社薪〔××××〕××号）（以下简称《通知》）转发给你们。为严肃工作纪律，落实《通知》规定，结合

我厅实际，提出以下要求。

一、严格落实河南省人力资源和社会保障厅《关于加强考勤管理与请休假制度的通知》（豫人人事〔××××〕××号），把严格考勤管理制度与落实中央八项规定、切实转变机关作风结合起来。各处室单位主要负责人要切实履行第一责任人职责，对本处室单位的考勤工作负总责；要明确专人担任考勤员，具体负责考勤日常登记管理工作，并按要求向厅人事处如实上报考勤情况。要严格落实请休假制度，不得迟到早退、不得擅自离岗、不得旷工，切实做到请休假按程序申请、按职责审批、送厅人事处备案。凡未按规定落实考勤管理与请休假制度，引起的不良后果，由处室单位主要负责人和本人负责。

二、严格落实各单位的主体责任。各事业单位都要切实履行对本单位职工的考勤管理职责，要加强组织领导、明确职责分工、严格考勤登记管理。参照公务员管理的事业单位要把考勤登记与管理与执行病、事假期间的工资待遇紧密结合起来，进一步完善请休假审批程序，进一步健全考勤登记台账，为执行病、事假期间的工资待遇提供明确依据。执行岗位绩效工资制度的事业单位，在参照《通知》有关精神的基础上，要结合本单位实际进一步完善绩效考核和绩效工资分配办法，并制定具体实施办法，报人事处备案后实施。

附：河南省人力资源和社会保障厅、河南省财政厅《关于××××年工资制度改革后机关工作人员病、事假期间有关工资待遇的通知》

×××

××××年××月××日

互动点评

学生对比几则案例材料，采用团队合作的形式讨论并形成总的意见、推选代表作答。教师及时点评，并提供参考答案。参考：

1. 有标题，并在标题处说明通知的具体内容；
2. 开头应写明通知的发放对象；
3. 内容具体体现在那些方面；
4. 语言表达方面；
5. 写作注意事项。

知识聚焦

一、概念

通知是向特定受文对象告知或转达有关事项或文件，让对象知道或执行的公文。通知是各党政机关、人民团体、企事业单位在公务活动中最常用的一种公文。因此，写作通知是现代从业人员必须掌握的一项职业技能。

通知的应用范围极为广泛，下达指示、布置工作、传达有关事项、传达领导意见、任免干部、决定具体问题都可以使用通知。上级机关对下级机关可以用通知，平行机关之间有时也可以用通知。

二、种类

（1）发布性通知：用于发布行政规章制度及党内规章制度。

（2）批示性通知（批转性、转发性通知）：用于发布上级机关、同级机关、下级机关或不相隶属机关的公文给所属人员，让他们周知或执行。这类通知包括批转性通知、转发性通知两种，需要在标题中注明“批转”或“转发”两字。

（3）指示性通知：用于上级机关指示下级机关如何开展工作。

（4）事务性通知（工作通知）：用于处理日常工作中的事务性事情，常把有关信息和要求用通知的形式传达给有关机构和群众，让受文对象执行，具有强制性和行政约束力。

（5）知照性通知：用于告知某一事项或某些信息的通知，如节日庆祝，成立、调整、合并、撤销机构，人事任免，启用新章，更改电话，更正文件差错等。

（6）会议通知：用于告诉相关单位或个人参加会议。

三、特点

（1）适用范围广泛。它不受发文机关级别高低的限制，主要用作上级机关对下级机关、组织对成员的下行文；平级机关之间、不相隶属机关之间也可使用通知知照相关事项。通知写作灵活、自由，使用比较方便。

（2）具有指导性。部署和布置工作、批转和转发文件，都需明确阐述处理某些问题的原则和方法，说明需要做什么、怎么做、达到什么要求等。

（3）有明显的时效性。通知事项一般是要求立即办理、执行或知晓的，不容拖延，有的通知只在指定的时间段内有效。

四、结构

通知通常由标题、主送机关、正文和落款四部分组成。其撰写方法比较完整，凡是公文的体式中的写作要素几乎都具备。它的构成有标题、文号、紧急程度、秘密等级、正文、主送、抄送、附件、成文日期、印章。有些一般性通知构成项目少些，可视内容要求而定。

（一）标题

写在第一行正中，一般有四种写法。

（1）只写“通知”二字作标题。

（2）特殊性标题，如“紧急通知”“重要通知”“临时通知”“补充通知”“联合通知”等。这种通知往往含有紧急、重要等特殊性质。

（3）由“事由＋文种”两个要素构成的标题，如“关于开展×××活动的通知”。

（4）由“发文机关＋事由＋文种”三个要素构成的标题，如“中共中央组织部关于×××的通知”。

此外，指示性、转发性等通知，标题中应显示出特定的性质。这种标题格式为“关于转发（或发布、公布、批转、送发）×××的通知”，如“北京市政工程局关于转发‘北京市政府〔××××〕第×××号文×××’的通知”。

（二）主送机关

受文机关、团体、企事业单位或个人的称谓，应在正文之上首行顶格写。需注意的是，受文者应写全称或规范化简称，忌写俗称、别称或非规范化简称。

周知性通知可以不写主送单位。

（三）正文

另起一行，空两格写正文。通知的正文包括开头、主体、结语三部分。

1. 开头

交代缘由：交代发文的原因、背景、依据、目的。多采用“为……”“根据……”“由于……”“经……”等短语格式作为起始语句。根据内容需要，以上短语也可以交错使用，以将发文缘由交代得简洁、充分。一般开头的末尾常使用“特通知如下”“具体事项通知如下”的惯用语来引起下文。

2. 主体

即事项部分：这是通知的核心部分，必须力求清晰具体。应将通知的具体内容一项一项地列出，有关的时限、地点、办法、规定、要求，不能有所疏漏和含混。可以采取分项、分段、分层、分条列出的方法阐述出来。

3. 结语

这是通知全文的结尾部分，多提出贯彻执行要求，如“请遵照执行”“请认真执行”“务必……”等。

事项性通知的正文部分要开门见山、突出重点，把重要的写在前面。

（四）落款

分两行写在正文的右下角。一般包括署名和成文时间两项内容。署名机关单位名称，写明成文时间（年、月、日），并加盖公章。

五、注意事项

拟写通知的“三要四忌”：

"三要"：内容要明确具体；语言要简洁肯定；要使用一定的专用语。

"四忌"：一忌啰唆；二忌条理不清晰；三忌无谓的客套；四忌上行。

知识延伸

找错误

找出下面两则例文的错误之处并改正。

例一：

通　知

原定今天下午举行的校际足球赛因雨改期，具体比赛日期经两校协商后，另行通知。

另，午后的体育活动改为文艺活动，由各班按预案组织实施。

学生会体育部

××××年××月××日

例二：

×××面试通知

×××先生：

最近一段时间里，我们公司一直在招聘，看到你的来信我们很高兴，你能够勇于推荐自己，并且对我们公司表示很高的信任，在此，我们表示真挚的感谢。也请你在收到我们的信后，可不可以在本月25日（星期五）下午3:00整，准时到我们公司的人力资源部来，见见面，详细谈谈你的情况。来的时候，最好带上你的身份证、学历证等给我们参考，你看好吗？再次对你的应聘表示感谢。助你取得成功，成为我们公司的一员。

××外贸公司人力资源部

××××年××月××日

实战演练

请根据有关材料，帮助小花拟写一份通知。

动笔之前需要考虑以下两个问题：

1. 通知的主要事件；

2. 活动要求、时间安排。

当我们对以上两个问题考虑成熟之后，就可以开始写通知了。

展示评价

1. 每个小组评选出写得最好的作品，作为本组的学习成果展示。

2. 每个小组推选一名同学上台进行"小组学习成果展示"，其他小组成员作为评委进行评议打分；教师对每个小组的成果进行点评。

工作任务	根据小花的实际情况拟写一份通知				
团队名称		成员		指导教师	
项　　目	考核要求	分值	自我评价（20%）	小组评价（30%）	教师评价（50%）
准备阶段	团队合作、积极参与、认真查找资料	20			
实施阶段	提纲合理、要素完备、分工明确	20			
检验阶段	格式规范、叙述清楚、语言得体、书写正确	30			
展示阶段	礼仪到位、普通话标准、表述清晰、效果良好	30			
合　　计	综合评定	100			
开始时间		结束时间		总成绩	

活动拓展

1. 通知的写作

2. 微课——通知

3. 职场新人——通知的撰写

第二节　计　划

情境导入

谋先，事则昌。——《说苑》

小花最近心事不断，刚刚走出“十一”黄金周前夕“事儿赶事儿”的窘境，又是请假又是托事又是留言，真是焦头烂额，黄金周返校还没几天又遇到了麻烦：她发现自己准备的一个月的生活费这才开学刚一个礼拜就已经花掉了大半，照这个花费的标准，后半个月岂不是要做“乞丐”？小花第一次离开父母，第一次自主支配这么多钱的兴奋劲儿早已无影无踪了，她开始为后半个月的生活费发愁。无独有偶，小花发现班里很多同学出现了和她相似的状况，有的更甚于她，已经过起了借钱生活的日子。辅导员得知这一情况之后，在班里召开了一次班会，给同学们讲了很多关于提前谋划对学习、生活重要性的例子，并要求同学们给自己的日常生活花销制定一份计划。另外，新学期伊始，同学们还要给自己制定一份学习计划。小花在经历了一系列囧事之后也意识到了计划的重要性，准备按辅导员的要求认认真真地规划自己的生活与学习，避免再出现类似的情况，尤其是学习上千万不能出现期末手忙脚乱的状况。不过，小花之前从来没有写过计划，也不知道计划该从何写起，她想学习计划写作的相关知识，看些相关的案例。

自主探究

1. 你第一次给自己做的计划是哪方面的？
2. 你的计划都包括那些方面？
3. 计划还有没有别的名称？
4. 计划有哪些特点？
5. 计划有哪些种类？

材料示评

例一：

李明同学的学习计划

我虽然是一名中职生，但是在日常工作当中也绝不可以松懈，也是要积极开展学习。为此制定学习计划如下：

第一，努力学习，考取更多证书。证书是一项技能的鉴定证书，是非常重要的学历证明。中职学习期间，我就应该积极考取相关证书，确保能够获得较好的证书文凭。

第二，努力自学，取得较好学习效果。从初中开始，我就一直以为自己是一个会主动学习的人。每一次在考前我就会突击学习，不过取得的学习效果不好。为此，进入中职以后我就应该努力开展相关工作，确保在中职学习期间取得较好的工作成绩。

第三，积极参加学校组织的活动，在活动中锻炼自己各方面的能力。

第四，积极参与社会实践，将理论学习与实际生活结合起来。在学校里的理论学习非常不够，而且一直在学校学习也无助于提高我的学习积极性，为此我应该结合社会实践开展专业学习。

例二：

××水果批发市场三月份营销计划

储仓位	品种	进货量/吨	销售总额/万元	人均利润/万元	人力安排/人
1号	苹果	150	90	3.0	3
2号	香蕉	180	72	2.5	3
3号	橙子	70	22	1.5	3
4号	葡萄	40	40	1.8	2
5号	草莓	30	30	3.0	2
6号	西瓜	100	40	2.3	4

例三：

2017年××团支部第一学期工作计划

新的一学期开始了，我班团支部将紧紧围绕学校党总支和院团委的工作重点，以“凝聚青年、提升能力”为宗旨，按照院团委的要求，为使支部工作在新学期更有成效地开展，经讨论，制定本学期工作计划如下。

一、任务与要求

1. 在院团委的统一部署下，继续深入学习党的路线方针政策。

2. 发展新团员×名，同时做好老团员的思想政治工作，发挥团员的先锋模范作用。

3. 参加学校组织的各项活动，确保上游，力争一流。

4. 组织支部团员活动，增强支部凝聚力。

二、工作安排

1. 根据院团委的统一部署，每月召开两次支部会议，学习十八大精神和党的路线方针政策。

2. 9月初，筹备节目，准备参加院团委、学生会组织的“庆国庆”文艺会演。

3. 9月中旬，组织团员读书活动，写读后感，评出优秀文章送学校参加征文比赛。

4. 中秋节，组织团员去敬老院进行一次“青年志愿者爱心奉献”活动。

5. 11月初，与班委会联合举办专业技能竞赛，评出优秀选手参加校学生会组织的专业技能竞赛，争取进入前三名。

6. 11月中旬，在班内进行发展新团员的宣传，并为申请入团的同学配备辅导员。

7. 12月中旬，讨论发展新团员问题，确定发展对象并上报院团委。

8. 12月底，与班委联合组织“迎元旦师生联谊会”，慰问任课老师，准备表演节目。

9. 明年元月中旬，组织团员进行思想品德、行为操守等方面的自查自纠活动，并督促团员做好复习迎考工作。

10. 放假前，进行支部工作总结，召开支部大会，评选优秀团员，并上报院团委。

三、措施

1. 接受院团委的领导和监督。

2. 随时与班主任联系，接受班主任的指导。

3. 各项工作分工明确，责任到人。

4. 活动经费问题通过班费、团费和团员自愿捐助解决。

5. 做好工作台账，随时自查自纠，保证计划的按时实施。

四、经费预算

1. 需购光盘4盒，约需35元。

2. 献爱心活动拟购月饼、水果等物品，约需100元。

3. 慰问老师的贺年卡，约需15元。

4. 联谊会教室布置，约需30元。

××班团支部

××××年××月××日

互动点评

1. 例一的计划存在诸多问题：其一，内容过于笼统，只有打算，缺乏具体可行的操作过程；其二，目标设定模糊，缺乏量的定性；其三，语言错误较多，没有逻辑性。

2. 例二是纯表格式计划，简洁明了，令人一目了然。但表格式计划往往缺少对步骤、措施等的具体说明，所以一般只用于销售计划之类的工作计划，不适合一些相对来说比较复杂的策划企划的写作。

3. 例三目标明确、步骤清晰、考虑周全、可行性强，是一份比较完整的计划书。

知识聚焦

一、概念

计划是团体或个人为在一定时期内完成某项任务和实现某个目标，根据国家法律、政策、上级指示以及单位或个人的实际情况，于事前拟定的关于目标、措施和步骤等内容的文书。计划是一个统称，常见的设想、规划、打算、安排、意见、要点、方案等，都属于计划的范畴。

二、种类

（一）按性质分

（1）工作计划。即机关、团体、学校等部门或单位为进行工作而制定的计划。

（2）学习计划。即单位或个人为进行学习而制定的计划，包括政治理论学习计划、业务学习计划等。

（3）文体计划。即单位或个人为开展或进行文化娱乐和体育等活动而制定的计划。

（4）生产计划。即工矿企业、农村等为进行生产而制定的计划，包括产品产量计划、产品质量计划、产品品种计划、成本计划等。

（二）按范围分

（1）个人计划。如个人学习计划、个人工作计划。

（2）单位计划。包括各个方面，如政治思想工作计划、生产业务工作计划、生活福利工作计划等。

（三）按时间分

（1）年度计划。即整年的生产、工作、学习的计划。
（2）季度计划。即反映一个季度内要做的事情的计划。
（3）月度计划。即反映一个月内要做的事情的计划。
（4）短期计划。即上述年度、季度、月计划等。
（5）长期规划。凡三年以上的计划都叫长期规划。

三、特点

（一）预见性

计划是在行动之前对行动的目标、任务、方法、措施所作出的预见性确认。这种预想不是盲目的、空想的，而是以方针政策和科学理论为指导，以本单位的实际条件为基础，以过去的成绩和问题为参照，对今后的发展趋势进行科学预测之后作出的。

（二）针对性

计划一是根据党和国家的方针政策、上级部门的工作安排和指示精神而定，二是针对本单位的工作任务、主客观条件和相应能力而定。总之，从实际出发制定出来的计划，才是有意义、有价值的计划。

（三）可行性

预见准确、针对性强的计划，在现实中才真正可行。如果目标定得过高、措施无力实施，这个计划就是空中楼阁；反过来说，目标定得过低，措施方法都没有创见性，实现虽然容易，却不能取得有价值的成果，也就算不上有可行性。

（四）指导性

计划一经通过、批准或认定，在其所指向的范围内就具有指导和约束作用。在这一范围内，无论是集体还是个人，都必须在计划的指导和约束下开展工作和活动，不得违背或拖延。

四、结构

计划通常有标题、正文和落款三部分。

（一）标题

标题就是计划的名称，综合计划的标题通常由单位名称、适用时间、计划内容和文种组成，如“××中职学校 2017 年招生计划”。有的计划也可以省略单位名称、时限等内容。

专题计划的标题一般由专题活动的名称及文种名构成，如“国际志愿者日募书活动策划书”等。

（二）正文

这是计划的主体部分。计划没有固定的格式，可以采用条文式、表格式，还可以采用条文表格结合式。

计划的正文通常包括以下内容：

1. 前言

主要说明制定计划的依据、目的、指导思想及有关背景，即阐述“为什么做”和“能不能做”的问题。

2. 目标和任务

目标和任务是计划的灵魂和核心，回答“做什么”及“做到什么程度”的问题。这一部分要求提出明确的目标、主要任务和重要指标，如数量、质量、速度等，使各项任务既有质的规定，又有量的要求，做到目标明确、任务具体、要求清楚。

任何一项任务较大的工作都是由若干具体工作组合而成的。所以，计划有时还要对计划期内所要完成的总目标、总任务进行科学的分解，并把分解出来的工作任务逐一写出。

3. 措施和步骤

措施和步骤是计划的骨骼和血肉。

“措施”即如何做，是完成任务的具体办法，如采取哪些手段、运用哪些办法、做哪些分工等。

“步骤”就是开展工作的程序和时间安排及要求等，回答“何时做”“什么时间完成”的问题。步骤要符合实际、合理有序、可操作性强。

依据、目标、措施和步骤是计划内容的四要素。基础依据充分，目标任务明确，步骤安排合理，措施办法得当，才便于执行。

4. 结语

可以提出执行计划时的注意事项，或强调工作的重点和主要环节，或展望计划实施的前景，或提出希望和号召，也可以不写。

（三）落款

署名计划的制定者和制定计划的日期。如果标题已指定单位的名称，那么署名也可以省略。单位计划如需呈送上级机关，一般要加盖公章。

五、注意事项

（1）与国家方针政策保持一致。全面贯彻上级指示精神，把政策和精神落实到计划的具体内容中，确保计划的正确性。

(2) 深入调查，集思广益。计划是管理工作的依据，必须鼓励大家献计献策，听取各方面意见，从而调动大家的积极性，使之自觉自愿地将计划付诸实施。

(3) 内容要具体，重点要突出。计划撰写的内容要求具体明确、操作性强、繁简得当、重点突出。

(4) 语言简洁，条理清晰。撰写计划要力求以较小的篇幅，表达较大的信息。语言要直截了当、简明扼要，表达方式可采用条款式，条理清楚、一目了然。

(5) 对计划执行中可能出现的困难和问题，要有充分的考虑和准备，以免到时手忙脚乱、不知所措。

知识延伸

条文式计划正文的结构类型

类型一：并列式结构（适用于内容范围较广、综合性较强的计划）

一、任务指标（做什么）
　　措施步骤（怎么做）
二、任务指标（做什么）
　　措施步骤（怎么做）
三、任务指标（做什么）
　　措施步骤（怎么做）
　　……

这种结构模式的优点是可将任务指标与措施步骤一一对应，显得条理清晰，符合人们的思维方式，便于实施。

类型二：递进式结构（适用于专题性计划）

一、指导思想
　　……
二、目标任务与措施
　　……
三、实施步骤
　　……

这种模式整体呈现出递进的逻辑关系，层层深入。但在某个局部，如“目标任务与措施”部分，仍然可把任务分解为若干方面，各方面之间还属于并列关系。

实战演练

根据所学知识，帮助小花同学制定一份 11 月份的个人消费计划。

展示评价

1. 每个小组评选出写得最好的作品，作为本组的学习成果展示。

2. 每个小组推选一名同学上台进行“小组学习成果展示”，其他小组成员作为评委进行评议打分；教师对每个小组的成果进行点评。

工作任务	根据小花的实际情况拟写一份 11 月份开销计划				
团队名称		成员		指导教师	
项　　目	考核要求	分值	自我评价（10%）	小组评价（20%）	教师评价（70%）
准备阶段	团队合作、积极参与、认真查找资料	20			
实施阶段	文体结构齐全、要素完备、字迹工整	40			
展示阶段	礼仪到位、普通话标准、表述清晰	40			
合　　计	综合评定	100			
开始时间		结束时间		总成绩	

活动拓展

1. 大学生创业计划书规范格式　　2. 大学生创业计划书

第三节　总　结

情境导入

被人揭下面具是一种失败，自己揭下面具是一种胜利。——雨果

小花按照自己学期初制定的学习、生活计划一步步地历练着自己，不知不觉本学期只剩下三周了，于是发出了“逝者如斯夫”的感慨。她发现自己忙碌了一学期下来好像还蛮有成就的：生活上变得越来越独立，再也没有过过“前半个月富得流油，后半个月穷得要饭”的狼狈日子，学会了合理规划自己的生活；学习上基本能跟上老师的进度；最让她开心的是她居然通过竞选当上了院团委的宣传干事。想着这些小花心中有几分窃喜，然而生活并不总是尽如人意，一学期下来，也有很多事情让小花觉得难以理解甚至感到很困惑：与同学们交往时总觉得人心难测；当院团委宣传干事虽然锻炼了自己，可很多时候面对工作时茫然不知所措；学习上也仅限于跟上老师的进度，

面对即将到来的期末考试不知道自己会交出一份怎样的答卷。小花突然想起斯宾诺沙的一句话："如果你希望现在与过去不同，请研究过去。"她顿时茅塞顿开，对呀，可以把自己一学期的学习、生活做一个总结，看看取得了哪些成就，还有哪些不足，又有哪些经验教训，为今后的学习、生活提供借鉴。

可是小花从来没有写过总结，也不知道如何着手，正好手头有一本应用文写作的书，她决定认认真真地研读资料，看看从中能不能得到些启发。

自主探究

1. 关于总结的名言警句你知道多少？
2. 用自己的话给总结下个定义。
3. 总结应该包括哪些内容？
4. 总结具有哪些特点？
5. 你经常写总结吗？你认为总结的意义在哪里？

材料示评

例一：

××乡上半年工作总结

半年来，本乡在精神文明和物质文明方面做了许多工作，取得了很大成绩。主要做了以下工作：动员组织乡、村干部和广大群众学习中央一号文件；安排、落实全年生产计划；推行、落实承包责任制 ；帮助专业户发展；修建乡小校舍；建乡食品厂方便面生产车间厂房；推销果脯厂、食品厂、编织厂的产品；为乡机械厂解决原材料不足的问题；美化环境，街道两旁栽花种草；封山植树；办了一期果树栽培技术培训班；健全了政府机关，调整了工作人员，开始试行乡干部招聘制。

半年来，在工作繁杂、头绪多而干部少的情况下，能做这么多工作，主要是因为：

上下团结。乡领导和一般干部能同甘共苦、劲儿往一处使。工作中有不同的看法，当面讲，共同协商。互相间有意见能开展批评与自我批评，不犯自由主义错误。例如：经营科同志对乡长不同他们商议便擅自更改果脯厂的奖励办法从而影响产量一事有意见，经当面说出，乡长接受，作了自我批评，并共同研究了新的奖励办法，使产量又增加了。

不怕困难。本乡企业刚刚起步，困难很多，技术力量薄弱，原材料不足，产品销路没有打开。为此，经管科的同志和全乡干部共同想办法，他们不怕跑路，放弃自己的休息时间，忍饥挨饿受冻，四处联系，终于准备好了今年所需要的原料，推销了一些产品。

领导带头。乡里的几位主要领导带头苦干、实干。他们白天到下边去调查了解情况、解决问题，晚上再开会研究问题，寻找解决的办法。领导干部夜以继日地工作，带动了全乡工作。

××乡人民政府（印章）

××××年××月××日

例二：

就业工作先进个人工作总结

××职业技术学院化工系　张××

我担任的是化学工程系11级工艺班的班主任，学生67人。通过三年的不懈探索和细致工作，我班学生一次就业（升学）率达到98%。现将就业工作总结如下：

认真做好就业指导工作，重视就业工作中的每一个环节。在学生入学伊始，我便做好学生就业工作计划。三年来，我不断加强业务知识学习，了解和熟悉相关就业政策，坚持开展个性化就业指导，保证就业信息传递渠道的畅通，沟通及时。认真组织毕业生参加学校组织的各类招聘活动。

积极主动与用人单位联系，帮助毕业生就业。我主动联系了××省××市化肥厂、××省制药厂、××化妆品有限公司等多家用人单位，分别组织符合用人单位要求的学生参加面试，最终有16名同学被这些单位录用。在此过程中，我还注意加强对毕业生的诚信教育，增加就业稳定的保障，其中录取到××公司的张××同学已经被破格提升为××省区域营销主管。

鼓励升学考试，对参加升学考试的同学进行专业辅导，促进升学率的提高。在我的鼓励下，我班有21名同学参加专升本考试，其中15名被××大学、××化工学院等院校录取。针对跨专业报考难度较大的现象，我利用自己的专业优势对这些学生进行专业的辅导，并认真研究历年考试真题，对他们进行有针对性的训练。在12名跨专业报考××大学汉语言文学专业的同学中，有9名被录取。

认真细致地做好各项与就业相关的工作。做好毕业生信息核对、毕业生档案整理等工作，及时上报毕业生推荐表、毕业生就业协议书、证明函等相关材料；宣传毕业生进基层工作（顶岗实习、“三支一扶”等）事迹；帮助“双困”毕业生就业；认真做好毕业生离校工作，确保学生安全离校。

注重就业工作的理论研究，做好工作思路和方法的总结。我参加了学校的“就业优秀论文评选活动”并提交论文《浅析职校毕业生新特点及应对策略》，获得一等奖。

“处处留心，事事用心”是我的座右铭。只有逗号，没有句号；只有更好，没有最好。就业工作是一项常做常新、永无止境的工作。在就业工作的开展过程中，我得到了系领导及学生处工作人员的支持和帮助。今后，我将更加努力，以高度的敏感性和自觉性，及时发现、研究和解决工作中的新情况，并注意总结工作中的经验和不足，争取更好的成绩。

××××年××月××日

互动点评

阅读两则材料，看看两则材料的不同之处，说说你认为哪则材料更符合总结的要求并指出不符合要求的材料所存在的问题。

例一存在的问题：

1. 材料不足，情况不明。这个乡上半年做了很多工作，但这些工作为什么会这样、怎么做、做得如何并没有说清楚。如“推行、落实承包责任制”，这是农村里的大事，但其落实情况如何、成效如何，总结中并没有用材料说明，其他几项工作情况均是如此。这表明，作者在写这篇总结之前并没有下工夫收集和充分占有材料，更别说选出典型材料了。

2. 经验体会缺少特点，空话套话连篇。文中所说的三条经验，机关可用、社会团体可用、农村可用、城市可用，可以说是万能的经验。这说明作者不仅没有占有必要的材料，更没有对该乡的情况做起码的分析，没有从乡里的实际情况出发，概括出规律性的东西。这篇总结既不能说明单位的实际情况，对提高认识也没有作用，是一篇无经可取的文章，达不到总结的目的。所以要写好总结，占有材料、分析材料、找出规律性的东西是关键。

例二是一篇不错的总结。

知识聚焦

一、概念

总结就是单位或者个人把某个时期内的工作、学习或某项活动开展的情况进行分析研究，从而归纳出经验或教训，以便更好地指导今后的实践所写的一种事务文书。正如西班牙的一句谚语“自己的鞋子，自己知道紧在哪里”，总结在某种程度上也是分析过程、寻找经验教训的“自我剖析”。

二、种类

根据划分依据的不同，总结可以分成不同的类型：

(1) 根据内容的不同，可以把总结分为工作总结、生产总结、学习总结、教学总结、会议总结等。

(2) 根据范围的不同，可以把总结分为全国性总结、地区性总结、部门性总结、本单位总结、班组总结等。

(3) 根据时间的不同，可以把总结分为月总结、季度总结、年度总结、阶段性总结等。

(4) 根据内容和性质的不同，可以把总结分为全面总结和专题总结两类。

总结的种类虽然有很多种分法，但事实上，一篇总结往往同时反映性质、内容、范围、时间等内容，如“××技术学院 2013—2014 年第一学期学生社团活动总结”即是如此。

三、特点

（一）回顾性

这一点，总结与计划正好相反。计划是预想未来，对将要开展的工作进行安排。总结是回顾过去，对前一阶段的工作进行检验，但目的还是做好下一阶段的工作。它肯定成绩，将成功的经验加以提炼，归纳出带有普遍性的规律，更好地指导今后的工作；对不足之处进行理性分析，以便今后吸取教训，从而采取更合理的措施加以改进。

（二）客观性

写总结应该坚持实事求是的原则，对取得的成绩、成功的经验既不夸大其词、人为拔高又不故作谦虚；对存在的问题不遮掩、不回避。只有客观真实地进行总结，才能达到总结的真正目的，发挥总结应有的作用。

（三）自我性

这是总结的本质特点。它以客观评价自身工作活动的经验教训为目的，以回顾自身工作情况为基本内容，以自身工作实践的事实为材料，总结出来的理性认识也应该反映自身工作实践的规律。无论任何形式的总结，都应该是以“我”的视角来完成的。

（四）指导性

作为一种回顾、思考的手段，总结是对以往工作实践的一种理性认识，回顾过去是为了展望未来，使今后的工作开展得更好。因此，总结的目的就在于总结和推广经验，发现和避免错误，从而指导将来的工作。

（五）平实性

总结以概括性的叙述为主要表达方式，并辅以适当的议论。不必把事情的经过写得完整而详细，只要用平实的语言叙述“做了哪些事”“做得如何”就可以了。不需要华丽的辞藻，要求语言平实、准确。

四、结构

总结是实际工作中使用最多的应用文种之一，但写好总结并不容易。学习写总结，要抓住两个基本问题：一个是“写什么”的问题，即“内容”问题，弄清从哪几个方面或角度去写、经验教训到底有哪些、今后该怎么办等；另外一个问题是“怎么写”的问题，也就是“形式”问题，主要弄清总结的写作格式和结构、写总结的基本要求等。

总结通常由标题、正文、落款三部分组成。

（一）标题

总结的标题大致有以下三种：

1. 公文式标题

一般由单位名称、适用时间、内容和文种名称组成，如“××省教育厅2016年度工作总结”；也可以省略单位名称，如“2016年上半年学习总结”；有的甚至直接写成“学习总结”或“工作总结”等。

2. 文章式标题

以概括总结核心内容为标题，标题中不出现文种名称“总结”字样，如“文化兴校，技能树人”“我们是怎样开展精准扶贫的”。

3. 双标题

先用一个生动形象的文章式正标题，然后加公文式副标题点明内容，如“加强医风教育，树立医德风尚——××医院2016年精神文明建设工作总结”“多彩社团，多元文化——××技术学院校园文化建设工作总结”。

（二）正文

总结的正文一般包括前言、主体和结尾三部分。

1. 前言

前言部分简明扼要地概述某个阶段的工作或任务的基本情况，交代背景，点明主旨，为主体部分内容的具体展开作好铺垫。前言要定好基调、有的放矢、重点突出，只做概括说明，不展开分析评议。不要泛泛而谈、不着边际、套话连篇，也不要卖弄文采、无病呻吟。

2. 主体

主体是正文的主干部分，一般要回答清楚“做了什么”和“做得怎样”两个问题。具体包括三方面的内容：

（1）过程和做法。即做了哪些工作，分为哪些阶段，采取了什么方法，解决了什么问题，取得哪些成绩，原因是什么。

（2）经验和体会。从做法和成绩中寻找工作规律，透过现象抓住本质，交流经验体会，为下一阶段工作提供指导。

（3）问题和教训。要坚持一分为二的观点，找出工作中存在的问题和不足，并分析主客观原因，由此得出教训。不同的总结写的时候侧重点是不一样的，有的侧重经验，有的侧重教训。

由于主体的内容较多，又需要对事实进行理论上的分析归纳，应根据实际内容和表达的需要采取相应的结构形式。常见的结构形式主要有以下几种：

（1）两步式。第一部分写做了哪些工作，取得了什么成绩，并归纳出主要经验；第二部分写存在的问题和今后的应对措施。各层可以按内容分为若干个问题，加序号或小标题分条表述。

（2）三段式。第一段写工作的基本情况和取得的成绩，第二段写经验体会，第三段写存在的问题和今后的打算。各段也可以采用条款式结构。

（3）阶段式。按时间顺序安排结构，把工作过程分为几个阶段，再分别对每个阶段的情况进行分析总结。其优点是全文脉络清晰，便于看出工作的进展和每个阶段的特点。

3. 结尾

结尾部分通常写今后的努力方向或打算。如果这些内容在主体中写过，就不必另行结尾。

（三）落款

落款即撰写总结的单位或个人名称和成文日期。单位总结如要上报下发，须加盖公章。在正文下面的右下方分两行写，第一行写单位名称或个人姓名，第二行写日期。有的总结将单位或个人姓名写在标题或标题下一行，这时落款则无须再写。

五、注意事项

（一）善于抓住重点

无论是个人总结还是单位总结，都涉及工作的方方面面，所以在写的时候一定要分清主次，抓住重点，不能面面俱到。要分析总结工作中的主要经验，或发现主要问题，或探索出客观规律。分散笔墨、巨细无遗，会造成总结内容的庞杂，重心不突出。

（二）注意观点与材料的统一

经验体会是从实际工作中提炼出来的。经验体会一旦形成，还要选择必要的材料予以说明，只有这样经验体会才能站得住脚，具有指导价值，这就要求材料与观点的统一。若材料与观点不能相互联系，则观点站不住脚，材料显得多余。

（三）要写出特色

每个人、每个单位情况各异、成绩各异，写出的总结也应具有个体特色。即使是同一个单位、同一个人，每年的总结也是不相同的。写总结时要在充分占有材料的基础上，认真分析、比较，找到自己的特色，不要停留在一般化的说明上。

（四）语言要准确、简明

总结的文字要用词准确、用例确凿、评断不含糊；简明就是在阐述观点时，做到概括与具体相结合，要言不烦，忌笼统拉杂。

知识延伸

总结与计划的关系

它们是相互制约、相互依赖的关系。一般来讲，下一阶段的工作计划要根据上一阶段的总结制定。没有系统、全面、深刻的总结，不可能制定出符合实际、切实可行的计划。反之，总结要以计划为依据，要检查计划的执行情况，要检验计划的准确程度。

它们又是相互促进、不断提高的关系。计划→实践→总结→再计划→再实践→再总结，周而复始，循环无穷。但这种循环不是简单的重复，而是不断提高、不断发展的。假定以第一次总结为基点，那么根据第一次总结制定出来的计划，要比第一次总结以前的计划提高一步；第二次总结也要比第一次总结提高一步。它们是相互促进、不断提高的，实际上是同一工作的两个方面。

实战演练

根据上面学到的知识，结合小花的实际情况，请帮助小花写一份就任院团委宣传部干事以来在宣传部工作的总结。写之前要注意以下问题：

1. 搜集材料，看看同学的意见都包括哪些方面，归类分析，客观评价；

2. 从所做的工作实际出发，看看同学的言论是否属实，若属实则总结教训，若不属实则给出客观的评价。

考虑好这些问题后，就可以动笔了。

展示评价

1. 每个小组评选出写得最好的作品，作为本组的学习成果展示。

2. 每个小组推选一名同学上台进行“小组学习成果展示”，其他小组成员作为评委进行评议打分；教师对每个小组的成果进行点评。

工作任务	根据小花的实际情况拟写一份工作总结				
团队名称		成员		指导教师	
项　目	考核要求	分值	自我评价（10%）	小组评价（20%）	教师评价（70%）
准备阶段	团队合作、积极参与、认真查找资料	20			
实施阶段	文体结构齐全、要素完备、字迹工整	40			
展示阶段	礼仪到位、普通话标准、表述清晰	40			
合　计	综合评定	100			
开始时间		结束时间		总成绩	

活动拓展

2016 个人总结

第四节　会议纪要

情境导入

小花今天接受了一个新任务，代替班长去学生处开会。出发前，班长交代小花，这是本月的一次总体工作安排会，会议内容涉及本月班级主题教育活动、班级管理要求、学校其他方面的一系列活动安排，等等，内容会很多。班长一再强调，一定要把会议记录记得完整、翔实，不要漏掉任何一项重要的内容和细节，最好能再根据会议记录写一份“会议纪要”交给班主任。

会议纪要？小花顿时不知所措，只听过会议记录，怎么还有会议纪要？

一头雾水的小花前往会场参加会议。会议一开始，小花便手忙脚乱地记录，先是负责团委工作的老师讲解本月工作内容和要求，接着是负责学生管理的一位老师讲述上月学管综合情况、本月学管工作安排和要求，还有宿管老师讲述上月宿管工作总结，最后负责学生管理工作的校长发了言。一件件、一条条，小花的手腕发酸，有些字写得自己都不认识了，还好有些工作安排是有文件材料的，不用详记，否则小花这次还真完不成班长交给她的任务。

这下子，小花似乎明白了为什么班长让她写会议纪要。这么多内容，要是都交给班主任可不行，还真需要一份纪要。否则班主任看到她写的会议记录，非得研究半天不可！

可是，会议纪要该怎么写呢？

自主探究

1. 你听说过会议纪要吗？
2. 你是否做过某个会议的会议记录呢？
3. 会议纪要与会议记录的区别你知道吗？
4. 会议纪要写作的要点有哪些？
5. 让你帮小花写会议纪要，标题应该怎么写？

材料示评

例一：专题性会议纪要

全国城市经济体制改革试点工作座谈会纪要

（××××年××月××日）

××××年××月××日至××日，国家体改委在××省××市召开了全国城市经济体制改革试点工作座谈会。三十一个省、自治区、直辖市体改委（办）的负责同志，五十八个试点城市的负责同志，以及中央、国务院有关部门的负责同志共二百多人参加了会议。会上传达学习了中央领导同志最近的重要讲话，交流了试点城市改革的情况和经验，研究了在新形势下要积极推进城市经济体制改革进一步开展的工作。

一、统一认识，明确今年改革的方针和主要任务。（略）

二、进一步简政放权，政企分开，搞活企业。（略）

三、充分发挥社会主义市场经济优势，理顺经济关系。（略）

四、精心指导，保证改革健康发展。（略）

与会同志一致表示，当前改革进入攻坚阶段，我们要坚定地贯彻党中央和国务院的部署，精心组织，精心指导，搞好调查研究，把城市经济体制改革引向深入，为建立有中国特色的社会主义市场经济作出新贡献。

例二：综合性会议纪要

××县人民政府第六次常务会议纪要

时间：××××年××月××日上午八点半至十二点

地点：县政府常务会议室

主持：县长××

出席：副县长××、××、××、××，办公室主任××

请假：××（出差）

列席：××、××、××

记录：××

现将会议讨论及决定的主要事项纪要如下：

一、会议听取了副县长××关于召开经济工作会议准备的情况汇报，讨论了扩大县属企业自主权的十条规定。会议同意县经济工作会准备情况汇报，并决定于××月××日召开全县经济工作会议。今年各项经济工作指标，要以市经委下达的为准，不再调整县原各公司的主要经济指标。在县经济工作会议上，由县经委与县原各公司签订经济责任书。

二、会议原则同意县民政局关于民政事业费管理使用办法的修订意见。

三、会议同意将县政府办公室提出的转交机关工作作风的规定意见（讨论方案）印发各部门，广泛征求意见，作进一步修改后，以县政府文件印发。

××县人民政府办公室

××××年××月××日印发

例三：表格式会议纪要

时　间	2014年1月10日16时	地　点	建设方会议室
主持人	支运盛		
参加人员	支云峰、王汉强、李世碧、王诗琪、张家荣、支早晖、张远东、刘江峰、龚伟、王晋、田世梅、吴晓鸿		
会议主题	重庆虹华建筑工程监理有限公司现场检查工作总结		
会议内容	重庆虹华建筑工程监理有限公司 李世碧： 1. 有工人未戴安全帽进出现场。 2. 钢筋加工现场已无人在场，机械设备仍在运转。 3. 安全方面的资料要符合实际（二标段）。 王汉强： 按公司的安排，对本监理项目进行检查，情况如下： 1. 基础施工的排水无序，现场的整体情况一个字——“乱”，边坡的状况堪忧，安全存在隐患，需要立即整改。 2. 施工单位挖桩过程中浮浆不足。 3. 地梁的垫层做得不足，一般采用C15混凝土，厚度至少为100mm。 4. 扫地杆离地300mm，转角处的脚手架须搭成“井”字形。 5. 资料方面：施工组织设计图各方都没有签字。报审材料不够，设备报检根本没有记录。 6. 设计变更必须以书面形式。 王诗琪： 1. 闭合问题。 2. 业主及时出一个变更工程名称的函。		

例四：

关于协调解决沙面大街56号首层房屋使用权问题的会议纪要

第××号

××××年2月2日上午，市政府办公厅×××主任主持召开会议，协调解决沙面大街56号首层房屋使用权问题。参加会议的有省政府办公厅交际处、广东胜利宾馆、市商委、市国土房管局、二商局、市外轮供应公司等有关部门的负责同志。

会议认为，沙面大街56号首层房屋使用权的问题，是在过去计划经济和行政决定下形成的历史遗留问题。早几年曾多次协调，虽有进展，但未有结果。最近，按照省、市领导同志“向前看”“了却这笔历史旧账”的批示精神，在办公厅的协调下，双方本着尊重历史、面对现实、互谅互让的原则，合情合理地提出解决这宗矛盾的方案。

经过协商、讨论，双方达成了一致的认识。会议决定如下事项：

一、市外轮供应公司应将沙面大街56号房屋的使用权交给胜利宾馆。

二、考虑到市外轮供应公司在沙面大街56号经营了30多年，已投入了不少资金，退出后，办公地方暂时难以解决，决定给予其商品损耗费、固定资产投资和搬迁费等一次性补偿费用共95万元。其中省政府办公厅和广东胜利宾馆负责80万元；考虑到省政府领导曾多次过问此事和省、市关系，另15万元由广州市政府支持补助。

三、省政府办公厅和胜利宾馆的补偿款于××××年2月7日前划拨给市外轮供应公司。市政府的补助款于3月5日左右划拨，市外轮供应公司应于2月15日开始搬迁，2月20日前搬迁完毕并移交钥匙。

四、市外轮供应公司原搭建的楼阁按房管部门规定不能拆迁。空调器和电话等2月20日前搬迁不了的，由胜利宾馆协助做好善后工作。

会议强调，双方在房屋使用权移交中要各自做好本单位干部群众的工作，团结协作，增进友谊，保证移交工作顺利进行。

××市政府办公厅

××××年××月××日

互动点评

学生对比几则案例材料，采用团队合作的形式讨论并形成总的意见、推选代表作答。教师及时点评，并提供参考答案。参考：

1. 有标题，并在标题处说明会议纪要的具体内容。
2. 会议纪要不可缺的内容有时间、地点、参加人员。
3. 会议纪要内容具体体现在哪些方面？
4. 语言表达方面如何？
5. 注意事项有哪些？

知识聚焦

一、概念

会议纪要是一种记载、传达会议情况及议定事项的纪实性公文。它用于党政机关、社会团体、企事业单位召开的工作会议、座谈会、研讨会等重要会议。会议纪要是会议记录的一种再加工，是记载和表达会议主要精神和议定事项的文稿。

会议纪要通过记载会议基本情况、会议成果、会议议定事项，概括地反映会议精神，以便与会者统一认识，是会后全面、如实地传达组织精神、落实开展工作的依据。同时，会议纪要可以多向行文，具有上报、下达以及与同级机关进行交流的作用：向上级机关呈报，用以汇报会议情况，以便得到上级机关对工作的指导；向同级机关发送，用以通报会议情况，以便得到同级机关的支持和配合；向下级机关发送，用以传达会议精神，以便下级机关贯彻执行。

二、种类

（1）按照会议的类型分，可分为办公会议纪要、工作会议纪要、座谈会议纪要、经验交流会议纪要、学术会议纪要等。

（2）按照会议议定内容分，可分为综合性会议纪要、专题性会议纪要等

（3）按照会议任务与要求分，可分为决议性会议纪要、通报性会议纪要、协议性会议纪要等。

三、特点

（一）纪实性

会议纪要是根据会议的宗旨、议程、会议记录、会议活动情况等有关材料综合整理出来的公文。在会议纪要中不能随意篡改会议的基本精神，不能擅自增加或删减会议的内容，不能随便更改与会者议定的事项，不能对会议达成的共识进行修改，也不需要对会议或会议的某项内容进行分析、评论。它要求如实地记载会议的基本情况，对会议存在的分歧、意见和问题等，也要真实、概括地予以反映。会议纪要具有纪实性特点，因而具有历史凭证的作用和查考利用的价值。

（二）概括性

会议纪要不同于会议记录。会议记录是由专人把会议的基本情况如实记录下来的书面材料。会议纪要是根据会议的中心议题、指导思想和议定事项，在会议记录所提供材料的基础上，经过概括、整理、提炼才能形成公文。所以，与会议记录相比，会议纪要能够更集中地反映会议的精神实质，具有高度的概括性。

（三）指导性

会议纪要有两项功能，一项是“记载”，一项是“传达”，并且通过“记载”去“传达”。它所记载、传达的会议情况和议定事项，是与会者及其组织领导者的共同意志的体现，是会议成果的结晶，集中反映了会议的精神实质，因而具有很强的指导性。

四、结构

会议纪要一般由首部、正文和落款三部分组成。

（一）首部

首部的主要项目是标题，有的会议纪要的首部还有成文时间等内容。

会议纪要的标题通常由会议名称和文种构成，如“全国城市爱国卫生现场经验交流会纪要”“关于改革××局、××局管理体制的会议纪要”等。也有的由发文机关、

会议名称和文种构成，如“××集团公司经理办公室会议纪要”。

成文时间即会议通过的时间或领导人签发的时间。一般在标题下居中位置用括号注明年、月、日，也有的把成文时间写在尾部的署名下面。

（二）正文

会议纪要的正文包括前言、主体和结尾三部分。

1. 前言

首先概括交代会议的名称、时间、地点、主持人、主要议程、参加人员、会议形式以及会议主要的成果，然后用“现将这次会议研究的几个问题纪要如下”或“现将会议主要精神纪要如下”等语句转入下文。这项内容主要用以简述会议基本情况，所以文字必须十分简练。

2. 主体

主体是会议纪要的核心内容，主要记载会议情况和会议结果。写作时要注意紧紧围绕中心议题，把会议的基本精神，特别是会议形成的决定、决议，准确地表达清楚。对于会议上有争议的问题和不同意见，必须如实予以反映。

另外，在具体写法上，不同类型的会议纪要，写法也有所不同。

决议型会议纪要，主要根据中心议题，着重把会议形成的决定、决议的具体内容一一表述清楚。

综合型会议纪要，主体内容侧重于突出会议的指导思想，全面介绍会议的基本情况。

3. 结尾

结尾属于选择性项目。一般是向受文单位提出希望和要求。有的则没有这部分，主体内容写完，全文即告结束。

（三）落款

包括署名和成文时间两项内容。

署名只用于办公会议纪要，写明召开会议的机关单位名称。一般会议纪要则不需要署名，不加盖公章。至于成文时间，如果在首部已注明，就不用再写。

五、注意事项

撰写会议纪要应当注意以下三个问题：

（1）概括要全面，要如实反映会议精神。不得随意取舍，不得以偏概全，不能是自己赞同的就多写，不赞同的就略写或不写。

（2）要重点突出。一次会议有时会涉及很多问题，要抓住会议明确和解决的主要问题，切不可面面俱到。这样，表述上才能做到重点突击、条理清晰、文字简练。

（3）具备一定的分析能力、综合能力和表达能力。要根据会议的中心问题，认真分析，集中反映符合会议中心要求的多数人的一致意见，并吸收少数人的正确意见，对有分歧的意见，不再记录。

知识延伸

会议纪要与会议记录的区别

会议记录和会议纪要既有区别又有联系：会议记录是会议过程的原始记录，是书写会议纪要的基础；会议纪要则要将会议情况、议题、决策等加以系统地整理、分析、提炼，比会议记录更为条理化和理论化。

二者的本质区别主要有三：第一，从问题性质上看，会议纪要是正式公文文种，而会议记录只是记录会议情况，是原始材料，不是正式公文；第二，从内容上看，会议记录无选择性、无提要性，会议上的情况都要一一记录下来，而会议纪要有选择性、提要性，不一定包括会议的所有内容；第三，从形成的过程和时间看，会议记录是随会议的进行而同步产生的，而会议纪要则是在会议后期甚至会议结束后通过选择、归纳加之提炼之后才能形成的。

写好会议纪要的要点

■ **注意会议记录的整理**

注意去粗取精，把握侧重点。会议纪要应该抓住会议的中心议题，侧重表达大家已经取得一致的或基本一致的意见。

1. 围绕会议研究的中心议题“取精”

抓住了会议研究和解决的主要问题，就抓住了写会议纪要的“纲”。会议讨论中可能附带牵涉其他一些问题，如果没有实质性内容，就应避而不谈或者谈而从简。有时会议的中心议题不十分明确，或一个会议同时讨论多个议题，且难分主次。遇到这种情况，应把难分主次的几个问题视为一个中心议题中的几个子议题，放在基本同等的位置上，分题归纳整理，写成“一、关于×××的问题”“二、关于×××的问题”。

2. 围绕与会人员取得的一致意见“取精”

与会人员在讨论中心议题时，往往看法不完全一致，或者很不一致。遇到这种情况，会议纪要起草人员应该对各种意见认真研究，归纳整理出完全一致或基本一致的意见。对少数人提出的意见，如果没有被会议否定，或者说符合会议的宗旨，也应该采纳。如果意见分歧较大，没有能够统一认识，就不应写入会议纪要。当然，有些带学术性、研究性的会议所形成的纪要，不同的甚至是相反的观点，也可以写上去，但应写明是多数人的看法还是少数人的看法。

3. 围绕会议主持人的总结性讲话“取精”

一般在会议结束时，主持人会进行总结性讲话，对需决定的事项进行“拍板”，这是写入会议纪要的最好材料，也是最需要抓住的“纲”。

■ **表述议定的事项**

表述议定的事项最重要的是注意“三性”，把握相关点。

1. 注意语言表达的准确性，防止产生歧义

要注意用语准确，讲究文法，避免在文字上产生歧义。对敏感问题表达不准确，就很容易引起歧义，甚至造成新的矛盾。

2. 注意重要决定的依据性，防止互相矛盾

有的会议决定与相关的政策或规定存在某种矛盾，但只要不是正面碰撞，会议纪要起草人员就应该在查找有关依据、研究有关类似问题的基础上，选择恰当的表达方式，注意文字处理上的技巧，以尽量避免矛盾。

3. 注意付诸实施的可行性，防止影响操作

会议纪要表述议定事项须注意其可行性，务必契合实际，力求具体、明白。

写好会议纪要“八字诀”

撰写会议纪要是办公室的日常工作之一，也是办公室工作人员的基本功。在工作中，写好会议纪要有“八字诀”可循。

■ **一是求“快”**

时效性是会议纪要的最大特点。很多重要工作都要在会议结束后马上落实，需要拿会议纪要“说话”，太晚就有可能失去其自身价值。因此，会议纪要的撰写、报批、印发一定要迅速，一般会议三至五天内印发纪要，重要紧急会议当天印发或隔天印发。这就要求我们平时做好基础工作，准备好各种会议的纪要模版，程序化填充文字内容。

■ **二是求“准”**

准确性是会议纪要的基本要求。

首先，内容要准。会议议定的重要事项比如经费、时限、责任人等一定要准确翔实地记录下来，不能有任何出入。例如：关于经费使用的决议，要详细写明金额、拨款单位、拨款时间、拨款方式，防止日后出现问题无从对证。

其次，用语要准。参会人员在讨论或讲话中，对一些专业术语、专有名词可能一带而过，说的是不规范简称或俗称，比如把××省（市）第×届人民代表大会第×次会议、中国人民政治协商会议××省（市）第×届委员会第×次会议，统称为×届省（市）人大（政协）第×次会议，类似情况应在撰写会议纪要时注意核对订正。

最后，记录要准。会议纪要撰写人员要全程参会，做好录音和记录，核对参会人员。对于一些大型会议，经常会有“替会”情况发生，要以签到情况为准记录参会人员。

■ **三是求“实”**

会议纪要不需要华丽的辞藻，只要求原原本本记录会议召开情况和议定事项，文字要尽可能清晰简练、准确平实，不能掺杂个人感情和看法。

对于报领导讨论决定的会议事项，一般只将最后议定的结果写入会议纪要，不必记录讨论过程；对于传达重要会议、文件或领导指示的会议事项，要抓住重点，避免空话套话，凡能从其他文件、资料中查到的内容一般不写，只写会议提出的要求和部署，使没有参加会议的人看了会议纪要也能了解会议情况。

■ **四是求“全”**

要突出完整性，对会议进行全面的记录，最忌丢项或多项。有的会议可能会根据需要临时加入一些议题或部署一些任务，要注意完整地写入会议纪要。

为便于撰写和查阅，应当按照一事一标题或一事一段的格式撰写，顺序应按议题的重要程度和类别进行排列。会议讨论未通过的议题一般不写入会议纪要。

■ **五是会“借”**

会议信息量大，撰写会议纪要需全面广泛占有资料，把会议材料、领导讲话、记录稿件、录音录像以及会议涉及的相关文件资料收集齐全，通读理解。只有自己弄明白了，才有可能把会议纪要写明白。

在使用资料上要敢借、会借。一般来说，对于顺利通过的议题，会议材料的请示事项就可以借用为会议纪要的决定事项，领导讲话的主要提纲可以借用为会议纪要的强调（要求）内容。有选择性地把会议材料借用为会议纪要内容，实际上是对资料进行收集、筛选、提炼、组合的过程。

■ **六是会“改”**

所谓“改”，就是在“借”的基础上对部分材料进行再加工，这个过程不可或缺。

比如，领导在会上脱稿部署工作、提出要求时，可能会讲得过于详细、层次稍显不清、前后略有重复。在这种情况下，要对会议记录进行修改加工，再写入会议纪要，既体现领导真实意图，又符合会议纪要准确务实的基本要求。由于修改工作要求较高，会议纪要撰写人员需不断提升理论功底和文字水平。

■ **七是会“报”**

会议纪要初稿写成后，如何报领导批准也是一门学问。

要广泛征求意见，避免出现方向性错误，必须向事项汇报部门、涉及部门和会上提出反对意见部门的主要领导征求意见，涉及重要大额资金使用的必须征求财务部门意见，视情况征求宣传、人事、纪检、监察等部门意见。只有完成这些基础工作，才能逐级上报主管领导、主要领导审批。

■ **八是会“用”**

会议纪要批准后，要特别注意发挥其作用。

一要正确确定报送范围。参会人员和单位都要报送，再视会议内容，报送有关部门阅知或在一定范围内公开。

二要与督办工作做好衔接。由相关人员将会议纪要中有关任务梳理成待办事项进行督办。

三要做好存档工作，便于日后查阅。需要注意的是，会议纪要在报送的过程中可能会由相关部门、领导进行多次修改，一定要存档领导签字确认的最终版本。

会议纪要的三种写法

根据会议性质、规模、议题等不同，大致可以有以下三种写法：

■ **集中概述法**

这种写法是把会议的基本情况、讨论研究的主要问题、与会人员的认识、议定的有关事项（包括解决问题的措施、办法和要求等），用概括叙述的方法，进行整体的阐述和说明。这种写法多用于召开小型会议，而且讨论的问题比较集中，意见比较统一，容易贯彻操作，篇幅相对短小。

■ **分项叙述法**

召开大中型会议或议题较多的会议，一般要采取分项叙述的办法，即把会议的主要内容分成几个大的问题，然后另上标号或小标题，分项来写。这种写法侧重于横向分析阐述，内容相对全面，问题也说得比较细，常常包括对目的、意义、现状的分析，以及目标、任务、政策、措施等的阐述。这种会议纪要一般用于需要基层全面领会、深入贯彻的会议。

■ **发言提要法**

这种写法是把会上具有典型性、代表性的发言加以整理，提炼出内容要点和精神实质，然后按照发言顺序或不同内容，分别加以阐述说明。这种写法能比较如实地反映与会人员的意见。某些根据上级机关布置，需要了解与会人员不同意见的会议纪要，可采用这种写法。

实战演练

请根据有关材料，帮助小花完成会议纪要的整理。

动笔之前需要考虑以下两个问题：

1. 此次会议的时间、地点、参会人员、主要内容等；

2. 会议形成的最后决议。

当我们对以上两个问题考虑成熟之后，就动笔吧。

展示评价

1. 每个小组评选出写得最好的作品，作为本组的学习成果展示。

2. 每个小组推选一名同学上台进行“小组学习成果展示”，其他小组成员作为评委进行评议打分；教师对每个小组的成果进行点评。

工作任务	**帮助小花拟写一份会议纪要**				
团队名称		成员		指导教师	
项　　目	考核要求	分值	自我评价（20%）	小组评价（30%）	教师评价（50%）
准备阶段	团队合作、积极参与、认真查找资料	20			
实施阶段	提纲合理、要素完备、分工明确	20			
检验阶段	格式规范、叙述清楚、语言得体、书写正确	30			
展示阶段	礼仪到位、普通话标准、表述清晰、效果良好	30			
合　　计	综合评定	100			
开始时间		结束时间		总成绩	

活动拓展

1. 如何写出一份有水平的会议纪要　　2. 如何做好会议纪要

第五节　函

情境导入

“丁零零，丁零零……”正在专心上自习课的小花被一阵急促的铃声打断了思路，悄悄拿出手机一看，竟然是最近少有联系的表兄。小花很是惊讶，细细想来，过去几年里，表兄凭借一身力气在外打工，辛苦劳作，一人兼两份工作，好不容易积累了些资金，刚刚回老家自主创业开了个农产品销售的网店，专做农副产品的销售，既挣了钱，又帮助村里乡亲销售自家出产的苹果、梨等水果，再加上豆制品等系列农副产品，现在网络销售正做得风生水起，很少有时间打电话，这么一遍遍地来电，一定是有紧急事儿要说！

跟班长请了会儿假，小花便急忙跑出了教室。一出门口，表兄又打了过来，小花连忙接通了表兄的电话。原来，表兄遇到了一件麻烦事，亟须找人帮忙。四天前表兄通过航空公司托运的一批食品出了问题，在转运过程中丢失了2件，经过双方几次沟通都联系不到负责人。而这批食品是鲜货，有保鲜期限要求，表兄很是着急，想打官司又拖不起时间。听同行朋友说，可以先发一种叫做“函”的书面告知书，如果不行，再去打官司。找专业人士写，又得花钱又拖时间，于是想到了正在上学的小花，想问下她能否帮忙。

听到这里，小花忙应了表兄，跑回教室，拿起应用文写作的书翻找起来。

自主探究

1. 函是公文还是信件？
2. 函的类别有哪些？
3. 函的格式是怎样的？
4. 日常生活中，你知道哪些方面能用到函吗？
5. 如果你是小花，表兄的这份函你觉得应该从哪几方面写？

材料示评

例一：

××公司同意接收函

××学院：

我单位经研究决定同意接受你院××××级××专业××等××名同学，从××××年××月××日至××××年××月××日，进行专业（教育）实习，主要从事××工作。

××公司（盖章）

××××年××月××日

例二：

××学院：

贵院××××届××专业毕业生××被我单位接收顶岗实习，实习时间为××××。实习期间由我公司负责对该生进行管理和教育。

特此证明。

××单位（盖章）

实习生签名：

××××年××月××日

例三：

索赔函

中国南方航空公司：

××××年××月××日，我公司委托贵公司将×××（物品名称）通过贵航班由深圳运至上海，交付收货人__________（以下简称收货人）。收货人验收时发现包装破损，内置物品丢失。经贵公司和我方收货人双方验查，系由于贵公司运输、装卸不当造成。

此次事件，不但使我方货物丢失，还使我公司对客户逾期交货，信誉受损并要承担逾期交货的违约责任。我公司向贵公司郑重要求按国内航空运输索赔条例立即赔偿以下货物丢失损失：

运输票号：（略）

货物件数：（略）

货物重量：（略）

货物包装及规格：（略）

货物名称：（略）

货物总价值：（略）

以上是我公司最低要求赔偿金额，请贵公司于七日内支付上述赔偿金额，或者贵公司自己将货物归还。七日内贵公司如果不支付赔偿金，又不将丢失货物归还，我公司将通过法律途径追偿全部损失，不再通知。

××公司

××××年××月××日

互动点评

学生对比三则案例材料，采用团队合作的形式讨论并形成总的意见、推选代表作答。教师及时点评，并提供参考答案。参考：

1. 标题，并在标题处说明函的具体内容。
2. 内容区别：实习、接收。
3. 注明涉及实习学生详细名单。
4. 结尾部分还有哪些东西要写？（签字盖章）
5. 开头应写明函的发放对象。
6. 内容具体体现在哪些方面？
7. 语言表达方面。

知识聚焦

一、概念

（一）函的定义

函是不相隶属机关之间相互商洽工作、询问和答复问题，或者向有关主管部门请求批准事项时所使用的公文。函作为公文中唯一的一种平行文种，其适用的范围相当广泛。在行文方向上，不仅可以在平行机关之间行文，而且可以在不相隶属的机关之间行文，其中包括向上级机关或者下级机关行文。在适用的内容方面，它除了主要用于不相隶属机关相互商洽工作、询问和答复问题外，也可以向有关主管部门请求批准事项，向上级机关询问具体事项，还可以用于上级机关答复下级机关的询问或请求批准事项，以及上级机关催办下级机关有关事宜，如要求下级机关上报报表、材料、统计数字等。此外，函有时还可用于上级机关对某件原发文件作较小的补充或更正，不过这种情况并不多见。

（二）公文函的用法

（1）下级机关向上级机关询问一般事宜，或上级机关答复或催办下级机关有关事宜。

（2）平行机关或不相隶属机关之间商洽有关事宜。

（3）用函来通知一般事项，如通知开一般性的会议、要求下级机关报送某项材料或统计某些数字等。

（4）向上级机关请示较小事宜也常用函。

二、种类

（1）按性质分，函可以分为公函和便函两种。公函用于机关单位正式的公务活动往来，便函用于日常事务性工作的处理。便函不属于正式公文，没有公文格式要求，甚至可以不写标题，不要发文字号，只需要在尾部署上机关单位名称、成文时间并加盖公章即可。

（2）按发文目的分，函可以分为发函和复函两种。发函是主动提出事项所发出的函，复函是为回复对方所发出的函。

（3）按内容和用途分，函可以分为商洽事宜函、通知事宜函、催办事宜函、邀请函、请示答复事宜函、转办函、催办函、报送材料函等。

三、特点

（一）沟通性

函对于不相隶属机关之间相互商洽工作、询问和答复问题，起着沟通作用，充分显示了平行公文的功能，这是其他公文所不具备的特点。

（二）灵活性

一是行文关系灵活。函是平行公文，但是它除了平行行文外，还可以向上行文或向下行文，没有其他文种那样严格的特殊行文关系的限制。

二是格式灵活。除了国家高级机关的主要函必须按照公文的格式、行文要求行文外，其他一般函，比较灵活自便，也可以按照公文的格式及行文要求办。可以有文头版，也可以没有文头版，不编发文字号，甚至可以不拟标题。

（三）单一性

函的主体内容应该具备单一性的特点，一份函只宜写一件事项。

四、结构

由于函的类别较多，从制作格式到内容表述均有一定的灵活性和机动性。这里主要介绍规范性公函的结构、内容和写法。

公函各部分的格式、内容和写法要求如下：

（一）首部

主要包括标题、主送机关两部分。

1. 标题

公函的标题一般有两种形式：一种由发文机关名称、事由和文种构成；另一种由事由和文种构成。

2. 主送机关

即受文并办理来函事项的机关单位，于文首顶格写明全称或者规范化简称，其后用冒号。

（二）正文

正文一般由开头、主体、结尾、结语组成。

1. 开头

主要说明发函的缘由。一般要求概括交代发函的目的、根据、原因等内容，然后用“现将有关问题说明如下”或“现将有关事项函复如下”等过渡语转入下文。复函的缘由部分，一般首先引叙来文的标题、发文字号，然后交代根据，以说明发文的缘由。

2. 主体

这是函的核心内容，主要说明致函事项。函的事项部分内容单一，一函一事，行文要直陈其事。无论是商洽工作、询问和答复问题，还是向有关主管部门请求批准事项等，都要用简洁得体的语言把需要告诉对方的问题、意见叙写清楚。如果属于复函，还要注意答复事项的针对性和明确性。

3. 结尾

一般用礼貌性语言向对方提出希望，或请对方协助解决某一问题，或请对方及时复函，或请对方提出意见或请主管部门批准等。

4. 结语

通常应根据函询、函告、函或函复的事项，选择运用不同的结束语，如“特此函询”“请即复函”“特此函告”“特此函复”等。有的函也可以不用结束语，如属便函，可以像普通信件一样，使用“此致”“敬礼”。

（三）结尾落款

一般包括署名和成文时间两项内容。署机关单位名称，写明成文时间年、月、日，并加盖公章。

五、注意事项

首先，注意行文简洁明确，把握用语分寸。无论是平行机关还是不相隶属机关的行文，都要注意语气平和有礼，不要仗势压人或强人所难，也不必逢迎恭维、曲意客套。至于复函，则要注意行文的针对性和答复的明确性。

其次，函也有时效性的问题，特别是复函更应该迅速、及时。要像对待其他公文一样及时处理函件，以保证公务活动的正常进行。

知识延伸

函的范文

例一：征求意见函

河南省人民政府安全生产委员会办公室关于征求《河南省安全生产警告约谈制度》意见的函

省政府安委会有关成员单位：

为进一步强化安全生产责任落实，切实加强安全生产工作，省政府安委会办公室依据《安全生产法》和中共河南省委、河南省人民政府《关于加强安全生产工作的意见》（豫发〔2014〕23号）等有关法律法规，研究起草了《河南省安全生产警告约谈制度》，现征求各有关单位意见。

请各有关单位结合工作实际，认真组织研究，提出修改意见和建议，并于2015年11月20日前以书面形式（加盖公章），连同电子文档报送省政府安委会办公室。

联系人及电话：××，0371-6591××××（传真）

附件：河南省安全生产警告约谈制度（征求意见稿）

××（盖章）

××××年××月××日

例二：请求批准函

××局销售公司请求批准函

××局销办函〔××××〕5号

××局：

我销售公司从去年十月成立以来，内务活动日益增多，经常有许多文件、合同、契约、技术资料需要复印。为便于工作，我们拟购买一台复印机，请给予批准。

可否，请批复。

××局销售公司（盖章）

××××年一月十日

例三：答复事宜函

××市人民政府办公厅关于临时工、合同工能否执罚问题请示的复函

市政办函〔××××〕40号

××市容环境卫生管理局：

你局《关于明确临时工、合同工能否执罚问题的请示》收悉。现复函如下：

《中华人民共和国行政处罚法》于1996年10月1日起执行。该法对行政执法主体及执法人员作出了明确而严格的规定。按照《中华人民共和国行政处罚法》和国务院《关于贯彻实施〈中华人民共和国行政处罚法〉的通知》，从今年10月1日起，合同工、临时工再不能从事行政处罚工作。

你局应按照上述精神，对全市市容卫生执罚人员进行清理，理顺执罚体制，保证《中华人民共和国行政处罚法》的贯彻实施，促进市容卫生管理工作。

此复

××市人民政府

××××年十月七日

例四：商洽事宜函

中国××研究所关于建立全面协作关系的函

××大学：

近年来，我所与你校双方在一些科学研究项目上互相支持，取得了一定的成绩，建立了良好的协作基础。为了巩固成果，建议我们双方今后能进一步在学术思想、科学研究、人员培训、仪器设备等方面建立全面的交流协作关系，特提出如下意见：

一、定期举行所、校之间学术讨论与学术交流。(略)

二、根据所、校各自的科研发展方向和特点，对双方共同感兴趣的课题进行协作。(略)

三、根据所、校各自人员配备情况，校方在可能的条件下对所方研究生、科研人员的培训予以帮助。(略)

四、双方科研教学所需高、精、尖仪器设备，在可能的条件下，予对方提供利用。(略)

五、加强图书资料和情报的交流。(略)

以上各项，如蒙同意，建议互派科研主管人员就有关内容进一步磋商，达成协议，以利工作。特此函达，务希研究见复。

中国××研究所（盖章）

××××年××月××日

例五：通知事宜函

××办公厅关于羊毛产销和质量等问题的函

××函〔××××〕2号

国家计委、经贸办、农业部、工业和信息化部、经贸部、纺织部、技术监督局：

为进一步发展我国羊毛生产，搞活羊毛流通，提高羊毛质量，根据国务院领导同志的批示，现就有关问题通知如下：

一、要切实抓紧抓好草场改造和羊种改良工作。(略)

二、技术监督局要加强羊毛的质量监督和检验工作。(略)

三、要尽快组织直接进入国际羊毛拍卖市场。(略)

四、进一步促进国内养羊业的发展，支持纺织工业生产和扩大出口创汇。(略)

上述有关政策，请有关部门、各地区特别是羊毛生产区认真研究落实，执行中的问题，由国家计委和经贸办协调，并督促落实。

××（盖章）

××××年一月三日

例六：报送材料函

关于上报《××公司二期改造项目评估报告》的函

××工银字〔××××〕×号

××市××分行：

现呈报《××公司二期改造项目评估报告》，请审阅。

附件：××公司二期改造项目评估报告。（略）

××银行（盖章）

××××年十一月五日

例七：催办函

交通部××局催办函

××造船厂：

贵厂××××年为我局建造的××拖轮“穗救××”轮，出厂至现在已经三年了，可是当时欠装的拖缆机至今尚未安装。为此我局曾多次去函催贵厂尽快给予解决，但贵厂一直未明确答复。该轮由于缺少拖缆机，长期无法正常执行生产任务，经济上已造成了很大的损失。为此特再次函请贵厂尽快为我局“穗救××”轮安装拖缆机，以免再延误该轮的正常生产。

敬礼

交通部××局（盖章）

××××年××月××日

例八：邀请函

关于出席××研讨会的邀请函

××秘书长：

最近，国家××部××科学研究院批准了关于××课题研究的项目。经议，定于三月下旬在××省××市召开该项课题第一次研讨会。现将有关事项函告如下：

一、会议报到时间（略）

二、会议地址（略）

三、联系人及电话（略）

特邀请您届时出席。

××研究中心（盖章）

××××年××月××日

实战演练

根据有关材料，帮助小花的表兄写一份函，以助他赢得应得的赔偿。

动笔之前需要考虑以下两个问题：

1. 注意对方托运的货物名称、托运时间、运输票号、货物件数等细节，标明货物总价值。

2. 索赔具体要求。

当我们对以上两个问题考虑成熟之后，就可以动笔了。

展示评价

1. 每个小组评选出写得最好的作品，作为本组的学习成果展示。

2. 每个小组推选一名同学上台进行“小组学习成果展示”，其他小组成员作为评委进行评议打分；教师对每个小组的成果进行点评。

工作任务	帮助小花的表兄拟写一份函				
团队名称		成员		指导教师	
项　　目	考核要求	分值	自我评价（20%）	小组评价（30%）	教师评价（50%）
准备阶段	团队合作、积极参与、认真查找资料	20			
实施阶段	提纲合理、要素完备、分工明确	20			
检验阶段	格式规范、叙述清楚、语言得体、书写正确	30			
展示阶段	礼仪到位、普通话标准、表述清晰、效果良好	30			
合　　计	综合评定	100			
开始时间		结束时间		总成绩	

活动拓展

1. 函

2. 函改错及答案

3. 邀请函怎么制作

第六章　社交礼仪

第一节　请　柬

情境导入

作为一位在职场已经工作了一年的老员工，小花对于自己目前的工作也算是理出了头绪，不再像刚来的时候那样遇事眉毛胡子一把抓、手忙脚乱了。在过去的一年间，小花的很多工作得到了公司相关领导的肯定和支持。临近年末，又到了一年一度的年会时节，公关部经理把组织今年全公司年会的工作交给了小花，并指出此次年会要有新意，不能出纰漏，同时需邀请公司各位领导参加。因为邀请的领导岗位不同，所以需要写不同的请柬。这下麻烦了！上学期间，小花的应用文写作功底虽然不差，但是从未写过“请柬”这种文体，更何况这次不仅邀请公司普通员工参加，还要邀请公司总经理、销售部主管等一众领导，到底如何才能针对不同的受邀对象来书写不同的请柬，既能让他们每个人都感到邀请者的诚意，又能让每个受邀人都有参加此次年会的欲望呢？这可让小花犯了难。处理完自己手头的工作，小花随即开始查资料、记笔记，好像重新回到了学生时代。从请柬的概念、种类、特点、结构到写作时的注意事项，小花统统学习了一遍，力争将本次写作请柬的工作出色完成，为今年的工作画上一个圆满的句号。

这真是一项浩大的工程啊！

自主探究

1. 请柬是做什么用的？
2. 请柬和普通信件一样吗？二者有什么相同之处和不同之处？
3. 请柬都有哪些种类？最常见的是哪种？
4. 请柬能不能用彩色纸张及个性的用语？
5. 请柬应该如何送达？

材料示评

例一：

请　柬

××技师学院×院长：

兹定于2017年12月31日晚18:00在学院体育馆举办2018年元旦晚会。恭请届时光临指导！

此致

敬礼！

学院团委××

2017年12月15日

例二：

请　柬

过去的一年，我们努力工作，明年将更加辉煌。

新年即将来临，为感谢一年来您对我院工作的大力支持，我们将于2017年12月31日晚18:00在××技师学院体育馆举行元旦晚会，届时将有丰厚的奖品等待着您，期待您的光临。

例三：

请　柬

亲爱的×先生：

为庆祝我院建院38周年及元旦，敝校定于2017年12月31日晚18:00在体育馆举行2018年元旦晚会，招待各界朋友。您是我校的老朋友，给予我们非常多的支持和帮助，我们全院师生诚意邀请您来。

××技师学院团委

2017年12月15日

互动点评

学生对比三则材料，采用团队合作的形式讨论并形成总的意见、推选代表作答：

例一和例三在请柬的格式、措辞等方面都可以作为范文使用，例二则存在邀请对象不明确、用词不恰当、无落款等多处错误。

知识聚焦

一、概念

请柬，又称为请帖，是人们在各种喜事、节日等期间书写的，为了邀请宾客参加活动而使用的一种书面形式的通知，可用于联谊会、婚宴、诞辰、重大庆典等。发送请柬表示的是一种尊重与隆重。发送的对象一般来说是上级领导、专家、兄弟单位代表、领导之类。

二、种类

请柬一般来说有结婚请柬、开业请柬、乔迁请柬、寿诞请柬、生日请柬、邀请函等。

三、特点

请柬具有礼貌性、庄重性、公开性、精美性的特点，具有庄重告知、盛情邀请的作用。

四、结构

请柬一般有两种形式：一种是单面的，直接由标题、称谓、正文、结语、署名和日期构成；一种是双面的，即折叠式，一面为封面，写“请柬”二字，一面为封里，写称谓、正文、敬语、落款等。

由于请柬的篇幅有限，因此书写时需要根据具体的场合、内容、对象认真措辞，行文应达，兼备优雅。达，即准确；雅，即讲究文字之美。在遣词造句方面，有的使用文言文语句，显得古朴而典雅；有的选择通俗易懂的语句，显得亲切热情。无论使用哪种风格，都要庄重、简单、明了，让人一看就懂，切忌语言傲慢或粗俗。

从撰写结构来看，无论哪种请柬，都需要有标题、称谓、正文、请语、落款等。

（一）标题

双面请柬一般在封面上写上“请柬”或“请帖”二字，一般来说要做一些艺术加工，可以用美术字的效果，或者采用名家书法、烫金之类。通常市面上销售的请柬已按照书信的格式印刷好了，因此只需直接填写正文内容即可。单面请柬需要将“请柬”二字写在顶端第一行，字体比正文要大一些，居中即可。

（二）称谓

在标题之下另起一行，顶格写受邀请单位名称或者个人姓名，其后要加冒号。如是单位，需要写明单位全称。邀请对象为个人的话，个人姓名之后要注明职务或者称谓，如×先生、×女士，也可以将头衔冠于姓名之前。如果受邀对象代表一个组织，可以只写职务加上尊称，如“校长先生”。

（三）正文

另起一行，前面空两格。需要写清楚活动内容，比如开的是座谈会、联欢晚会还是生日派对、国庆宴会、婚礼、寿宴等。要写明活动的名称及时间、地点等要素，用最典雅的方法将这些信息组合成一个完整连贯的句子来表达。正文之前不需写“您好”等问候语。如果有其他要求也需要注明，如“请准备讲话”“请准备节目”等。

（四）请语

请语是请柬特有的内容，也是请柬的一个重要标志要素，一般使用带有文言色彩的词语来表述，如“敬请光临”“静候莅临”等。需要注意的是，请语后不加标点符号。比较正式典雅的请柬的请语书写位置有以下几处：

（1）在正文之下另起一行顶格、空两格或空四格书写；

（2）将请语词组拆开，将“敬请”“恭请”等表示己方行为的词语在正文之下另起一行空两格或四格来书写，而将“光临”“莅临”等表示对方行为的词语再另起一行顶格书写，以示恭敬。

（五）附启

附启的内容可以是活动的具体时间、场所地址、乘车路线、入场坐席位置等，也可以是一些需要注意的事项，如“请准备讲话”“凭票入场”等。附启并不是请柬的必备内容，应当根据不同情况决定是否需要设计。附启一般居左前，空两格，写于请语之下、落款之上，并需用括号括上，也可以写在落款之下居左排列。

（六）落款

在请语或者附启的右下方写上邀请者的名称。邀请者如果是单位，需要书写全称或规范化简称。邀请者如果是个人，应当在姓名后加上“敬启”“谨上”等谦词。在署名的下方写上制发请柬的日期，需要写上年、月、日。

五、注意事项

（1）对地点的处理：地点名称，需要书写具体的地址。

（2）对时间的处理：要具体到年、月、日，如果是结婚请柬，一定要写明农历时间。

（3）区分礼貌用语，“莅临”和“光临”适用的对象不同。

（4）如果是以个人名义进行邀请，则在落款署名后要加上表示邀约诚意和谦恭的礼貌用语，如“敬约”“谨启”等。

（5）托人转递请柬是不礼貌的。请柬的递送方式很有讲究。古代无论远近都要登门递送，表示真诚邀请的心意；现当代亦可邮寄。一定注意不能托人转递，转递是很不礼貌的。请柬如果是放入信封当面递送，要注意信封不能封口，否则会造成又邀客又拒客的误会。

（6）请柬中应避免出现“准时”二字。在正文后可根据不同的情况采用“敬请光临”“恭请光临”“请光临指导”等结语。在请柬上我们时常可以看到“请届时光临”的字样，“届时”是到时候的意思，表示邀请者的诚意。但是有些请柬把“届”字改成“准”字，这样就成了命令式，对被邀请者极不尊敬。

（7）舞会、音乐会、大型招待会的请柬往往写有各种附启语，如“每柬一人”“凭柬入场”“请着正装”等，通常写于请柬正文的左下方。

（8）无论能否赴约都应以书面形式告知。应邀信是受邀人接到主人的邀请信后同意赴约而给主人的复函，古时也称“谢帖”。应邀信的发出体现了受邀人对活动的重视和对主人的尊重。应邀信一般由称谓、正文、祝颂语、落款四部分组成，表明接受邀请的态度，最后以“我将准时出席”作结语。最后的祝颂语可用“祝活动圆满成功”等。谢绝信是受邀人收到邀请信后因为某种原因不能应邀赴约而写给邀请人婉言谢绝的礼仪文书。从礼仪上讲，不管何种原因不能应邀赴约，都要以书面形式及时告知邀请人，以体现对他人的尊重。信中内容更要字字讲究、句句谨慎，避免产生误会。

知识延伸

结婚请柬

■ 结婚请柬的种类

结婚请柬是即将结婚的新人所印制的邀请函，英文为 Wedding Invitation。此种邀请函上通常印有结婚日期和婚宴举行时间以及男女双方及其家长的名字。一般来说，结婚请柬会在婚礼前六周发出。结婚请柬的种类如下：

1. 中式请柬

结婚请柬在中国由来已久，形式有纵有横，颜色多为大红色。内文撰写的方式到今日依然大致相同，有一套约定俗成的礼仪用字。较特别的是日期通常会印上两种日期：一种是农历日期，一种是公历日期。

2. 西式请柬

西式请柬多为横式，颜色以白色、浅粉色居多，少有大红色。在请柬用字上，西式请柬多采用复杂的花式手写字体；在印刷方式上，有浮雕压印、凸版印刷、凹版印刷、雕空字体等。

■ 电子请柬

1. 电子请柬的优势

方便——网络有多快，我就有多快。直接发送到好友的邮箱或者 QQ。

省钱——传统请柬一张在 5 元左右，而电子请柬基本上是不花钱的。

美观——电子请柬以多媒体的形式展示婚礼邀请信息，有动画特效、照片轮显、唯美配乐、婚宴电子地图等，内容多样。

时尚——都是E时代了，还在用纸张是不是有点过时了？而且为了环保我们也应该少用纸张，因此电子请柬绝对是首选。

2. 电子请柬的制作

（1）新建一个Word文档，大小为700mm×50mm。

（2）导入婚纱照片，用Ctrl+T键调整大小，然后用移动工具移动位置。

（3）复制一张照片，调整大小，然后调整透明度，将其移动到你想要的位置。

（4）导入花边素材，依次在四周添加上花边。

（5）导入相片边框素材，移动到合适的位置。

（6）找到画笔工具，在相片上面画上几颗心做点缀。

（7）用文本工具输入文字“我们结婚了”，然后给这些字做一些效果，把“结”字调大，然后选一个合适的样式。

（8）用画笔工具画一个唇印，然后打上“请柬”二字。

（9）输入请柬内容。

（10）保存。

■ **结婚请柬书写时需要注意的事项**

（1）结婚请柬姓名要用全称，不能用小名、昵称或姓名的缩写。

（2）家庭成员的顺序要写清。

（3）“和”字要出现。

（4）日期、星期、时间要写清。

（5）年份不必出现。

（6）在请柬一角附上婚宴的信息，如地点、时间等，或在卡里另附一页加以说明。

■ **结婚请柬的写法**

顺序：从右往左，从上往下。

内容：依次为：

送呈（受邀请者称呼）台启

谨定于××××年××月××日（星期×）

（注释：婚礼举行的时间一定要写准确，因为这关系到邀请者的到达时间，也可以写为中国农历日期或加注英文［如有需要］）

为（一对新人姓名）举办婚典喜筵（宴会）

（注释：一对新人姓名最好写整齐，通常可以男方在前或左、女方在右或下）

敬请（被邀请者称呼）光临

（注释：可以写为一对夫妇或者单独对某人的敬语）

×××、×××、×××、×××敬邀

（注释：并排写明双方父母及新郎新娘的名字，长辈优先）

■ **结婚请柬的格式**

竖式：

横式：

实战演练

请代小花写一份送至公司总经理王总的请柬。

展示评价

1. 每个小组评选出写得最好的作品，作为本组的学习成果展示。

2. 每个小组推选一名同学上台进行“小组学习成果展示”，其他小组成员作为评委进行评议打分；教师对每个小组的成果进行点评。

工作任务	**代小花写一份请柬**				
团队名称		成员		指导教师	
项　　目	考核要求	分值	自我评价（10%）	小组评价（20%）	教师评价（70%）
准备阶段	团队合作、积极参与、认真查找资料	20			
实施阶段	文体结构齐全、要素完备、字迹工整	40			
展示阶段	礼仪到位、普通话标准、表述清晰	40			
合　　计	综合评定	100			
开始时间		结束时间		总成绩	

活动拓展

结婚请柬实例

第二节　欢迎词

情境导入

又到了公司招收新员工的时间。经过层层选拔，公司最后决定录用王亮等十名刚毕业的大学生作为见习生进行为期半年的试用。看着一张张稚嫩的脸庞，满是青涩，充满了对美好未来的憧憬和幻想，当然还有迷茫，小花仿佛看到了学生时代的自己。她用善意且渴望的眼神打量着每一位新员工，满眼都是羡慕，满心都是期待：羡慕的是别人的努力终于被公司认可，期待的是自己也将跟他们成为同事甚至成为搭档。一想到这儿，小花兴奋异常。人事部赵经理明天下午将会对新员工进行工作培训，开场时要用到一篇声情并茂的欢迎词。本来写欢迎词这事儿应该由小花的同事小张来完成，但是小张被公司外派出去学习，很多文案工作均无法完成。于是赵经理向公关部把小花给借调过来，帮助他完成对新员工的选拔、培训以及其他文案工作。上学时，写个请假条、新闻稿什么的，小花信手拈来；走上工作岗位后，更多的以前只是了解但并未涉猎的应用文接踵而至。好在小花离开校园的时间并不长，对于刚毕业学生的心理及期待非常了解，所以她想这个欢迎词可以从新员工的期待心理写起，尽量贴近他们，让他们能够更快地融入公司。小花会心地一笑，就这么愉快地决定了！

自主探究

1. 欢迎词在什么场合下会用得到？

2. 写欢迎词一般从哪几个方面着手？

3. 什么样的欢迎词能吸引你的注意？

4. 欢迎词有哪些功能？

5. 如果要你写欢迎词，你觉得怎样写才能既不让人觉得乏味，又能吸引所有到场者的注意？

材料示评

例一：

欢迎词

春耕夏耘，经风沐雨，在这金风送爽的时候，当绿色渐渐隐去，硕果挂满枝头的时候，我们终于迎来了五谷丰登、硕果飘香的金秋。当金桂的馨香飘逸在××技师学院校园的上空的时候，我们学院又迎来了2000余名未来的希望之星。从今天起，同学们正式成为××技师学院这一温馨的大家庭的一员。在此，我代表全体教职工对新同学的加入表示最热烈的欢迎和最真诚的祝贺！

同学们，在挥手告别初中阶段学习之后，我们迎来了新的挑战。未来四年，为同学们在知识上打好基础，为美好未来奠定更高的台阶。同学们将不断学会做人、学会求知、学会劳动、学会生活、学会做事，这是同学们健康成长、成就未来的关键阶段。在四年的学习生活中，你也许会面临学习上的困难、思想上的动摇、生活上的考验，毕竟前进的道路不会是一帆风顺的。我希望我们每一位新同学都能做一个勇敢的人，做一个敢于直面困难的人。人生的意义在于奋斗，我相信有全校教职工的辛勤努力、无私奉献，有同学们的刻苦努力、顽强拼搏，我们的目标一定能实现！

例二：

人生，因梦想而荣光

——在2014级新生开学典礼上的讲话

校长 孙兴洋

亲爱的同学们、老师们：

大家上午好！

欢迎同学们带着挣脱中学枯燥生活的喜悦，带着家人和朋友的祝福，来到了美丽的××学院。

大家选择了××学院就意味着选择了责任；选择了××学院就意味着选择了未来！同学们怀揣着自己的大学梦想来到了××学院，开始了人生的寻梦、筑梦、圆梦的新征程。在大家即将进入正常的学习、生活和交往的重要节点，我把自己对于追寻大学梦、实现大学梦的一些想法和思考，在这里与大家分享，供同学们参考。

为了梦想，我们要有声有色地学习。同学们是否思考过：为什么有些人没有输在起跑线上，却也没有赢在终点？为什么人生机会相同，却精彩不同？同学们是抱着“知识改变命运”的梦想进入大学的，但我要告诉你们，理想很丰满，现实很骨感。大学只是另一场旅途的起点，我们先要为自己找一个目标。方向比努力重要，不能脚踏西瓜皮，滑到哪里算哪里。在知识爆炸和大数据时代，仅仅靠知识已不能改变自己的命运，我们还需要培养能力，提升素质，加强修养，先做自己应该做的事，再做自己喜欢做的事。对自己并不喜欢的专业，我们是不是该满足于60分万岁？是不是该沉醉在“分不在高，及格就行；学不在深，作弊则灵”的《新陋室铭》中？我们要做“学霸”，不要做“学渣”。得过且过的屌丝天天过着“必修课选逃、选修课必逃”的悠闲生活，毕业后只能从事“打酱油”的工作。而那些坚信“困难像弹簧，你弱它就强”的学生，通过自己的努力，成为知识大餐的“吃货”、技术技能的“土豪”，实现了人生的“逆袭”。三年以后，你应该确保收获独立的人格、同学的友情、实用的技能、母校的文凭，这是你走向成功的四拼图。

大学的学习是独立自由的，这里没有人逼着你学习，你是沉溺网游、荒废学业、退学回家，还是业精于勤、博学多才、为国争光？你的命运始终掌握在自己手上。在大学中，因为独立自由，我们可以广泛地学习、仔细地询问、谨慎地思考、清晰地分辨、专注地实践。只要这样，我们就能触及“独立之精神，自由之思想”的大学精髓，就能学会“如何发现问题并且解决问题”，就能悟出大学的独立自由。

为了梦想，我们要有滋有味地生活。同学们，幸福生活是什么？我认为，幸福生活就是能睡着、想醒来。能睡着，意味着当下心安；想醒来，说明明天美好。大学不是宿舍、课堂、食堂的三点一线，大学生活应当是丰富多彩的、富有激情的、充满浪漫的，和同学们一起，让青春撒点野。生活比文凭更重要，取得文凭是为了更好地工作和生活。读大学不是目的，我们要通过读大学升华自己的人生价值。我们倡导走下网络、走出宿舍、走向操场、走进大自然，不要总宅着看《继承者们》《来自星星的你》，还有很多的名胜古迹都在等待大家的鉴赏。

有滋有味地生活不能缺少责任意识。我们离开了父母的呵护，现在到了该学会一个人走路的时候了。有了责任感，我们才有能力迎接来自学习和生活的挑战；有了责任感，面对复杂的社会问题时，我们不会再盲从跟帖“社病我药”，也不会再对毁三观的事件袖手旁观地喊一嗓“节操碎了一地”。我们要学会独立思考，不要迷信微博“大V”们。把文凭装进口袋，那是菜鸟；把知识装进脑袋，那是信鸽；把思考融进血液，那是雄鹰。在我心中，你们都是能搏击长空的××学院之鹰！

有滋有味地生活还需要我们学会尊重生命，用乐观和豁达的态度，对待学习和生活中的坎坷和挫折。要保持阳光心态，不要对自己失去信心。今天再大的事，明天就是小事；今年再大的事，明年就是故事；今生再大的事，来世就是传说。我们要培养健康的生活方式，学会恰当的减压方法，“no zuo no die”。

为了梦想，我们要有情有义地交往。人们常用“黄金有价情无价”“义薄云天”等来形容友情的珍贵。我们从全国各地来到××学院，来到同一个班，甚至住同一间宿舍，这是何等的缘分啊？只因为在人群中多看了你一眼，从此再也没能忘掉你容颜。在芸芸众生、茫茫人海中，能够真正相识的是少之又少。有很多校友间的交往事实足以证明，即使是当年老死不相往来的同学，毕业多年后也可以相逢一笑泯恩仇。雅安地震中，黄昱舟同学携带全宿舍的财产，带着小龟快步走，感动中国好室友！同学们来自于五湖四海，操着不同的乡音，有着不同的生活习惯，大家在一起学习和生活，要经历一个相识、相处、相知和相爱的过程。我们要有善于吃亏的人生智慧，彼此间要能够包容，还要学会欣赏。在集体生活中，我们要去除自我中心化，说话做事都站在别人的立场多考虑、多谦让，在交往中多付出、少计较、常感恩。学会感恩关切爱，不要羡慕嫉妒恨。所以，当我们在振臂高呼“人艰不拆”时，记得还要及时为他人雪中送炭。

在情窦初开的日子里，我们在与异性同学交往中要做到淡定相处、自然适度、男女有别、自尊自爱。在面对不合理的要求时，我们要坚定地说No。别因为寂寞去恋爱。学会享受孤独，那会让你思考自我。

同学们，我很羡慕你们，羡慕你们在这个好时代拥有无限的可能和机会。希望大家珍惜在××学院学习、生活、交往的时光，挥洒青春才情、矢志拼搏奋斗。年轻就要勇敢站前排，有梦就要大声喊出来！希望男同学追求的是气度之高、学识之富、仁厚之帅的“高富帅”，女同学追求的是行为清白、内心富足、德行美好的“白富美”。希望你们做一个品质高尚、勇于担当的××学院人，做一个恪守诚信、勤于学习的××学院人，做一个善于创新、追求卓越的××学院人，做一个坚忍不拔、破茧而飞的××学院人。让我们以青春的名义燃烧激情，用××学院的精神创造太阳。

我深信，你们的理想会因为××学院而更加丰满，你们的人生会因为××学院而更加精彩。我更深信，××学院的文脉因为你们的到来而生生不息，××学院的精神因为你们的传承而历久弥新！

人生因梦想而荣光，让我们携梦前行吧！

谢谢大家！

互动点评

学生对比两则材料，采用团队合作的形式讨论并形成总的意见、推选代表作答。

欢迎词文稿虽小，分量却很重，表达的是礼仪，交汇的是信息，深化的是情谊，起着礼尚往来、传情达意的重要作用。掌握欢迎词的写法是文字工作者的必备技能之一，一般要做到言简、情真、意切。

知识聚焦

一、概念

欢迎词是指客人光临时，主人为表示热烈欢迎，在隆重典礼、喜庆仪式、公众聚会等场合发表的热情友好的讲话，是一种礼仪文书，也可写作欢迎辞。

在市场经济深入发展的大背景下，为了提升形象、扩大影响、招商引资、促进发展，近年来各地纷纷举办各种内容和形式、不同规格和规模的节庆活动。按照惯例和程序，在节庆活动开幕式上，常常要由一位东道主方面的要员向来宾敬致一篇热情洋溢的欢迎词。那么，撰写一篇合乎规范的节庆活动欢迎词自然就是活动筹备过程中一项不可忽视的细节工作了。

二、种类

（一）按表达方式分

1. 现场讲演欢迎词

指由欢迎人在被欢迎人到达时在欢迎现场口头发表的欢迎词。

2. 报刊发表欢迎词

指发表在公开发行刊物之上的欢迎词，一般在客人到达前后发表。

（二）按公关性质分

1. 私人交往欢迎词

私人交往欢迎词一般是在个人举行较大型的宴会、聚会、茶会、舞会、讨论会等非官方的场合下使用的欢迎词，通常要在正式活动开始前进行。私人交往欢迎词往往具有很大的即时性、现场性。

2. 公事往来欢迎词

公事往来欢迎词一般在较庄重的公共事务中使用。要有事先准备好的得体的书面稿，措辞上要比私人交往欢迎词正式和严格。

三、特点

（一）欢愉性

“有朋自远方来，不亦乐乎。”致欢迎词时应当有一种愉快的心情，言辞用语务必有激情并表现出致词人的真诚。只有这样才能给客人宾至如归的感觉，为下一步各种活动的圆满举行打下良好的基础。

（二）口语性

欢迎词本意是现场当面向宾客口头表达的，所以口语化是欢迎词文字上的必然要求，在遣词造句上要运用生活化的语言，既简洁又富有生活情趣。口语化会拉近主人同来宾的亲切关系。

四、结构

欢迎词一般由标题、称谓、正文、结语、署名和日期构成。

（一）标题

标题一般有两种写法：一种是只标示文种名称，即在第一行居中用较大字号书写“欢迎词”三个字；另一种由致词者＋致词场合＋文种组成，如“李院长在欢迎王书记宴会上的讲话”。

标题要用较大字号写在第一行居中的位置。

（二）称谓

指的是欢迎词的领受单位名称或领受人的姓名。另起一行顶格书写，后面加冒号。

（三）正文

在称谓之下另起一行空两格开始书写正文。欢迎词的正文开头以简洁的话语对宾客的到来表示欢迎，然后具体阐述宾客来访的意义，通常是回顾往昔、畅叙友情，并表达对今后双方交往的期望、建议与良好的祝愿。

（四）结语

另起一行，空两格，大多是简洁的致谢或祝颂语，常规的是传统的“此致敬礼”。

（五）署名和日期

正文下面的右下方写明致辞机关名称、个人姓名。日期要写全年、月、日。

五、注意事项

（一）用语文明

欢迎词是出于礼仪的需要而用的，因此要十分注意礼貌。称呼要用尊称，一般都在姓名前面加头衔或表示亲切的言辞，如“尊敬的”“敬爱的”等。称对方姓名要用全名，不能用简称、代称，更不能叫小名或绰号。

（二）感情真挚

生疏的客人初次见面免不了要客套几句，但不能满纸都是客套话。如果没有实实在在的内容，光讲客套话，会使对方感到你很虚伪。

（三）立场鲜明

要巧妙地表达自己的原则和立场。从这个单位到那个单位去做客，从这个国家到那个国家去访问，欢迎者和被欢迎者都各自代表自己的单位或国家讲话。在某些场合，既要友好，又不能丧失自己的原则和立场，而且要通过婉转的方式巧妙地表达自己的立场，因此在措辞上要特别慎重，不能信口开河。

（四）尊重风俗

要尊重对方的风俗习惯，不讲对方忌讳的内容。不同地区和国家的人民，都有其特殊的风俗习惯，应加以了解，不能触犯对方的忌讳，以免引起不快。

（五）言简意赅

篇幅要简短，语言要精练，语气要热情、友好、温和、礼貌。一般而言，具体的事务性内容不在这里写。

知识延伸

祝酒词

■ 概念

祝酒词是在宴会开宴前，主人表示热烈欢迎、亲切问候、诚挚感谢，客人进行答谢并表示衷心的祝愿的应酬之词，是招待宾客的一种礼仪形式。

■ 特点

祝酒词其内容以叙述友谊为主，一般篇幅短小、文辞庄重、热情、得体、大方，是很流行的一种演讲文体。

■ 结构

一般由标题、称呼、正文和结尾构成。

1. 标题

标题可以直接写为“祝词”“祝酒词”等，也可以由讲话者姓名、会议名称和文种构成，如“××在××会上的祝酒词”“××在××宴会上的讲话”等。

2. 称谓

称呼一般用泛称，可以根据到会者的身份来定，如“各位女士、各位先生”“朋友们”“同志们”等。为了表示热情和亲切、友好之意，前面可以加修饰语“亲爱的”“尊敬的”“尊贵的”等。

3. 正文

正文内容包括：致词人（或代表谁）在什么情况下，向出席者表示欢迎、感谢和问候；谈成绩、作用、意义；展望未来，联系面临的任务、使命。篇幅宜简短，语言口语化，态度要热情。

4. 结尾

常用“请允许我，为……而干杯”。

例一：

虚伪的：“××领导，久仰大名，今天能在一起喝酒，三生有幸，敬您一杯酒，我干了，您随意。”

平和的：“各位朋友，难得相聚，敬大家一杯酒，祝大家家庭幸福，身体健康。”

激昂的：“兄弟姐妹们，为了我们的友谊地久天长，大家一起走一个!”

例二：

问刘十九　[白居易]

绿蚁新醅酒，红泥小火炉。
晚来天欲雪，能饮一杯无？

金陵酒肆留别　[李白]

风吹柳花满店香，吴姬压酒劝客尝。
金陵子弟来相送，欲行不行各尽觞。
请君试问东流水，别意与之谁短长？

凉州词　[王翰]

葡萄美酒夜光杯，欲饮琵琶马上催。
醉卧沙场君莫笑，古来征战几人回？

将进酒　[李白]

君不见　黄河之水天上来　奔流到海不复回
君不见　高堂明镜悲白发　朝如青丝暮成雪
人生得意须尽欢　莫使金樽空对月
天生我材必有用　千金散尽还复来
烹羊宰牛且为乐　会须一饮三百杯
岑夫子　丹丘生　将进酒　杯莫停
与君歌一曲　请君为我侧耳听
钟鼓馔玉不足贵　但愿长醉不复醒
古来圣贤皆寂寞　惟有饮者留其名
陈王昔时宴平乐　斗酒十千恣欢谑
主人何为言少钱　径须沽取对君酌
五花马　千金裘　呼儿将出换美酒　与尔同销万古愁

新酿桂酒　[苏轼]

捣香筛辣入瓶盆，盎盎春溪带雨浑。
收拾小山藏社瓮，招呼明月到芳樽。
酒材已遣门生致，菜把仍叨地主恩。
烂煮葵羹斟桂醑，风流可惜在蛮村。

客至 ［杜甫］

舍南舍北皆春水，但见群鸥日日来。
花径不曾缘客扫，蓬门今始为君开。
盘飧市远无兼味，樽酒家贫只旧醅。
肯与邻翁相对饮，隔离呼取尽余杯。

例三：

各位来宾：

大家好！

今天是一个喜庆的日子，我们欢聚在一起，就是为了庆祝新郎×××与新娘×××的结合，今天是他们人生中最重要的一刻。新郎×××先生才貌双全，新娘×××小姐靓丽娇艳。今天，他们二人一路走来，不是偶然，是盟结良缘、心心相印的具体表现。他们从此扬起人生创业的风帆，凭着自己的意识天赋与执着追求，奋进与希望，创造幸福，兴盛家庭。他们用爱情书写美好人生，用良缘谱写华丽乐章，描绘出人间真爱的美丽画卷。

他们经过花前月下的浪漫、时间老人的考验、月老的牵缘及双方家庭的认可，于吉日良辰携手走进婚姻的殿堂，举行盛大的结婚典礼。佳偶天成，花好月圆。二人喜结伉俪，家人称心如愿，实现了他们父母梦寐以求的理想和接代传承兴家盛业的希望。

我们满怀喜悦之情，把酒斟满，举起杯，向他们致以最诚挚的恭喜和衷心的祝福：祝福他们新婚愉快、相敬如宾、恩爱一生、心心相印、百年好合、永结同心、白头偕老、幸福长存，祝福他们的家人幸福安康、梦想成真！

最后祝各位来宾身体健康、家庭幸福、笑对人生、万事称心！

谢谢大家！

欢送词

■ 概念

欢送词是客人应邀参加了活动，主人为表达对客人的欢送之意，在一些会议或重大庆典活动、参观访问等结束时的讲话。

■ 特点

欢送词具有惜别性和口语性。有句古诗说得好，“相见时难别亦难”，中国人重情谊这一千古不变的民族传统精神在今天更显珍贵。欢送词要表达亲朋远行时的感受，所以依依惜别之情要溢于言表，尤其是公共事务的交往，更应把握好分别时所用言辞的分寸。另外，欢送词的口语性也很强，遣词造句也应该注意使用生活化的语言，使送别既富有情趣又自然得体。

■ 结构

1. 标题

标题的写法一般有两种：一是单独以文种命名，如“欢送词”；二是由活动内容和文种名共同构成，如“在××研讨会结束典礼上的讲话”。

2. 称呼

要写出宾客的姓名称呼，如“尊敬的各位先生、女士”“亲爱的××大学各位同仁”。

3. 正文

欢送词的正文一般由开头、中段和结尾三部分构成。

(1) 开头。开头通常应说明此时在举行何种欢送仪式，发言人是以什么身份代表哪些人向宾客表示欢送的。

(2) 中段。在这一部分要回顾和阐述双方在合作或访问期间在哪些问题和项目上达成了一致的立场、取得了哪些有突破性的进展，陈述本次合作交流中双方的合作和交流给双方所带来的益处，阐述其深远的历史意义。对于私人欢送词，还应注意表达双方在共事合作期间彼此友谊的加深增进以及分别之后的想念之情。若为朋友送行，还要加上一些勉励的话。

(3) 结尾。通常在结尾处再次向来宾表示真挚的欢送之情，并表达期待再次合作的心愿。亲朋远行尤其要表达希望早日团聚的惜别之情。

4. 落款

欢送词在落款处要署上致词单位的名称，致词者的身份、姓名，并署上成文日期。

例文：

时任华中科技大学校长李培根在2010届本科生毕业典礼上的演讲

亲爱的2010届毕业生同学们：

你们好！

首先，为你们完成学业并即将踏上新的征途送上最美好的祝愿。

同学们，在华中科技大学的这几年里，你们一定有很多珍贵的记忆！

你们真幸运，国家的盛世如此集中相伴在你们大学的记忆中。2008年奥运留下的记忆，不仅是金牌数的第一，不仅是开幕式的华丽，更是中华文化的魅力和民族向心力的显示；六十年大庆留下的记忆，不仅是领袖的挥手，不仅是自主研制的先进武器，不仅是女兵的微笑，不仅是队伍的威武整齐，更是改革开放的历史和旗帜的威力；世博会留下的记忆，不仅是世博之夜水火相容的神奇，不仅是中国馆的宏伟，不仅是异国场馆的浪漫，更是中华的崛起、世界的惊异。你们一定记得某国总统的傲慢与无礼，你们也让他记住了你们的不屑与蔑视。同学们，伴随着你们大学记忆的一定还有什锦八宝饭；还有一个G2的新词，它将永远成为世界新的记忆。

近几年，国家频发的灾难一定也给你们留下了深刻的记忆。汶川的颤抖，没能抖落中国人民的坚强与刚毅；玉树的摇动，没能撼动汉藏人民的齐心与合力。留给你们记忆的不仅是大悲的哭泣，更是大爱的洗礼。西南的干旱或许使你们一样感受渴与饥，留给你们记忆的，不仅是大地的喘息，更是自然需要和谐、发展需要科学的道理。

在华中大的这几年，你们会留下一生中特殊的记忆。你一定记得刚进大学的那几分稚气，父母亲人送你报到时的情景历历在目；你或许记得“考前突击而带着忐忑不安的心情走向考场时的悲壮”，你也会记得取得好成绩时的欣喜；你或许记得这所并无悠久历史的学校不断追求卓越的故事；你或许记得裘法祖院士所代表的同济传奇以及大师离去时同济校园中弥漫的悲痛与凝重气息；你或许记得人文素质讲堂的拥挤，也记得在社团中的奔放与随意；你一定记得骑车登上“绝望坡”的喘息与快意；你也许记得青年园中令你陶醉的发香和桂香，眼镜湖畔令你流连忘返的圣洁或妖娆；你或许记得向喜欢的女孩表白被拒时内心的煎熬，也一定记得那初吻时的如醉如痴。可是，你是否还记得强磁场和光电国家实验室的建立？是否记得创新研究院和启明学院的耸起？是否记得为你们领航的党旗？是否记得人文讲坛上精神矍铄的先生叔子？是否记得倾听你们诉说的在线的“张妈妈”？是否记得告诉你们捡起路上树枝的刘玉老师？是否记得应立新老师为你们修改过的简历，但愿它能成为你们进入职场的最初记忆。同学们，华中大校园里，太多的人和事需要你们记忆。

请相信我，日后你们或许会改变今天的某些记忆。瑜园的梧桐，年年飞絮成“雨”，今天或许让你觉得如淫雨霏霏，使你心情烦躁、郁闷。日后，你会觉得如果没有梧桐之“雨”，瑜园将缺少滋润，若没有梧桐的遮盖，华中大似乎缺少前辈的庇荫，更少了历史的沉积。你们一定还记得，学校的排名下降使你们生气，未来或许你会觉得“不为排名所累”更体现华中大的自信与定力。

我知道，你们还有一些特别的记忆。你们一定记住了“俯卧撑”“躲猫猫”“喝开水”，从热闹和愚蠢中，你们记忆了正义；你们记住了“打酱油”和“妈妈喊你回家吃饭”，从麻木和好笑中，你们记忆了责任和良知；你们一定记住了姐的狂放、哥的犀利，未来有一天，或许当年的记忆会让你们问自己，曾经是姐的娱乐还是哥的寂寞？

亲爱的同学们，你们在华中科技大学的几年给我留下了永恒的记忆。我记得你们为烈士寻亲千里，记得你们在公德长征路上的经历；我记得你们在各种社团的骄人成绩；我记得你们时而感到“无语”时而表现的焦虑，记得你们为中国的“常青藤”学校中无华中大一席而灰心丧气；我记得某些同学为“学位门”、为光谷同济医院的选址而愤激；我记得你们刚刚对我的呼喊——“根叔，你为我们做了什么？”——是啊，我也得时时拷问自己的良心，到底为你们做了什么？还能为华中大学子做什么？

我记得，你们都是小青年。我记得“吉丫头”，那么平凡，却格外美丽；我记得你们中间的胡政在国际权威期刊上发表了多篇高水平论文，创造了本科生参与研究的奇迹；我记得“校歌男”，记得“选修课王子”，同样是可爱的孩子。我记得沉迷于网络游戏甚至濒临退学的学生与我聊天时目光中透出的茫然与无助，他们还是华中大的孩子，他们更成为我心中抹不去的记忆。

我记得你们的自行车和热水瓶常常被偷，记得你们为抢占座位而付出的艰辛；记得你们在寒冷的冬天手脚冰凉，记得你们在炎热的夏季彻夜难眠；记得食堂常常让你们生气，我当然更记得自己说过的话“我们绝不赚学生一分钱”，也记得你们对此言并不满意。但愿华中大尤其要有关于校园丑陋的记忆。只要我们共同记忆那些丑陋，总有一天，我们能将丑陋转化成美丽。

同学们，你们中的大多数人，即将背上你们的行李，甚至远离。请记住，最好不要再让你们的父母为你们送行。面对岁月的侵蚀，你们的烦恼可能会越来越多，考虑的问题也可能会越来越现实，角色的转换可能会让你们感觉到有些措手不及。也许你会选择“胶囊公寓”，或者不得不蜗居，成为蚁族之一员。没关系，成功更容易光顾磨难和艰辛，正如只有经过泥泞的道路才会留下脚印。请记住，未来你们大概不再有批评上级的随意，同事之间大概也不会有如同学之间简单的关系；请记住，别太多地抱怨，成功永远不属于整天抱怨的人，抱怨也无济于事；请记住，别沉迷于世界的虚拟，还得回到社会的现实；请记住，“敢于竞争，善于转化”，这是华中大的精神风貌，也许是你们未来成功的真谛；请记住，华中大，你的母校。“什么是母校？就是那个你一天骂他八遍却不许别人骂的地方。”多么朴实精辟！亲爱的同学们，也许你们难以有那么多的记忆。如果问你们关于一个字的记忆，那一定是“被”。我知道，你们不喜欢“被就业”“被坚强”，那就挺直你们的脊梁，挺起你们的胸膛，自己去就业，坚强而勇敢地到社会中去闯荡。亲爱的同学们，也许你们难以有那么多的记忆，也许你们很快就会忘记根叔的唠叨与琐细。尽管你们不喜欢“被”，根叔还是想强加给你们一个“被”：你们的未来“被”华中科技大学记忆！

实战演练

1. 请代小花为人事部的赵经理写一份欢迎新员工入职的欢迎词。要以领导的口吻写，尽量把小花的所感、所受、所想也融入其中，让新员工既能够感受到公司的文化、领导的关心，又能感受到领导对每位新员工的欢迎及理解。

2. 新员工欢迎会结束后，小花作为比他们入职早并且要对他们进行培训的老员工，要欢迎他们的到来。请你替小花写一份简单的欢迎词。

展示评价

1. 每个小组评选出写得最好的作品，作为本组的学习成果展示。

2. 每个小组推选一名同学上台进行“小组学习成果展示”，其他小组成员作为评委进行评议打分；教师对每个小组的成果进行点评。

工作任务	代小花为赵经理写一份欢迎词				
团队名称		成员		指导教师	
项　　目	考核要求	分值	自我评价（10%）	小组评价（20%）	教师评价（70%）
准备阶段	团队合作、积极参与、认真查找资料	20			
实施阶段	文体结构齐全、要素完备、字迹工整	40			
展示阶段	礼仪到位、普通话标准、表述清晰	40			
合　　计	综合评定	100			
开始时间		结束时间		总成绩	

活动拓展

1. 祝酒歌　　2. 2010年华中科技大学校长李培根演讲　　3. 酒文化

第三节　开幕词

情境导入

又是一年奥运会，每次看到体育健儿们在运动场上驰骋，战胜对手最终夺得奖牌，小花都会热血沸腾，也想要跟着他们一起飞扬。一天，在家看着奥运会，小花忽然灵光一现：为什么不为公司员工设计一场真正属于自己的运动会呢？本着“友谊第一、比赛第二”的办会原则，运动会既可以强健同事们的体魄，又能让他们展现出不一样的一面，而且团体项目还可以培养员工团队合作的精神，可以说是一举多得。经过深思熟虑和多方听取建议，小花向公司主管提交了一份申请，申请每年为员工举办一次属于他们自己的趣味运动会。主管们经过讨论，最终同意了小花的申请，并安排由小花来统筹安排。这让小花非常开心，因为自己的想法终于得到了主管的认可。可接下来繁重而紧张的准备工作压得她有些喘不过气，从活动策划、安排，到场地的租借、各个科室的协调，小花忙得天旋地转。就在这时，小花又接到部门经理的通知，需要她为总经理代写一份此次运动会的开幕词。对于活动计划、流程了然于胸的小花，相信写作一篇开幕词也是得心应手。

自主探究

1. 什么情况下需要开幕词？
2. 你喜欢什么样的开幕词？
3. 开幕式上一般由谁致开幕词？
4. 你觉得什么样的开幕词最为精彩？
5. 开幕词和欢迎词有没有相似之处？又有什么区别？

材料示评

例一：

尊敬的老师们、可爱的同学们：

在这春意盎然的时节，我们满怀喜悦的心情，以饱满的精神状态，迎来了××技师学院2018年春季运动会。

首先，请允许我代表大赛组委会向筹备本届运动会并付出辛勤劳动的全体工作人员表示衷心的感谢！对积极训练并付出辛劳汗水的运动员表示崇高的敬意！

老师们、同学们，今年的这次运动会是我院发展体育运动、提高学生身体素质必不可缺少的重要举措和重大活动，同时也是我院一次振奋人心的盛会。

举办这次运动会，也是对平时学生体育活动的一次大检阅。我希望，通过这次运动会进一步推动我院体育运动的蓬勃开展。通过运动会，同学们能真正意识到不仅应该具有高尚的品德、优异的成绩、深邃的思想、优雅的举止，还应该具有强健的体魄，必须学会强身健体，培养至少一项终生喜欢的体育特长，使自己真正成为德智体美劳全面发展的优秀人才。

为了保证这次运动会的圆满成功，下面，我对大家提几点要求和希望：

1. 希望全体运动员认真参加各项体育竞赛，发挥自己的最佳水平，顽强拼搏，服从裁判。

2. 希望全体同学严守大会纪律，在指定区域文明观赛，非运动员不允许进入比赛场地，确保比赛顺利进行。

3. 希望全体裁判员，能够及时到位，客观、公正地履行裁判职责。

4. 希望各班班主任老师做好学生的组织工作，对学生进行纪律教育、卫生教育、安全教育，保持良好的大会秩序。

“海阔凭鱼跃，天高任鸟飞”，衷心希望各班的体育健儿在运动场上一展雄姿，赛出风格，赛出水平，赛出友谊，发扬奥运精神，向着更高、更快、更强的目标而努力。

例二：

老师们、同学们：

今天我们又迎来了一年一度的学校运动会。我想，一个人要想成功，必须拥有健康的身体，而方法则是经常运动，今天的学校运动会创设了一个展示的舞台。

体育运动，作为增强体魄、愉悦身心、锻炼意志、塑造品质、交流情感的重要活动，对人的发展产生着重大影响。如今，体育运动已成为社会主义精神文明的重要载体，它有利于培养人们顽强拼搏的品质，有利于弘扬团结协作、公平竞争的社会风尚，有利于树立自尊自信、自立自强的人生信念，有利于增强集体主义观念。我们学校历来有重视开展群体活动的良好传统，今年学校篮球队又获得了“××技师学院杯”中学生暑期篮球联赛总决赛亚军的佳绩，体育已越来越引起学校每个师生的重视。

今天的运动会上，希望全体参赛运动员团结拼搏、锐意争先，注重过程体验，努力在赛场上做到成绩与风格同在，友谊与欢乐并存，让青春的活力迸发在赛场的每个角落；希望全体裁判员和工作人员，忠于职守，树立安全第一的意识、热情服务的意识、严守规则的意识，做到公正裁判、热情服务，为各项比赛创造良好的氛围，保证比赛顺利进行；希望全体同学遵守纪律，服从指挥，严守秩序，确保安全，保持环境卫生，积极服务比赛，争做文明观众。我们期待每一位运动员在本届运动会上赛出好成绩、赛出好风尚，赛出更高、更快、更强的奥运精神；同时也期待各班同学在运动会期间亮出文明、亮出团结、亮出五光十色的青春风采。

我相信：通过我们师生共同努力，我们一定会把今天的运动会开成安全、有序、高效、文明的学校体育运动盛会。

老师们、同学们，大会的序幕已经拉开，发令的枪声即将打响，预祝全体运动员取得优异的成绩！预祝本届运动会圆满成功！

谢谢大家！

互动点评

学生对比两则材料，采用团队合作的形式讨论并形成总的意见、推选代表作答。

写开幕词要掌握基本要领：

一是尽礼足。文短而礼足，这是开幕词的典型特点。

二是表意准。意是文章的灵魂和统帅。

三是用语简。开幕词传递的是情义和信息，要求通俗明快、言简意赅。

知识聚焦

一、概念

开幕词是党政机关、社会团体、企事业单位的领导人，在会议开幕或重大活动开始时所作的讲话，旨在阐明会议的指导思想、宗旨、重要意义，向与会者提出此次会议的中心任务和要求，是讲话稿的一种。

二、种类

开幕词按内容可以分为侧重性开幕词和一般性开幕词两种。以会议开幕词为例，侧重性开幕词往往对会议召开的历史背景、重大意义或会议的中心议题等作重点阐述，其他问题一带而过；一般性开幕词只对会议的目的、议程、精神、来宾等作概述。

三、特点

（一）简明性

开幕词要简洁明了、短小精悍，最忌长篇累牍、言不及义，多使用祈使句，表示祝贺和希望。

（二）口语化

开幕词所使用的语言应该通俗明快。

四、结构

（一）标题

开幕词的标题有单行和双行之分。

单行标题可以只标示文种名称，即在第一行居中用较大字号书写“开幕词”三个字；或由内容＋文种构成，如“××技师学院建校40周年庆典开幕词”；也可由致词人＋事由＋文种构成，如“×院长在××技师学院建校40周年庆典上的开幕词”。

双行标题，即主标题＋副标题。主标题一般揭示会议或活动的宗旨、中心内容，副标题一般说明致词的场合，如“关于××技师学院未来的发展——建校40周年庆典开幕词”。

（二）时间

时间位于标题之下，用括号注明会议开幕或活动开始的时间，具体到年、月、日。

（三）称谓

在署名之下另起一行顶格书写对参加会议或活动的人员的称呼，一般按照身份从高到低、性别先女后男的顺序，并尽可能覆盖全体与会人员。称谓后要加上冒号。

（四）正文

正文在称谓之下另起一行空两格开始书写，包括导语、主体和结尾三部分。

1. 导语

导语一般开门见山，直接交代会议或活动的名称、届次等，说明目的及重要性，也可以对会议或活动规模及与会者的身份作简要介绍，并对会议的召开或活动的举办表示祝贺。

2. 主体

主体是开幕词正文的核心，一般要阐述会议或活动的重大意义，交代会议或活动的指导思想，说明主要议程和安排，提出对与会者的具体要求。

3. 结语

结语一般以呼告语另起一行，用简短有力的号召性语言向与会者提出希望和要求，表达祝愿，充分调动与会者的积极性，如“预祝此次庆典圆满成功”。

五、注意事项

开幕词的篇幅不宜过长，要简单明了，对会议或活动的情况要作总体介绍，而不是具体说明每一条细则，也不要旁征博引，离题太远。一般情况下，只需向与会者介绍会议或向活动参与者介绍活动的基本精神、内容议程和目的作用即可。应采用合适的结构，语言上要概括、要明快，富有号召力，达到鼓舞人心的作用。

知识延伸

闭幕词

闭幕词是一些大型会议或活动结束时由有关领导人或德高望重者所作的讲话。闭幕词与开幕词一样，具有简明性和口语化两个特点，其种类与开幕词相同。凡重要会议或重要活动，与开幕词相对应，一般都有闭幕词，这是一道必不可少的程序，标志着整个会议或活动的结束。闭幕词通常要对会议或活动作出正确的评估和总结，充分肯定会议或活动所取得的成果，强调会议或活动的主要精神和深远影响，激励有关人员宣传会议或活动的精神实质和贯彻落实有关的决议或倡议。

■ 闭幕词的特点

闭幕词具有总结性、评估性和号召性三个特点。

1. 总结性

闭幕词是在会议或活动的闭幕式上使用的文种，要对会议或活动内容、会议或活动精神和会议或活动进程进行简要的总结并作出恰当的评价，肯定会议的重要成果，强调会议或活动的重要意义和深远影响。

2. 概括性

闭幕词应对会议或活动进展情况、完成的议题、取得的成果、提出的精神及意义等进行高度的概括。因此，闭幕词一般短小精悍，语言简洁明快。

3. 号召性

为激励参加会议或活动的全体成员实现会议或活动提出的各项任务而奋斗，增强与会人员贯彻会议或活动精神的决心和信心，闭幕词的行文应充满热情，语言坚定有力，富有号召性和鼓动性。

■ 闭幕词的写作方法

闭幕词由标题、称呼和正文三部分组成。标题与称呼的写法与开幕词基本相同。在标题和称谓之后，另起一段首先说明会议或活动已经完成预定任务，现在就要闭幕了；然后概述会议或活动的进展，恰当地评价会议或活动的收获、意义及影响。核心部分要写明：会议或活动通过的主要事项和基本精神；会议或活动的重要性和深远意义；向与会人员提出贯彻会议或活动精神的基本要求；等等。一般说来，这几方面内容都不能少，而且顺序是基本不变的。写作时要掌握会议或活动情况，有针对性地对会议或活动内容予以阐述和肯定；同时可以对会议或活动未能展开但已认识到的重要问题作出适当强调或补充；行文要热情洋溢，文章要简洁有力，起到激发斗志、增强信念的作用。结尾部分一般先以坚定语气发出号召、提出希望、表示祝愿等，最后郑重宣布会议闭幕。

闭幕词出现在会议或活动终了，因此要与开幕词前后呼应、首尾衔接，显示大会或活动开得很圆满、很成功。

实战演练

替小花给公司总经理拟写一份趣味运动会开幕词。

展示评价

1. 每个小组评选出写得最好的作品，作为本组的学习成果展示。

2. 每个小组推选一名同学上台进行“小组学习成果展示”，其他小组成员作为评委进行评议打分；教师对每个小组的成果进行点评。

工作任务	替小花给总经理拟写一份趣味运动会开幕词				
团队名称		成员		指导教师	
项　　目	考核要求	分值	自我评价（10%）	小组评价（20%）	教师评价（70%）
准备阶段	团队合作、积极参与、认真查找资料	20			
实施阶段	文体结构齐全、要素完备、字迹工整	40			
展示阶段	礼仪到位、普通话标准、表述清晰	40			
合　　计	综合评定	100			
开始时间		结束时间		总成绩	

活动拓展

1. 习近平 G20 杭州峰会开幕致辞

2. 一带一路晚宴习近平致辞各国贵宾共举杯祝愿

第四节　贺　信

情境导入

真正到了公司趣味运动会的组织阶段，小花发现，这么一场众多同事参与的运动会，想要组织得井井有条还真不是想象的那么简单。从前期运动项目的筛选、运动器材的招投标，到后期运动场地的租借以及运动器材的分配，一切的一切，对于小花来说都是全新的挑战。在紧张筹备的这一个月期间，小花的神经每天都处于紧绷的状态，生怕哪里出了纰漏，影响运动会的顺利举办。虽然辛苦，但是想到运动会可以锻炼同事们的身体，培养团队合作意识和集体荣誉感，小花就觉得自己的付出是有价值的。

在紧张的筹备工作之后，一切准备就绪，职工趣味运动会马上开始了。此次运动会得到了公司经理、本部门主管和其他主管的全力支持，还有很多默默为此付出、提供帮助的同事，每个人都很给力。没想到，此次运动会甚至让兄弟公司的王经理都知道了，他对此次活动大加赞赏。在运动会过后，小花的公司主管收到了一封王经理寄过来的贺信，主管立刻转交给小花，并在部门内部号召员工向小花学习。同事们此起彼伏的热烈掌声，正是对小花这么长时间高强度、高标准、高要求的工作的一个肯定；而那一封来自兄弟公司的贺信，更是小花不忘初心、砥砺前行的精神动力。

自主探究

1. 什么情况下才用得到贺信？
2. 贺信是口头表达的多还是公开张贴的多？
3. 贺信和感谢信有什么区别？
4. 你觉得贺信应该从哪个角度着手写作？
5. 你见过印象最深刻的贺信是什么内容？

材料示评

例一：

贺　信

××技师学院：

你们学校的40年校庆，是全市的一件大喜事。在此谨向你们致以热烈的祝贺！

你们学校拥有一支专业而庞大的教师队伍，师资力量雄厚，管理严格规范，必定能够为国家培养合格的人才！对于满足家长需求，充实我国××技术人才市场，起到重要作用。

祝你们学校蒸蒸日上，越办越好！

××××年6月15日

例二：

国家体育总局、中华全国体育总会、中国奥委会
电贺中国体育代表团获得首金

中国体育代表团：

欣闻我国射击运动员张梦雪在第31届里约奥运会女子10米气手枪决赛中，奋勇拼搏，超越自我，为中国体育代表团获得了本届奥运会的首枚金牌，为中国体育代表团的参赛工作开了好头，为国家赢得了荣誉。在此，谨向获奖运动员及中国体育代表团表示热烈祝贺！

里约奥运会的比赛已全面展开，中国体育代表团的运动健儿肩负祖国和人民的期望，满怀为国争光的坚定信念，将迎接更加激烈的竞争和面对更加巨大的挑战。希望你们在今后的比赛中，继续以最高昂的士气、最振奋的精神、最佳的竞技状态，顽强拼搏，勇攀高峰，不断创造新的佳绩，以优异的运动成绩和良好的精神文明表现，向全世界展现中国体育健儿和当代中国青年的新风采、新形象。

国家体育总局

中华全国体育总会

中国奥委会

2016 年 8 月 7 日

互动点评

学生对比两则材料，采用团队合作的形式讨论并形成总的意见，推选代表作答。

祝贺方和被祝贺方一般有工作相关性或者一定亲密度。写贺信具有慰问、赞扬、增进感情的作用。贺信一般用语凝练、短小精悍，还要带着感情和热度，起到肯定成绩、鼓舞人心的作用。肯定成绩和积极意义要实事求是，切记盲目吹嘘、过分夸张（有讽刺之嫌）。

知识聚焦

一、概念

贺信是表示庆祝的书信的总称，是由古代祝词演变而来的。贺信在日常工作中应用范围十分广泛，向其他集体单位或个人表示祝贺时常常用到贺信。贺信可以用来表彰、赞扬、庆贺对方在某个方面所作出的巨大贡献，祝贺对方召开了重要会议、工程竣工、科研项目成功、重要任务保质保量提前完成等，也可以用来祝贺某个重要人物寿辰、某个组织成立等。领导干部既可以以个人名义发贺信，也可以代表所在单位发贺信。贺信一般是领导干部本人或其所在组织的象征，因此一些重要贺信往往兼有慰问和赞扬的功能，对人们有很大的激励和鼓舞作用。日常工作中，很多领导干部非常重视贺信的写作。

二、种类

（一）上级给下级的贺信、贺电

可以是节日祝贺，也可以是对工作成绩表示祝贺等。这类贺信、贺电最后都要提出希望和要求。

（二）下级给上级的贺信、贺电

这类贺信、贺电一般是对全局性的工作成绩表示祝贺，此外还要表明下级对完成有关任务的信心和决心。

（三）平级单位之间的贺信、贺电

一般是就对方单位所取得的工作成就表示祝贺，还可以表明向对方学习的谦虚态度，以及保持和发展双方关系的良好愿望。

（四）国家之间的贺信、贺电

当有外交关系的国家新首脑就职或者友好国家有重大喜事时，一般要致贺信、贺电，这既是礼节上的需要，又是谋求双方共同发展、维护双方共同利益的方式。

（五）个人之间的贺信、贺电

用于亲朋好友在重要节日、重大喜事中互相祝贺、慰勉、鼓励；或者祝贺某人在工作、学习中取得了好成绩，以分享快乐。

三、特点

（一）祝贺性

恭贺对方，为对方取得成就增加喜庆气氛，增进相互间的感情。

（二）信电性

通过人工投递或电子邮件，送抵受贺者。

四、结构

贺信一般由标题、称谓、正文、结语、落款构成。

（一）标题

最简单的只需标示文种名称，即在第一行居中用较大字号书写“祝贺信”“贺信”等字样；也可以由祝贺对象＋文种名称组成，如“致××公司的贺信”。个人之间的贺信、贺电也可以不写标题。

（二）称谓

称谓指的是贺信的领受单位名称或领受人的姓名，在标题下另起一行顶格书写。如领受人为个人，可在个人姓名前加上“尊敬的”等敬语，姓名后应当加上“经理”

"教授"等称呼。如果是祝贺会议或活动，则写活动或会议的名称。称谓后写上冒号。

（三）正文

贺信的格式和普通信件格式基本相同。正文在称谓之下另起一行空两格书写，需要交代清楚以下几项内容：

首先，结合当前的形势，说明对方取得成绩的大背景，或某个重要会议召开的历史条件。用简练的语言写出祝贺的具体内容，常用"值此……之际……表示热烈祝贺"之类的句子。

其次，概括说明对方都在哪些方面取得了成绩，分析其成功的主观、客观原因。祝贺对象和祝贺内容不同，写作也需要呈现不同的面貌，需灵活处理。如祝贺对方取得了突出成绩，就需要热情赞扬及充分肯定对方所取得成绩的意义；如祝贺会议的召开或活动的举办，就需侧重说明会议或活动举办的重要意义和深远影响。

最后，需要表示热烈的祝贺。要写出自己祝贺的心情，由衷地表达自己真诚的慰问和祝福。要写些鼓励的话，提出希望和共同理想。

（四）结尾

另起一行空两格书写。结尾再次表示祝贺，写上慰问、祝福或祝愿的话语，如"此致敬礼""祝争取更大的胜利""祝您健康长寿"等。

（五）落款

在正文称谓之下另起一行空两格开始书写，写明发文单位的名称或个人姓名，并署上成文的时间。

五、注意事项

(1) 内容要实事求是，评价、颂扬和祝贺要恰如其分。

(2) 语言要精练流畅，篇幅力求短小精悍。

(3) 感情要热烈真挚，发自内心。

例一：

习近平致第22届国际历史科学大会的贺信

值此第22届国际历史科学大会开幕之际，我谨代表中国政府和中国人民，并以我个人的名义，向会议的召开，表示热烈的祝贺！向国际历史学会主席玛丽亚塔·希耶塔拉女士等与会的历史学家，表示诚挚的欢迎！

人事有代谢，往来成古今。历史研究是一切社会科学的基础，承担着"究天人之际，通古今之变"的使命。世界的今天是从世界的昨天发展而来的。今天世界遇到的很多事情可以在历史上找到影子，历史上发生的很多事情也可以作为今天的镜鉴。重视历史、研究历史、借鉴历史，可以给人类带来很多了解昨天、把握今天、开创明天的智慧。所以说，历史是人类最好的老师。

中国人自古重视历史研究，历来强调以史为鉴，我们的前人留下了浩繁的历史典籍。每个国家、每个民族都有自己的发展历程，应该尊重彼此的选择，加深彼此的了解，以利于共同创造人类更加美好的未来。历史学家在这方面可以并且应该发挥积极作用。这次大会是一个很好的交流学问、加深理解的机会。希望这次大会能够推动各国的历史研究，帮助人们从历史的启迪中更好地探寻前进方向。

这次大会的主题之一是“全球视野下的中国”，这是一个很好的题目。中国有着5000多年连续发展的文明史，观察历史的中国是观察当代的中国的一个重要角度。不了解中国历史和文化，尤其是不了解近代以来的中国历史和文化，就很难全面把握当代中国的社会状况，很难全面把握当代中国人民的抱负和梦想，很难全面把握中国人民选择的发展道路。中国人民正在为实现中华民族伟大复兴的中国梦而奋斗，需要从历史中汲取智慧，需要博采各国文明之长。欢迎各位专家从对历史的感悟中为我们提供真知灼见。

祝大会取得成功！

中华人民共和国主席习近平

2015年8月23日

例二：

2011年春晚各驻外使馆贺电

中国驻俄罗斯、意大利、加拿大、乌克兰、朝鲜大使馆向祖国人民恭贺新春。中国常驻联合国代表团，驻马耳他、也门大使馆祝全国人民新春愉快。中国驻印度、古巴、阿根廷、英国、阿富汗大使馆祝祖国风调雨顺、人寿年丰。

中国驻法国、丹麦、哈萨克斯坦、美国、韩国、格鲁吉亚大使馆向全国人民拜年。中国驻斯洛伐克、澳大利亚、伊拉克、利比亚、爱沙尼亚大使馆祝全国人民新春愉快。中国驻赞比亚、委内瑞拉、肯尼亚、哥斯达黎加、玻利维亚大使馆祝全国人民幸福平安。

中国驻圣彼得堡、法兰克福、拉克斯总领事馆祝全国人民新春愉快。中国第27次南极考察队和中国大洋22航次科学考察队、美国哈佛大学学生学者联合会、欧美同学会给全国人民带来新春的祝福。中国驻越南、希腊、文莱大使馆，驻迪拜、札幌、阿拉木图、伊斯坦布尔总领事馆向全国人民拜年。

知识延伸

贺信的写作

贺信称为“信”，表明其书信的性质。因此，贺信的写法和书信类似，在结构上一般由标题、称谓、正文、结尾和落款五部分构成。贺信的标题通常由文种名构成，直书“贺信”二字；称谓写明被祝贺单位的名称或个人的姓名；落款写明发文单位的名称或个人的姓名，并署上发文日期。正文是贺信的重要部分，也是人们最为看重和着墨最多的地方。贺信正文的写作可以采用“三段论”法。

■ 第一段：开宗明义，热烈祝贺

贺信作为一种“轻骑兵”式的礼仪类应用文体，往往不赘虚言，开门见山，开篇就点明祝贺之意，体现“贺”的特点。贺信的开头首先要简单交代当时的背景或其他有关情况，然后表示祝贺，为后文颂扬和肯定成绩作铺垫。在语言表述上，通常用“值此（欣闻、适值）……之际，谨代表……向……表示热烈的祝贺!”等格式，指明祝贺事由、祝贺对象以及祝贺之意。比如，2016 年 4 月 22 日，在清华大学 105 周年校庆到来之际，中共中央总书记、国家主席习近平给清华大学发去贺信，开篇即采用了这种语句：“值此清华大学建校 105 周年之际，我向全体师生员工和广大校友，致以热烈的祝贺和诚挚的问候!”

贺信可以发给集体，也可以发给个人。如果是级别较高或拥有多重身份的领导干部发出的贺信，还会在开篇祝贺中表明自己所代表的组织和团体。比如，习近平在致 2015 世界机器人大会的贺信中说：“值此 2015 世界机器人大会开幕之际，我谨代表中国政府和人民，并以我个人的名义，向大会的召开，表示热烈的祝贺！向出席会议的国际机构负责人及专家学者、企业家各方来宾，表示诚挚的欢迎!”习近平拥有中共中央总书记、国家主席、中央军委主席等众多职衔，这样写就表明了他以何种身份祝贺，避免了角色混淆。

发给集体、单位的贺信，有时还要点明祝贺的对象，让祝贺更加贴近实际，更具亲切感，从而增强贺信的激励作用。比如，2016 年 4 月 8 日，上海交通大学迎来 120 周年华诞。江泽民在贺信中点明了祝贺的对象：“值此母校上海交通大学建校 120 周年之际，谨向全校师生、医务员工和海内外所有校友，致以节日祝贺和诚挚问候!”这里明确指出了祝贺的对象及其包含的范围，能够增强有关人员的集体荣誉感和自豪感，鼓舞他们再接再厉、再创佳绩。

对于一些有重要人员出席的会议或活动，在贺信中，也常常需要向他们表示欢迎和感谢。比如，2015 年 5 月 22 日，习近平在致国际教育信息化大会的贺信中，首段就特意点明了有关人员，并表示欢迎。贺信写道：“值此国际教育信息化大会开幕之际，我谨代表中国政府和人民，并以我个人的名义，向出席会议的联合国教科文组织总干事博科娃女士、各国教育官员、专家学者及企业界人士，表示诚挚的欢迎！向首届国际教育信息化大会的召开，致以热烈的祝贺!”这样的祝贺对象既有个体，也有群体，既体现了特别的尊重，也体现了周到的礼仪。

■ 第二段：回顾过去，肯定成绩

这是贺信的中心内容，一般是充分肯定和热情赞扬对方所取得的主要成就，以及取得成就的根本原因和重大意义，并作出肯定性评价。这种肯定，特别是高层领导对基层单位和人员的肯定，常常令人引以为傲，并能激发相关人员的工作积极性。比如，2015 年 12 月 18 日，习近平致中国中医科学院成立 60 周年的贺信指出：“60 年来，中国中医科学院开拓进取、砥砺前行，在科学研究、医疗服务、人才培养、国际交流等方面取得了丰硕成果。以屠呦呦研究员为代表的一代代中医人才，辛勤耕耘，屡建功勋，为发展中医药事业、造福人类健康作出了重要贡献。”这一段话言简意赅，既指出了中国中医科学院长期以来的发展成就，也赞誉了其为中医药事业、人类健康所作出的成绩。习近平在致清华大学105周年校庆的贺信中指出："清华大学是我国高等教育的一面旗帜。105年来，清华大学秉承自强不息、厚德载物的校训，开创了中西融会、古今贯通、文理渗透的办学风格，形成了爱国奉献、追求卓越的精神和又红又专、全面发展的培养特色，培养了大批学术大师、兴业英才、治国人才，为国家、为民族作出了重要贡献。"这给予了清华大学极高的评价。这些评价和赞扬是对这些单位过去工作的充分肯定，同时对其今后的工作也具有积极的促进作用。国家领导人致贺信，本身就表明了国家的高度重视和这些单位的重要地位，贺信中再给予赞扬，更加凸突显了这些单位的特殊之处。这对于这些单位的员工是极大的鼓舞和鞭策，能够激励他们取得新的更大的成绩。这样的贺信，常常会在庆典、典礼上现场宣读，或刊登在媒体上，并被相关单位永久保存。

如果是向个人发出祝贺，多简要说明祝贺对象的突出贡献和高贵品质。比如，2015年屠呦呦获得诺贝尔生理学或医学奖，北京大学党委书记朱善璐、校长林建华在致屠呦呦的贺信中说："多年来，您立足于本土中医药科学资源，实事求是，沉潜扎实，发现新型抗疟药——青蒿素。这一原创性科学工作，对部分最具毁灭性的寄生虫疾病有革命性的治疗作用，至今已经挽救了全球数百万人的生命。这是新中国科学史上浓墨重彩的一笔，是中国科学家对全世界人民福祉与科学发展作出的卓越贡献，也是中华民族五千年文明宝库对现代人类健康事业作出贡献的新体现。"这段话高度凝练、寓意丰富，既指出了屠呦呦的杰出成就，也指出了其成就的典型意义和深远影响。

如果个人取得突出成就，也可以向其所在的组织发信祝贺，激励其所代表的群体争创更大成绩。2012年，莫言获得诺贝尔文学奖。时任中共中央政治局常委李长春致信中国作家协会，既对中国作家协会副主席莫言获奖表示祝贺，也对中国作家群体"植根于人民生活和民族传统的深厚土壤，创作出一大批具有中国特色、中国风格、中国气派的优秀作品"进行充分肯定，并进一步把莫言获奖上升到中国文学繁荣进步、我国综合国力和国际影响力不断提升的高度。

如果是领导干部代表集体向其他集体发出的贺信，可以结合彼此的发展，简要指出长期以来结下的深厚友谊，并表达继续巩固友谊的意愿。2014年2月28日，迪拜黄金和商品交易所聚丙烯期货交易新品种正式上市交易。24日，大连商品交易所理事长刘兴强代表本所向迪拜黄金和商品交易所致信祝贺，指出："在聚丙烯期货品种开发和合约设计的过程中，我们双方保持了充分的沟通。下一步，随着聚丙烯期货品种上市交易，期待双方能有更为全面和深入的合作，共同培育和发展聚丙烯期货市场，营造良好市场环境，有力地服务于实体经济。"这段话立足过去的良好关系，表达了今后双方合作的愿望。

■ **第三段：展望未来，真挚祝愿**

这部分一般是再次表示祝贺，也可以号召别人向祝贺对象学习，还可以提出希望和要求，以利其发扬成绩，戒骄戒躁，更上一层楼。要写出祝贺者的心情，由衷地表达自己真诚的慰问和祝福。比如，习近平致清华大学105周年校庆的贺信，对清华大学提出了明确的希望："站在新的起点上，清华大学要坚持正确方向、坚持立德树人、坚持服务国家、坚持改革创新，面向世界、勇于进取、树立自信、保持特色，广育祖国和人民需要的各类人才，深度参与创新驱动发展战略实施，努力在创建世界一流大学方面走在前列，为国家发展、人民幸福、人类文明进步作出新的更大的贡献。"再如，习近平2015年8月23日致第22届国际历史科学大会的贺信，"希望这次大会能够推动各国的历史研究，帮助人们从历史的启迪中更好地探寻前进方向"，"欢迎各位专家从对历史的感悟中为我们提供真知灼见"。

贺信的结尾，一般还要用简短的语句再次致以祝贺、祝愿和祝福。比如，可以使用"祝争取更大的胜利""祝您健康长寿""祝取得更大成绩""祝大会圆满成功""顺颂台祺""顺颂商安""顺问近祉"等程式化语言。还可以区分情况写出具有特色的祝愿。比如，同样是校庆贺信，习近平致清华大学105周年校庆的贺信结尾就简单明了而又感情诚挚："衷心祝愿清华大学的明天更加美好!"江泽民致上海交通大学120周年校庆的贺信结尾典雅庄重而又情深义重："思源致远，继往开来，衷心祝愿母校以双甲子生日为新的起点，以交通之名立浩然天地，以创新之魂为兴国之本，凝心聚力再铸辉煌!"

一些重要的贺信，还可以结合具体情况写明期盼的内容，给人以明确的目标和方向。比如，习近平致国际教育信息化大会的贺信写道："人才决定未来，教育成就梦想。中国愿同世界各国一道，开拓更加广阔的国际交流合作平台，积极推动信息技术与教育融合创新发展，共同探索教育可持续发展之路，共同开创人类更加美好的未来!"这里指明了今后的努力方向，表明了合作的愿望，还有对未来的期盼。2012年，莫言获得诺贝尔文学奖，检察日报社领导致信祝贺，最后说："祝贺莫言先生，我们曾经的同事，我们怀着特别的喜悦，分享莫言先生今天的成功。祝福莫言先生，我们永远的朋友，我们怀着美好的希望，期待莫言先生未来的传奇。"这样的贺信结合与莫言的特殊关系进行祝福，具有浓厚的人情味，能够打动人心，拉近心理距离，产生意想不到的效果。

文无定法，"三段论"的写法并不一定适合所有的贺信工文，但以此为基本思路，便能写出质量较高的贺信，取得良好的现实效果。

实战演练

请代王经理的秘书给小花公司写一份关于职工趣味运动会的贺信。

展示评价

1. 每个小组评选出写得最好的作品，作为本组的学习成果展示。

2. 每个小组推选一名同学上台进行"小组学习成果展示"，其他小组成员作为评委进行评议打分；教师对每个小组的成果进行点评。

工作任务	代王经理的秘书拟写一份贺信				
团队名称		成员		指导教师	
项　　目	考核要求	分值	自我评价（10%）	小组评价（20%）	教师评价（70%）
准备阶段	团队合作、积极参与、认真查找资料	20			
实施阶段	文体结构齐全、要素完备、字迹工整	40			
展示阶段	礼仪到位、普通话标准、表述清晰	40			
合　　计	综合评定	100			
开始时间		结束时间		总成绩	

活动拓展

1. 贺信　　2. 2011 年央视春晚　　3. 习近平致信祝贺第 22 届国际历史科学大会开幕

第五节　感谢信

情境导入

在全民健身的运动大潮中，广场舞、自由操、太极拳、慢速跑等项目广受推崇并逐渐流行。小花所在的公司也不甘示弱，刚刚开展了一场别开生面的趣味运动会："二人三足跑""螃蟹背西瓜""蹲跳接力""袋鼠跳"等项目让同事们开怀不羁、生龙活虎，大家好像又回到了风华正茂的学生时代。对于不太擅长运动的小花来说，更是一种历练与提升。趣味运动会在领导的大力支持和同事们的积极参与下，终于圆满落下了帷幕。作为此次运动会的发起人，小花一颗悬在半空中的心终于落地了。从运动会的筹备到开幕，再到运动会举行及最后结束，其中的艰辛只有小花最清楚。运动会结束后，小花的心还是久久不能平复，运动会的一幕幕总像过电影一样在眼前闪过，小花总觉得要对那些支持和帮助过自己的人表示感谢。在身心经过简单的"修整"之后，小花准备写一封感谢信，感谢在此次运动会中支持自己工作的主管以及给自己提供帮助的同事们，感谢他们对自己的信任，感谢他们对自己工作的支持。

那么，感谢信到底怎么写？里面除了"感谢"这个主题外，还要有什么内容？

自主探究

1. 感谢信到底是做什么用的？
2. 你见过感谢信没有？在哪里见到的？感谢的内容是什么？
3. 感谢信一般来说用什么颜色的纸张书写？
4. 感谢信和普通的信件有没有不同？
5. 感谢信和口头表示感谢有区别吗？

材料示评

例一：

感谢信

××市××医院全体医护人员：

我是你们治疗过的众多患者中的一位，我很感谢你们对我全心全意的治疗和照顾。在你们医院就诊的这段日子，我深深地感受到了××市××医院“病人至上”的服务准则，你们优质的服务让我有种温暖的感觉，也让我倍感窝心。

面对疾病带给我的伤害和痛苦，我几度有了放弃的想法，是你们一次又一次的坚持和努力，让我有了重新开始的希望，也让我能够鼓起勇气面对生活。正如那位善解人意的护士所言：“疾病不会造成任何一个人的毁灭，放弃希望才是人生最可怕的事情。”

我在你们的鼓励和照顾之下，逐渐找到了自己的归属和方向。经过一段时间的治疗和几位医生、护士的开导帮助，我对之前的自己有了新的客观的认识，也对周围的种种有了一种更为包容和宽大的认知。我的改变与各位的认真、执着是分不开的。

经历了疾病的磨难，我深感庆幸，如果没有病魔的折磨，我就不可能认识你们这么多可爱的人，不可能认识到过去的自己是多么卑微和渺小。在此，我要对你们——××市××医院的全体医护人员郑重地说一句“谢谢”，并祝你们每个人都能够度过一个温馨快乐的春节，希望你们在新的一年中有更好的发展，能够更上一层楼！

此致

敬礼！

患者：王一

××××年××月××日

例二：

感谢信

尊敬的××市××医院领导：

我是一名普通的患者，年纪大了牙齿也不好了，现在生活水平提高了却苦于没有一口好牙去享受，长时间的忽视导致牙齿疼痛时间越来越长，人也精神欠佳。可是我又天生害怕拔牙，想想如若碰到某个医生水平不高，或者不够仔细有个什么闪失，那我不得承受相当大的痛苦！没想到邻居向我推荐说：××市口腔医院的医生护士态度好、医疗水平高，去那儿看病肯定放心。于是在家人的劝说和邻居们的推荐下，我来到了贵院。

一进门便真切体会到了什么叫人性化的服务，护士的一脸亲切微笑，让我对拔牙的恐惧心理消失了，一下子宽慰了许多。给我看牙的是××医生，××医生一边给我详细检查，一边同我交谈，让我不要紧张。看着她若无其事的表情，我也放松了。经过仔细检查后我决定拔牙，××医生看出我害怕，轻声和我说，只要麻药打好了，不会感到有什么痛苦，让我放心。轻松的谈话气氛加上她那镇定、自信的表情慢慢地消除了我的顾虑。她为了将拔牙的损伤降至最低程度，每一步操作都非常细致小心，动作格外轻柔。在完整地拔出之后，她详细地和我关照拔牙后的注意事项。令我惊奇的是，整个拔牙过程中我不仅没有感觉到疼痛，而且在麻药效力过了之后，除了正常的体温上升以外，根本没有影响我的正常生活。

所以，我在此特别致信以感谢医院的领导，感谢你们培养出像××这样优秀的医生！感谢××医生和全体医护人员，正是你们的热忱服务，加上你们的精湛技术，让和我一样的诸多患者，轻轻松松地解除了牙病困扰，还我们口腔健康！衷心祝愿贵院越办越好，给更多的患者带来关爱和健康。祝贵院事业蒸蒸日上，在医学科学领域里取得更大的成绩！

患者：王正

××××年××月××日

互动点评

学生对比两则材料，采用团队合作的形式讨论并形成总的意见，推选代表作答。

例一无论从格式和用语来说，都符合感谢信的写作要求；例二感谢的语言不够精练，有事件回顾之意，与感谢信的情真意切要求相差甚远，可再斟酌语句，用简练的文字表达真挚的感谢之情。

知识聚焦

一、概念

感谢信是一种重要的礼仪文书，是在得到其他单位或者个人的关心、帮助、支持、支援之后，为向对方表达诚挚谢意所使用的书信体应用文书，有感谢和表扬双重意思。一方受惠于另一方，应及时地表达谢意，使对方在付出劳动和作出贡献后得到精神上和心理上的双重收益。感谢信是一种不可少的公关手段，可以直接给对方或者对方所在的单位，也可以张贴在对方单位内或所在地的公共场所，还可以交给报纸刊登、电台广播、电视台播映。

感谢信和表扬信有许多相似之处，所不同的是，表扬信一般用于长辈受到小辈的帮助来表示赞扬和夸奖，也有感谢的意思。感谢信也有表扬信的意思，不分辈分，但是重点在感谢。

二、种类

按感谢对象的特点来分，有写给集体的感谢信和写给个人的感谢信。

按感谢信的存在形式来分，有公开张贴或发布的感谢信和直接寄给感谢对象的感谢信。

三、特点

感谢信的特点有三：

一是真实性，有真实的感谢对象；

二是感染性，使人能够受到感染和教育；

三是表扬性，兼具表扬信的功能，借以弘扬先进的思想和行为。

四、结构

感谢信一般由标题、称谓、正文、结语、落款五部分构成。

（一）标题

感谢信的标题一般来说有两种形式：

第一种是只写文种名称，即在第一行居中用较大字号书写“感谢信”三个字。

第二种是在文种名称前加上定语，旨在说明此信是写给谁的，由感谢者＋感谢对象＋文种名称构成，如“河南××制药集团给××技师学院的感谢信”，或者由感谢对象＋文种名称构成，如“致××市口腔医院的感谢信”。

（二）称谓

在标题之下另起一行顶格书写收信者名称。个人姓名前可加“尊敬的”“敬爱的”等，之后可加“同志”“师傅”“先生”“女士”等，以表示尊敬和尊重。写给感谢对象所在单位领导的，一般用泛称。如果感谢者受到感谢对象的帮助，而感谢对象没有留下姓名和单位，是陌生人，感谢者可将感谢信写给新闻媒体，希望借助新闻媒体予以宣传并表示谢意，这时的受信者则是新闻媒体。称谓后写上冒号。

（三）正文

在称谓之下另起一行空两格开始书写正文。正文一般由陈述事实、赞颂对方和表明态度三部分内容构成。

1. 陈述事实

简明扼要地交代所要感谢的人和事，即对方是在什么时间、什么地点、什么原因、做了什么事，对自己或单位有什么支持和帮助，需要重点表现出感谢对象在整个事件中的付出和高尚品格。为了增强感谢信的感染力，在叙述事迹中可以采用抒情、议论与叙述相结合的方式。

2. 赞颂对方

要充分赞扬感谢对象在整个事件中表现出来的难能可贵的精神，表达真挚的谢意。切记：对感谢对象的赞扬要恰如其分、实事求是。

3. 表明态度

一般情况下要表示向对方学习、做好自己本职工作的态度及决心。表达自己的决心和行动要切实可行，不可说空话、套话。

（四）结语

另起一行空两格，写上祝福或者祝愿的话语，最常用的有“此致敬礼”“最诚挚的感谢”等。

（五）落款

签署感谢单位的名称或个人的姓名，个人姓名前可写上其身份或单位。在署名的下方写上发感谢信的年、月、日。

五、注意事项

一般来说，感谢信的写作格式是书信体。写作时篇幅不宜过大，200 字左右即可。对收信人为自己做的好事了然于心，要把对方带来的好处都写清楚，不要含糊其辞，语气不应过于谦卑。

（一）内容要真实

感谢信的内容必须真实，确有其事，不可夸大溢美。感谢信以感谢为主，兼有表扬，所以表达谢意时要真诚，说到做到。评誉对方时要恰当，不能过于拔高，以免给人一种失真的印象。

（二）用语要适度

感谢信的内容以主要事迹为主，详略得当，篇幅不能太大，所谓话不在多，点到为止。感谢信的用语要求精练、简洁，遣词造句要把握好度，不可过分雕饰，否则会给人一种不真实、虚伪的感觉。

知识延伸

表扬信

■ 概念

表扬信是向特定受信者表达对被表扬者优秀品行颂扬之情的一种专用书信。它主要用于作者在日常工作、生活中受益于被表扬者的高尚品行（或为其品行所感动），特向被表扬者所在单位或其上级领导致信，以期使其受到表彰、奖励，使其精神发扬光大。

■ 种类

从表扬双方关系来看，可以分为两种：

1. 上级对下级、团体对个人的表扬

以领导机关或群众团体的名义表扬其所属的单位、集体或个人。这种表扬信可以在授奖大会上由负责人宣读，也可以登报、广播、上电视。

2. 群众之间的表扬

这种表扬信不仅赞颂对方的好品德、好风格，也有感谢的意思。可直接将表扬信寄给本人或所属单位，也可寄给报社、电台、电视台，请新闻媒体帮助在报纸、广播、电视上进行宣传。

■ 特点

（1）感谢对象要确指。感谢信都有确切的感谢对象，以便让大家都清楚是在感谢谁。

（2）表述事实要具体。感谢别人要有具体的事由，否则就会显得抽象而空洞。

（3）感情色彩要鲜明。感动和致谢的色彩要强烈而鲜明，言语里充满感激之情。

■ 结构

1. 标题

一般而言，表扬信标题单独由文种名称“表扬信”组成，位置在第一行正中。

2. 称谓

表扬信应在开头顶格写上被表扬的机关、单位、团体名称或个人的姓名。写给个人的表扬信应在姓名之后加上“同志”“先生”“女士”等字样，后面加冒号。若是直接张贴到机关、单位、团体的表扬信，开头可不必写受文单位。

3. 正文

正文的内容要另起一行空两格书写，一般要求写出下列内容：

（1）交代表扬的理由。用概括的语言，重点叙述人物事迹的发生、发展、结果及其意义。叙述要清楚，要提出最本质的方面，要让事实说话，少讲空道理。

（2）指出行为的意义。在叙述的基础上进行评价，赞颂该人所作所为的道德意义，如指出这种行为属于哪种好思想、好风尚、好品德。

4. 结尾

该部分要提出对对方的表扬，或者向对方的单位提出建议，希望对××给予表扬，如“××同志的优秀品德值得大家学习，建议予以表扬”。写给本人的表扬信，则应适当谈些“深受感动”“值得我们学习”等方面的内容。在结尾处写上“此致敬礼”等结束语，但“此致”“祝”“谨表”“向你”等字词写在末尾，其余的字词要另起一行顶格书写。

5. 落款

落款应写明发文单位名称或个人姓名，并在右下方注明成文日期。

■ **注意事项**

（1）叙述要实事求是，对被表扬的人和事的叙述一定要准确无误，既不夸大，也不缩小。评价要实事求是、恰如其分。

（2）要用事实说理，充分反映对方的可贵品质。写动人事迹要做到见人、见事、见精神，不要以空泛的说理代替动人的事迹。

（3）表扬信语气要热情恳切，文字要朴素精练，篇幅要短小精悍。

（4）表扬信可以组织名义写，也可以个人名义写。除信中给予的表扬外，也可以建议有关部门给予表扬。

实战演练

请代小花写一封感谢信，感谢在此次运动会中给予她支持的领导，感谢此次运动会中给她提供帮助的同事们。

展示评价

1. 每个小组评选出写得最好的作品，作为本组的学习成果展示。

2. 每个小组推选一名同学上台进行“小组学习成果展示”，其他小组成员作为评委进行评议打分；教师对每个小组的成果进行点评。

工作任务	**代小花写一封感谢信**				
团队名称		成员		指导教师	
项　　目	考核要求	分值	自我评价（10%）	小组评价（20%）	教师评价（70%）
准备阶段	团队合作、积极参与、认真查找资料	20			
实施阶段	文体结构齐全、要素完备、字迹工整	40			
展示阶段	礼仪到位、普通话标准、表述清晰	40			
合　　计	综合评定	100			
开始时间		结束时间		总成绩	

活动拓展

赵本山小品《一封表扬信》
引发的绯闻

信息反馈表

尊敬的老师:

您好！为了更好地为您的教学、科研服务，我们希望通过这张反馈表来获取您更多的建议和意见，以进一步完善我们的工作。

请您填好下表后以电子邮件、信件或传真的形式反馈给我们，十分感谢！

一、您使用的我社教材情况

您使用的我社教材名称			
您所讲授的课程		学生人数	
您希望获得哪些相关教学资源			
您对本书有哪些建议			

二、您目前使用的教材及计划编写的教材

您目前使用的教材	书名	作者	出版社
您计划编写的教材	书名	预计交稿时间	本校开课学生数量

三、请留下您的联系方式，以便我们为您赠送样书（限1本）

您的通信地址			
您的姓名		联系电话	
电子邮件（必填）			

我们的联系方式:

地　址：苏州工业园区仁爱路158号中国人民大学苏州校区修远楼

电　话：0512-68839319　　　　传　真：0512-68839316

E-mail：huadong@crup.com.cn　　　　邮　编：215123

网　址：www.crup.com.cn/hdfs